Helmut Schmidt
Auf der Suche nach einer
öffentlichen Moral

Helmut Schmidt

Auf der Suche nach einer öffentlichen Moral

Deutschland vor dem neuen Jahrhundert

Deutsche Verlags-Anstalt Stuttgart

Die Deutsche Bibliothek – CIP-Einheitsaufnahme

Schmidt, Helmut:
Auf der Suche nach einer öffentlichen Moral /
Helmut Schmidt. – 7. Aufl.
Stuttgart : Deutsche Verlags-Anstalt, 1999
ISBN 3-421-05150-X

1. Auflage Oktober 1998
2. Auflage Oktober 1998
3. Auflage November 1998
4. Auflage Dezember 1998
5. Auflage Januar 1999
6. Auflage Januar 1999
7. Auflage März 1999
© 1998 Deutsche Verlags-Anstalt GmbH, Stuttgart
Alle Rechte vorbehalten
Druck und Bindearbeit:
Graphischer Großbetrieb Pößneck GmbH, Pößneck
Printed in Germany
ISBN 3-421-05150-X

Inhalt

Vorrede 7

I Verfall oder Wandel? 11
Deutsche Ängste 23
Enttäuschungen 31
Deutsches Wir-Gefühl 34
Wandel ist möglich 39

II Die Verantwortung der Funktionseliten 43
Die moralischen Aufgaben der politischen Klasse .. 53
Die öffentliche Verantwortung der Kirchen 68
Richter, Ärzte, Lehrer und Professoren 76
Fernsehen als Ersatz für Erziehung? 89
Die zwiespältige Rolle der Managerklasse 95

III Die Wirtschaft ist unser Schicksal 113
Massenarbeitslosigkeit ist ein moralisches Problem 119
Scheinbare Patentrezepte 129
Schwerpunkte der strukturellen Erneuerung 135
   1. Senkung der Staatsquote 136
   2. Steuern und Subventionen 137
   3. Klare Finanzverantwortung wiederherstellen 141
   4. Private Finanzinstitute brauchen
      Selbstdisziplin und Aufsicht 145

5. Den Paragraphen- und Genehmigungsdschungel
   durchforsten 147
6. Für einen flexibleren Arbeitsmarkt............... 149
7. Erneuerung unserer sozialen Sicherungssysteme...... 155
8. Wir brauchen Spitzentechnologien................ 161
Der Aufholprozeß im Osten
muß wieder in Gang kommen................. 169

IV Mut zur Moral 173
Das Recht auf Freiheit 177
Pflichten und Verantwortung 185
Tugenden sind unverzichtbar 197
Einübung im täglichen Leben 210

V Das ganz andere Jahrhundert 219
Neue Machtverhältnisse 226
Die Europäische Union ist notwendig........... 233
Religionen und Kulturen
müssen sich gegenseitig respektieren............ 242

Anhang
Entwurf einer Allgemeinen Erklärung
der Menschenpflichten...................... 257

Vorrede

Ist uns Deutschen die Moral verlorengegangen? Nein, das kann man nicht behaupten, denn die allermeisten halten ihr eigenes Leben in guter Ordnung. Jedoch dort, wo Menschen Entscheidungen über viele andere treffen, im öffentlichen Raum, dort zerbröselt die Moral von den Rändern her. An den Rändern und in manchen Ecken unserer Gesellschaft breitet sich ein bisher ungewohntes Maß an rücksichtslosem Egoismus aus, an Selbstsucht und auch Habgier.

Vor zwei Jahrzehnten hat ein Oppositionsführer moralische und geistige Führung verlangt, einige Jahre später hat er sie als Regierungschef angekündigt. Gleichwohl ist der Verfall der öffentlichen Moral deutlich fortgeschritten. Fast jeder Bürger kann das miterleben. Die Skandale in der politischen Klasse und in der Managerklasse haben sich niemals derartig gehäuft wie im gegenwärtigen Jahrzehnt. Zugleich wirft eine ungewöhnlich hohe Arbeitslosigkeit schwere Schatten auf die Zukunft. Manch einer fragt sich, ob denn Politiker und Manager ihrer Aufgabe noch gewachsen sind oder ob uns tatsächlich die Arbeit ausgeht.

Viele haben die Gewißheit verloren, in einer funktionstüchtigen Wirtschaftsordnung zu leben, in einer von sozialer Gerechtigkeit geprägten offenen Gesellschaft der

Freiheit. Wenn wir aber kein ausreichendes Vertrauen in die Zukunft haben können, dann kann die Moral vieler Menschen absinken.

Heute wird ein neuer Bundestag gewählt. Unabhängig davon, wer die neue Regierung stellen mag und wer auf den Bänken der Opposition Platz nimmt: es wird eine der Hauptaufgaben *aller* politisch Verantwortlichen sein, diesen Niedergang aufzuhalten. Die zur Wahl stehenden Politiker gehören fast alle zu Generationen, die der meinigen nachgefolgt sind; einige sind sogar sehr viel jünger. Ich hoffe, sie ertragen es, daß ich als Älterer mich an sie alle zugleich wende, mögen sie nun der SPD, der CDU, der CSU angehören oder den kleinen Parteien, die um ihre Existenz ringen. Meine Mahnungen richten sich an die politische Klasse insgesamt.

Dieses Buch ist eine Streitschrift, und manche werden sich zu Unrecht kritisiert fühlen. Dafür bitte ich um Nachsicht: Zum einen will ich mir im achtzigsten Lebensjahr keine neuen Feinde machen, zum andern kommt es mir nicht darauf an, einen Streit *gegen* andere zu führen. Vielmehr möchte ich *für* eine Sache streiten: *für die Sache des Gemeinwohls*. Ich wende mich deshalb zugleich an alle Bürger, denen das Gemeinwohl am Herzen liegt, und an alle, denen es ernst ist mit dem Verlangen nach geistig-moralischem Wandel.

Jedermann in unserem Land hat viele Rechte, das Grundgesetz hat sie aufgezählt und garantiert. Jedermann darf und soll seinem persönlichen Wohl nachgehen und sein eigenes Glück suchen. Aber jeder von uns trägt Verantwortung auch für andere und auch für das Ganze.

Daraus ergeben sich Pflichten. Diese Pflichten stehen nicht im Gesetz.

Mir geht es jedoch nicht um rechtliche, sondern vielmehr um moralische Verantwortungen und Pflichten. Unsere moralischen Pflichten gegenüber dem öffentlichen Wohl, gegenüber der Gesellschaft, gegenüber dem Staat und gegenüber unseren europäischen Nachbarn ins Bewußtsein zu heben ist Aufgabe der Eltern, der Lehrer und Professoren, der Pfarrer und Bischöfe, der Meister, Manager und Betriebsräte, nicht zuletzt der Journalisten und Medienleute.

Alle Menschen, die im öffentlichen Leben Rolle und Einfluß haben, tragen eine hohe Verantwortung dafür, daß wir an der Schwelle zum neuen Jahrhundert genug Mut aufbringen. Wir brauchen Mut, um unsere Defizite und Versäumnisse zu erkennen. Wir brauchen Mut, um unsere ökonomischen und sozialen Probleme zu lösen. Wir brauchen Mut zur öffentlichen Moral.

Das 21. Jahrhundert wird uns vor ungewöhnliche Aufgaben stellen. Deshalb müssen wir uns jetzt aufraffen. Niemand trägt dafür eine größere Verantwortung als die Politiker. Zum Bewußtsein dieser Verantwortung beizutragen ist die Absicht dieser Schrift.

Hamburg, vor Schließung *Helmut Schmidt*
der Wahllokale
am 27. September 1998

I

Verfall oder Wandel?

Verfall oder Wandel?

Das Gespenst des Verfalls geht um in Deutschland: Spekulationismus, hohe Börsenkurse, Steuerbetrug, egoistische Bereicherung, Korruption, Insuffizienz von Politik, Unternehmen, Schulen und Universitäten, Siegeszug des Fernsehens und seiner Verführung zu Oberflächlichkeit und Gewalt, zunehmende Jugendkriminalität – das sind nur einige der Schlagworte, die den Werteverfall illustrieren. Die Kirchen verlieren Gläubige und Mitglieder, die Zahl der intakten Familien geht zurück, desgleichen die Zahl der Geburten, der Generationenvertrag wird brüchig – die Liste ließe sich beliebig fortsetzen. Handelt es sich dabei um einen Wandel der Werte, dessen Ziel und Ausmaß wir nur noch nicht erkennen? Oder haben Konservative und Moralisten, die uns den Verfall als Menetekel an die Wand schreiben, vielleicht doch recht: Zerfallen tatsächlich einige der moralischen Grundwerte, ohne die das friedliche Zusammenleben und Zusammenwirken in unserer hoch arbeitsteiligen Gesellschaft in Gefahr geraten muß?

Wie groß ist die Gefahr tatsächlich? Gelten uns Grundwerte und Tugenden heute tatsächlich weniger als früher, weniger als in den ersten Nachkriegsjahrzehnten, weniger als zur Zeit der Weimarer Republik oder auch in der Ära Wilhelms II. und Bismarcks, weniger als zu Zeiten des Heiligen Römischen Reiches deutscher Nation? Wer zurückblickt, für den wird offensichtlich: Im Laufe von Jahrhunderten haben sich Werte und Rechte gewandelt. Die Rechte der Person wurden erst allmählich erweitert und ergänzt, Würde und Freiheit des einzelnen sind bis weit ins 19. Jahrhundert hinein und erst recht zu Zeiten der beiden deutschen Diktaturen keineswegs ein allgemein anerkannter Grundwert gewesen. Aber müssen wir Heutigen uns nicht eingestehen, daß der Wert der Würde des einzelnen, der als allererster Satz im Grundgesetz festgestellt und verankert ist, als Grundwert zwar allgemein anerkannt wird, in der Praxis des Zusammenlebens aber vielfältig und möglicherweise in zunehmendem Maße verletzt wird – zum Beispiel dadurch, daß immer mehr Menschen in unfreiwillige Arbeitslosigkeit getrieben werden?

In fünf Jahrtausenden sind in mehreren Erdteilen manche großen Reiche entstanden und wieder zerfallen. Überall haben sich Gesellschaften, Staaten und Nationen entwickelt, die große Kulturen hinterlassen haben. Nur wenige Kulturen bilden jedoch ein so vitales, wirkungsmächtiges Erbe wie die europäische. Auf dem kleinen europäischen Kontinent hat es nach dem Niedergang des Imperium Romanum vielerlei Ansätze zur Errichtung von Großreichen gegeben, von Karl dem Großen über die Staufer und Habsburger bis Napoleon, Hitler und Stalin. Keines dieser Großreiche hat überlebt, und auch der weltumspannende Kolonialismus ist mitsamt dem British Empire der Queen Victoria längst an sein Ende gelangt. Dem Wechsel von politischem Aufstieg, Fall und Wiederaufstieg zum Trotz ist jedoch der »Untergang des

Abendlandes« bisher nicht eingetreten. Vielmehr hat das Kontinuum der europäischen Kultur sich selbst noch in unserem blutigen 20. Jahrhundert weiter entfaltet.

Ursprünglich war Europas Kultur stark vom römischen Erbe geprägt, dann stand sie 1500 Jahre im Zeichen des Christentums. Europa hat dessen Aufspaltung überstanden, Reformation, Gegenreformation und Inquisition. Es hat unzählige Kriege überdauert und Generation für Generation einen hohen Blutzoll entrichtet. Trotz aller Katastrophen gelang den Europäern immer wieder ein Neuanfang: Sie entwickelten die Scholastik und den Humanismus, die Renaissance, die Aufklärung und die modernen Wissenschaften, und sie schufen im Laufe der Jahrhunderte eine gemeinsame Literatur, Kunst und Musik. Sie haben die Fabrik erfunden, den Kredit, den freien Markt, und sie haben die Demokratie geschaffen. Die bisher letzte große kulturelle Leistung Europas war der Sozialstaat.

Diese gemeinsame kulturelle und zivilisatorische Gesamtleistung der Europäer ist bewundernswert. Sie strahlt nicht nur nach Amerika aus, sondern deutlich erkennbar auch auf alle anderen Kontinente. Gleichwohl hat sich in Europa in den letzten Generationen Unsicherheit ausgebreitet: Wir haben einiges von unserem Selbstvertrauen verloren und sind uns unserer Bestimmung nicht mehr sicher. Die Ursachen dafür liegen zum Teil weit zurück, schon in der Aufklärung seit dem 17. Jahrhundert, zum Teil liegen sie in der Erfahrung zahlreicher innereuropäischer Kriege und zweier Weltkriege. Die massenhafte Ballung der Menschen auf engstem Raum, in Städten, in Fabriken, in Wohnsilos, die von manchen Regierungen bis zur Neurose gesteigerte Angst um Lebensraum, die Herrschaft der Diktaturen – von Berlin und Rom, von Madrid und Lissabon, von Moskau, Warschau und Prag –, all das hat zu unseren heutigen Unsicherheiten beigetragen.

Was uns heute vor allem verunsichert, ist die Erfahrung unserer Verführbarkeit. Millionen und Abermillionen sind dazu verführt worden, an die Doktrinen und Ideologien von Diktaturen zu glauben und damit zugleich einen Teil der ihnen bis dahin selbstverständlichen Grundwerte zu beerdigen oder zu verdrängen. Nach dem Ende des Nationalsozialismus und abermals nach dem Ende der kommunistischen Gewaltherrschaft hat man fast überall die alten Grundwerte wieder ausgegraben, Gott sei Dank. Aber Menschen bleiben anfällig für Ideologien – und sei es die Ideologie des rücksichtslosen Egoismus.

Mitte des 19. Jahrhunderts hat Karl Marx die Diktatur des Proletariats verkündet, später haben uns Gustave Le Bon über die Psychologie und José Ortega y Gasset über den Aufstand der Massen belehrt, Aldous Huxley und George Orwell haben uns grauenhafte Bilder eines zukünftigen Ameisenstaates beschert. Und neuerdings erklärt uns Samuel Huntington, ein Zusammenprall der europäisch-amerikanischen Zivilisation mit den Zivilisationen in Asien und in Afrika stehe unvermeidlich bevor. Er stützt sich bei dieser Prognose auf mancherlei Propheten von Revolution, Gewalt und Terror, vor allem auf den weltweit wiedererstarkten religiösen Fundamentalismus.

Am Ende des 20. Jahrhunderts ist von all den apokalyptischen Prophezeiungen zwar nur wenig tatsächlich eingetreten. Aber viele Menschen sind dennoch von Angst auslösenden Visionen beunruhigt, zumal ständig neue, beängstigende Schlagworte hinzukommen. Aus Amerika wird uns ein weltweiter »Sieg des Kapitalismus« gepredigt; manche unserer Unternehmensmanager, Wirtschaftsprofessoren und Politiker sind bereits darauf hereingefallen. Die große Mehrzahl der Deutschen hat bis gestern geglaubt, wir hätten den Kapitalismus durch den Sozialstaat erfolgreich gebändigt; heute heißt es, Erhards und Schillers soziale Marktwirtschaft sei ein künftig nicht mehr finanzierbarer Irrtum gewesen. Zugleich tritt die für viele undurchschaubare Globalisierung vieler wirtschaftlicher Aktivitäten hinzu. Manchem scheint es, als ob uns Arbeiter, Ingenieure und Manager in Asien mittels Lohn- und Kostenunterbietung unsere Arbeitsplätze wegnähmen.

Seit der großen Freude über die Vereinigung aller Deutschen die tiefe Enttäuschung über die Nichterfüllung der Bonner ökonomischen und sozialen Versprechungen auf dem Fuße gefolgt ist, sind wir Deutschen für Sorgen, Zweifel und Ängste stärker anfällig als unsere europäischen Nachbarn. Unsere gesellschaftliche, wirtschaftliche und politische Gesamtorganisation erscheint vielen als rissig, überaltert, jedenfalls als unzureichend und deshalb als zweifelhaft. Wir sind skeptisch und unsicher geworden. Wir überblicken den wirtschaftlichen und sozialen Gesamtzusammenhang nicht. Ob unsere Politiker den Zusammenhang verstehen, ob sie ihre früheren Versäumnisse und Fehler einsehen, ob sie zur Korrektur fähig und willens sind, wissen wir nicht. Wir hören nur das tägliche Katzenkonzert, bei dem vielerlei Einzelvorschläge zur Behebung der Misere sich gegenseitig widersprechen. Entweder sagen uns die Politiker nicht die volle Wahrheit, oder aber sie sind gar nicht imstande, die Wirklichkeit zu erkennen. Jedenfalls vertrauen wir den Politikern nur noch in geringem Maße.

Auch den Managern der Banken und Unternehmen vertrauen wir nur noch im Einzelfall. Sie reden von Menschen als von »Humankapital« und gefallen sich in ihrer Rolle als »global player«; »shareholder value« nennen sie das vorrangige Ziel ihrer Firma. Wir meinen zu erkennen: Sie suchen allein den eigenen Vorteil, vom Gemeinwohl dagegen reden sie bloß. Die Skandale innerhalb der Managerklasse häufen sich; aber es kommt kaum jemals vor, daß einer von ihnen am Ende seinen privaten Wohlstand verliert.

»Der Ehrliche ist der Dumme« – dieser etwas reißerische Titel eines Buches von Ulrich Wickert über den Verlust von Werten bringt das Gefühl zum Ausdruck, welches die Mehrheit der Deutschen befallen hat. Wer als Landwirt oder Handwerker, als Anwalt oder Arzt ehrlich und genau abrechnet, der kann sich wirklich oft genug als der Dumme vorkommen. Und ebenso die große Mehrheit der Arbeitnehmer, die keine Chance haben, das Finanzamt hinters Licht zu führen, weil ihnen Lohnsteuer, Solidarzuschlag und Sozialversicherungsbeiträge automatisch vom Einkommen abgezogen werden.

Allerdings gibt es nicht nur für Manager, Selbständige, Freiberufler oder Spitzensportler Schlupflöcher und Auswege, sondern auch für kleine Leute. Sie finden einen Arzt, der sie krank schreibt, ihnen sogar eine Kur verordnet, auch wenn beides nicht geboten ist. Niemand ist bei uns gezwungen, jedwede Arbeit anzunehmen, die ihm das Arbeitsamt nachweist; jeder kann mit ein wenig Schwarzarbeit genug verdienen, um die Arbeitslosenunterstützung so weit zu ergänzen, daß sein Netto-Einkommen nicht kleiner ist, als wenn er eine volle 38-Stunden-Woche im Betrieb arbeiten würde. Kollegen oder Nachbarn beobachten den Mißbrauch und werden zur Nachahmung verführt.

Zugleich erfahren sie aus Fernsehen oder Zeitung von spekulativen und betrügerischen Machenschaften selbst in den oberen Etagen von Industrieunternehmen und Banken. Die Liste reicht von der Metallgesellschaft bis zum Bremer Vulkan, von der Bank für Gemeinwirtschaft über die Deutsche Morgan Grenfell bis zu Schneider. Die Zentralen großer deutscher Banken werden von Staatsanwaltschaften und Steuerfahndern durchsucht (wobei wir uns fragen müssen, ob nicht unsere Sorge angesichts der zugrunde liegenden Strukturen unsere Schadenfreude überwiegen sollte). Unser undurchschaubares, höchst kompliziertes Steuersystem hat cleveren Managern und ihren Wirtschaftsprüfern, Steuerberatern, Anwälten und Gutachtern vielfältige Möglichkeiten zu durchaus legaler Bereicherung eingeräumt, besonders nach der Vereinigung. Aber wir blicken nicht durch, wir fühlen uns ausgeliefert. Wir sehen den vielfachen Mißbrauch unserer Krankenversicherung, unserer Rentenversicherung, der Arbeitslosenversicherung, der Sozialfürsorge, der Mietbeihilfen und des sozialen Wohnungsbaus, aber wir blicken nicht durch. Und jedesmal, wenn wir von steigender Arbeitslosigkeit oder von Entlassungen hören, werden uns gleichzeitig steigende Aktienkurse serviert. Es fällt uns schwer, die Zusammenhänge zu verstehen. Nur soviel ist gewiß: Unsere heutige Gesellschaft ist in einem

Maße von Ungerechtigkeit gekennzeichnet, das wir bisher nicht gekannt haben und das uns erschreckt.

Zwar ist uns allmählich bewußt geworden, daß wir im Westen Deutschlands seit den siebziger Jahren ziemlich üppig gelebt haben, bei hoher Beschäftigung, hoher sozialer Sicherheit und hoher Altersrente. Wir sehen ein, daß wir nicht alle bisherigen Sozialleistungen weiterhin werden finanzieren können, wir stöhnen ja heute schon unter einer zu hohen Last von Steuern und Abgaben. Wir wären deshalb auch zu Opfern bereit – aber doch nur dann, wenn wir die Gewißheit hätten, daß die Opfer nötig und vernünftig sind und daß es dabei gerecht zugeht. Weil uns aber diese Gewißheit seit Jahren immer mehr abhanden gekommen ist, geht uns inzwischen auch das Vertrauen in die politische Klasse verloren. Ja, schlimmer noch: Mißtrauen breitet sich aus gegenüber allen, die uns betreffende Entscheidungen fällen, Mißtrauen in »die da oben«. Zwar gehen die meisten von uns immer noch zur Wahl, aber die Hoffnung auf wirksame Reformen und auf Besserung sinkt.

Von manchen unserer Kinder oder Enkel, von manchen Menschen der mittleren und jüngeren Generationen hören wir, Gemeinwohl, Nächstenliebe, Solidarität, Pflichtgefühl und Verantwortungsbewußtsein seien veraltete Ideale. Jeder sei sich selbst der Nächste, und das Gemeinwohl bleibe doch nur eine Floskel. Wir beobachten eine zunehmende Kriminalität und Brutalität bei Jugendlichen, sogar bei Kindern in der Schule. Nicht nur, daß sie die Wände mit Parolen und Pornographie beschmieren; mehr noch ärgert uns, daß der kriminelle Jugendliche, der heute bei einem Autodiebstahl oder als Drogendealer gefaßt wird, am nächsten Tag vom Haftrichter wieder auf freien Fuß zu setzen ist und daß er später seine Strafe gar nicht antreten muß, weil man sie von vornherein zur Bewährung ausgesetzt hat. Wir hören immer wieder von Strafprozessen gegen Markus Wolf und andere ehemalige DDR-Größen, aber wir sind an Vergeltung für deren politische Taten nicht sonderlich interessiert. Vielmehr wünschen wir uns eine wirksame Bekämpfung der allgemeinen Kriminalität und einen funktionierenden Strafvollzug – anstelle der vielen Meldungen über Wiederholungstaten beim »Freigang« von Mördern, Totschlägern und Sexualverbrechern. Wer einen anderen ums Leben bringt, wer eine Frau oder ein Kind vergewaltigt, der gehört hinter Gitter, so denken wir und sind tief enttäuscht darüber, daß unsere Justiz dies oft nicht fertigzubringen scheint.

Freilich müssen wir zugeben, daß wir selbst es gewesen sind, die den Kindern ein eigenes Fernsehgerät gekauft haben, das ihnen täglich Mord und Totschlag, Vergewaltigungen und andere Gewaltverbrechen ins Zimmer liefert. Der erzieherische Einfluß von mehreren Dutzend Fernsehkanälen und zigtausend Videos, die man sich billig ausleihen kann, ist überwiegend negativ. Die Erwachsenen können damit fertig werden, sie schalten dann lieber auf Fußball um oder auf Unterhaltung, aber ein Teil unserer Jungen schüttelt die Bilder nicht so einfach ab und wird nicht so leicht fertig mit der Suggestion der täglichen Gewalt. Die Bilder reizen zur Nachahmung. Wenn sich Hooligans nach einer Brandstiftung in einem Wohnheim für Asylanten am nächsten Tag im Fernsehen wiederfinden, dann um so besser für sie: Es dient ihrem Ego und verschafft ihnen darüber hinaus Prestigegewinn, sei es innerhalb der eigenen Clique oder Bande oder gegenüber Konkurrenten und Kollegen.

Es stimmt also wohl doch: In Teilen unserer Gesellschaft fallen moralische Hemmungen weg. Das schlechte Gewissen wird verdrängt durch die Genugtuung über den eigenen Erfolg. Der Siegeszug des Fernsehens und der elektronischen Medien ist jedoch nur *ein* Faktor zur Erklärung. Ein anderer Faktor ist der totale Zusammenbruch des kommunistischen Gleichheitsideals, der auch die sozialdemokratischen Zielvorstellungen in Mitleidenschaft gezogen und den aus den USA importierten Irrtum ermöglicht hat, der Kapitalismus habe gesiegt und ihm gehöre die Zukunft. Ein dritter Faktor ist die Nachwirkung der »antiautoritären« Revolte, die seit 1968 an die Stelle des Respektes vor Erfahrung und Alter – »Trau keinem über Dreißig!« – das Recht auf totale Selbstbestimmung der Jugend und ihrer Kultformen gesetzt hat. Ein vierter Faktor liegt in der schnellen Ersetzung von industrieller Produktion durch Dienstleistungen aller Art, in der Verdrängung des Facharbeiters durch Menschen, die mit Computern umzugehen verstehen; die Software wird wichtiger als eine handwerkliche Leistung etwa im Maschinenbau. Hinzu kommt schließlich, im Gefolge der Globalisierung, die Verlagerung von Arbeitsplätzen in Länder mit niedrigerem Lohn- und Sozialstandard. Aus alledem resultiert die Besorgnis, daß nichts mehr so bleiben wird, wie es war.

Die meisten dieser Faktoren spielen in allen Gesellschaften Westeuropas eine große Rolle. Die ökonomischen Umwälzungen betreffen Frankreich oder England,

Holland oder Belgien in ähnlicher Weise. Dabei sind unsere Nachbarn im Umgang mit der Arbeitslosigkeit zum Teil andere Wege gegangen als wir Deutschen; Holland und Dänemark sind darin – jedenfalls gegenwärtig – deutlich erfolgreicher als Deutschland, während der englische Erfolg mit einem weitgehenden Verfall der Sozialstaatlichkeit erkauft ist, wie wir ihn uns für unser Land keineswegs wünschen können. Es gibt bei uns jedoch eine Besonderheit, die bei unseren Nachbarn keine Rolle spielt: Ich meine die Zivilisationsängste der Deutschen.

Deutsche Ängste

In Sachen Angst sind wir die Meister in Europa. Das deutsche Wort Angst ist inzwischen als Fremdwort in die Sprachen unserer Nachbarn eingedrungen, es hat sich den Fremdworten Rucksack und Kindergarten beigesellt, hat diese aber hinsichtlich der Häufigkeit längst überholt.

Angst ist eine jedem Menschen bekannte Regung, sie kommt in jedermanns Leben vor. Gleichwohl: Als 1945 der Krieg zu Ende war, hat fast niemand von uns mehr Angst gehabt – mit der verständlichen Ausnahme derer, die um vermißte Angehörige bangten und zugleich die Hoffnung nicht aufgaben, sie würden doch noch zurückkehren. Heute dagegen sind wir offenbar nicht nur bereit, uns schnell angst machen zu lassen, sondern wir übertragen unsere eigene Angst auch gern auf andere. Manche der in Deutschland grassierenden Ängste sind in Wahrheit paranoide Massenpsychosen, die uns – häufig von einseitig fixierten, geltungssüchtigen sogenannten Experten –

eingeredet werden. Die deutschen Angstmacher bilden sich ein, sie verstünden die Übel der Zukunft viel besser als andere und sähen die Gefahren deutlicher, aber ihre Rezepte zeugen meist von Blindheit und Eingleisigkeit.

Die Deutschen, die sich nach dem Ende des Krieges in Nissenhütten und Kellern wiederfanden, ihre Familien zusammensuchend, dankbar, am Leben geblieben zu sein, haben mit Zähigkeit und zunehmendem Optimismus den Wiederaufbau ihrer Fabriken, ihrer Wohnungen, ihrer Schulen und den Neuaufbau ihrer Wirtschaft in die Hand genommen – und zwar sowohl im westlichen als auch im östlichen Teil des zerrissenen Vaterlandes. Heute dagegen ist in den mittleren Generationen eine skeptisch-pessimistische Haltung die Regel. Dabei geht es der großen Mehrheit der Deutschen materiell weitaus besser als damals nach Kriegsende. Gleichwohl gibt es immer wieder angstgeborene sektenähnliche Bewegungen: gegen Kernkraftwerke, gegen Atommüll, gegen Braunkohle, gegen Windkraftanlagen, gegen Autobahnbau, gegen Gentechnologie, gegen Zigaretten, gegen den Euro, gegen Ausländer usw. Die Streitigkeiten um die Energiepolitik liefern ein Paradebeispiel für die Tatsache, daß die öffentliche Diskussion hierzulande oft und weitgehend von Ängsten beherrscht werden.

Überall in der industrialisierten Welt wird Kernkraft genutzt – auch in Rußland, trotz Tschernobyl, auch in Japan, trotz Hiroshima. Bei uns soll die aus der Kernenergie erzeugte Elektrizität (etwa ein Drittel des Gesamtverbrauchs) auf Null gefahren werden, unsere französischen Nachbarn denken nicht im Traum daran. Gleichzeitig soll die Braunkohleförderung zu Ende gebracht werden. Woher also soll die Energie kommen? Aus Öl und Erdgas, sagen die Grünen; aber zugleich wissen sie, daß wie bei allen Kohlenwasserstoffen auch bei der Verbrennung von Öl und Gas Kohlendioxyd und andere Schadstoffe in die Atmosphäre entlassen werden. Also soll der Liter Benzin künftig um mehrere hundert Prozent teurer gemacht werden. In keinem anderen Land der Welt würde derart Ungereimtes ernst genommen werden.

Tatsächlich haben – bis auf Wind- und Sonnenenergie – alle bisherigen Arten der Energieerzeugung und -nutzung ihre spezifischen Risiken. Beim Öl haben die Älteren noch die beiden Ölpreis-Schocks der siebziger Jahre und ihre schlimmen wirtschaftlichen Auswirkungen in Erinnerung und wissen, daß wir hier genau wie beim Erdgas ganz und gar von einigen wenigen ausländischen Regierungen abhängig sind. Aber auch in Sachen Kernkraft hängen wir vom Import ausländischer Brennstoffe ab. Und obwohl unsere Kernkraftwerke zu den sichersten der Welt gehören, bleibt ein Unfallrisiko und das Risiko des endgültigen Verbleibs der abgebrannten Brennstäbe. Die Windenergie verschandelt angeblich die Landschaft (die alten Holländer-Windmühlen haben die Landschaft auch nicht verschandelt, heute freut man sich, wenn eine erhalten wird) und wird deshalb zunehmend bekämpft. Leider bläst der Wind nur zeitweise, und so kann die Windenergie immer nur eine zusätzliche Quelle darstellen. Die risikofreie Solartechnologie ist noch nicht in großen Maßstab wirtschaftlich, deshalb muß mit Nachdruck daran gearbeitet werden; allerdings scheint die Sonne in Deutschland nicht immer und selten so intensiv wie in der Sahara.

Die energiepolitischen Torheiten sind ein Paradebeispiel für die alte Weisheit, nach der Angst ein schlechter Ratgeber ist. Für den gesunden Menschenverstand sind Risikostreuung und sparsamer Energieverbrauch geboten. Risikostreuung ist nicht nur ökonomisch, sondern auch im Hinblick auf künftige Generationen das klügste, weil sie eine Festlegung so lange offenhält, bis Daten und Risiken besser gegeneinander abgewogen werden können. Die Entscheidungsfreiheit unserer Enkel wird auf diese Weise nicht eingeengt. Aber ungezählte Deutsche lassen sich statt dessen Angst einjagen, und ein paar Rabauken bringen Eisenbahntransporte zum Entgleisen.

Leider wird auch der liebens- und wünschenswerte Naturschutz zunehmend von Hysterikern unterwandert. Es ist zu loben, wenn viele Menschen sich in ihrer Freizeit um die Erhaltung von Mooren oder Flußauen, von natürlichen Wäldern und anderen ursprünglichen Landschaften bemühen; auch die Arbeit zur Erhaltung seltener Kulturlandschaften – wie zum Beispiel der Lüneburger Heide – verdient Anerkennung. Wenn aber aus Umweltschutzgründen die Unterelbe als internationale Schiffahrtsstraße nicht vertieft werden soll oder wenn wegen eines Vogels, den am Ort keiner je gesehen hat, ganze Wohnkomplexe nicht gebaut werden dürfen, dann geht der Eifer mit dem Verstand durch. Die Sorge um Natur und Landschaft darf uns nicht vergessen lassen, daß über achtzig Millionen Deutsche auf sehr engem Raum leben – enger als je zuvor in der deutschen Geschichte –, daß wir für alle fortwährend neue Arbeitsplätze in Gewerbe und Industrie brauchen und daß nur wenige von uns gern in einer Hochhaussiedlung wohnen möchten.

Viele der heutigen Angstmacher haben sich vor zwanzig Jahren von der Katastrophen-Prognose des Club of Rome inspirieren lassen. Dessen Voraussage einer schnellen Erschöpfung der globalen Ressourcen ist vorerst jedoch nicht plausibler geworden. Vielmehr führt die Schrumpfung des Raumes pro Person infolge der weltweiten Bevölkerungsexplosion zu einem Krieg nach dem anderen. Moderne Technik könnte helfen, das Raumproblem zu entschärfen. Aber die durch frühe Unheilsprognosen geschürte Angst hat bei uns eine weitverbreitete Aversion gegen fast alle technologischen Entwicklungen ausgelöst, vom Transrapid bis zur Datenspeicherung.

In der Tat hat in der zweiten Hälfte unseres Jahrhunderts eine bisher unerhörte Beschleunigung des technischen Fortschritts eingesetzt. Der Buchdruck begann vor einem halben Jahrtausend, die Dampfmaschine vor zweihundert Jahren, das Flugzeug vor einhundert Jahren. Computer und Fernsehen sind dagegen noch keine fünfzig Jahre alt; aber schon sind in schneller Folge Satelliten, Fax, Cortison, Antibiotika, Bypass-Operationen, Organtransplantationen und gentechnisch erzeugte Medikamente dazugekommen, im Internet kommuniziert heute jeder mit jedem. Diese Fülle neuer Technologien ist überwältigend, aber sie schafft auch zusätzliche Ängste. Andere schüren diese Ängste, um politisch davon zu profitieren. Gerhard Schröder soll gesagt haben, die letzte allgemein akzeptierte technische Neuerung sei der Farbfernseher gewesen – der Spott ist berechtigt.

Moderne Technik hat einen vor fünfzig Jahren völlig unvorstellbaren Aufschwung unseres Lebensstandards ermöglicht, man denke nur an die fabelhafte Erleichterung der Hausarbeit. Staubsauger, Elektroherd, fließendes Warmwasser, Kühlschrank, Waschmaschine, Trockner, Kaffeemaschine, Einkauf im Supermarkt statt in vielen Geschäften nacheinander, Einkauf per Versandhauskatalog – all dies war noch für meine Mutter unvorstellbar. Es liegt kein ernsthafter, vernünftiger Grund vor, die moderne Technik zu verteufeln. Wenn Millionen und Abermillionen Deutsche in den Urlaub nach Mallorca oder rund um die Welt fliegen, dann grenzt es an Schizophrenie, den Bau oder die Erweiterung von Flughäfen verhindern zu wollen.

Einer der Ursprünge der besonderen deutschen Angst liegt bei der Studentenbewegung der späten sechziger und siebziger Jahre. Sie kam aus Amerika und hatte ihre Anfänge in der Ablehnung des Vietnam-Krieges. In Deutschland wandte sie sich schnell ganz anderen Zielen zu, obwohl auch hier zunächst Ho-Ho-Ho Chi Minh gebrüllt wurde. Man beklagte schaudernd das Fehlen einer gesellschaftlichen »Theorie« und empörte sich, daß beim wirtschaftlichen und gesellschaftlichen Wiederaufbau der Bundesrepublik angeblich versäumt worden war, die Verbrechen der Nazi-Zeit »aufzuarbeiten« und gebührend zu verurteilen.

Viele junge Leute ließen sich unvergorene kommunistische und anarchistische Ideologien und Utopien aufschwatzen. Über den demonstrativen Protest hinaus entstand eine Haltung gegenüber Staat und »Establishment«, die durchaus gewaltbereit war und sich dabei keineswegs auf »Gewalt gegen Sachen« beschränkte. Man griff in ähnlicher Weise zu Gewalt wie die Nazis 1932 und 1933.

Ohne die Achtundsechziger hätte es wahrscheinlich auch die Friedensbewegung der siebziger und achtziger Jahre in ihrer fundamental gegen Amerika gerichteten Einseitigkeit nicht gegeben Man demonstrierte gegen Reagan, aber selbstverständlich nicht gegen Breschnew und den Einmarsch in Afghanistan. Durchaus ernsthafte und respektable Motive der Friedensbewegung wurden auf diese Weise durch eine sich selbst für links haltende Stimmung leider überdeckt. Was sich auf breite Kreise vor allem übertragen hat, war die Propaganda »Wir haben Angst«. Auch die Gewaltbereitschaft hat sich in der Friedensbewegung fortgesetzt.

Inzwischen sind die meisten Achtundsechziger ganz normale Mitbürger geworden. Aber viele von ihnen finden es selbst in ihrem mittleren Lebensalter immer noch schwierig, unseren Staat und unsere Gesellschaft als die ihrigen anzuerkennen. Die Neigung zum Protest gegen jeden technischen Fortschritt zeugt von einem beträchtlichen Restbestand alten Gedankenguts. Und die heutigen Gewaltverbrechen gegen Ausländer oder die Anschläge gegen Castor-Transporte erinnern daran, daß es die Achtundsechziger waren, die erstmals seit Hitler wieder politisch motivierte Gewalt auf unseren Straßen verbreiteten.

Eine positive Hinterlassenschaft der Studentenrevolte finden wir in der Aufgeschlossenheit breiter Gesellschaftskreise für einen schonenden Umgang mit unserer natürlichen Umwelt. Dieses Interesse wäre ohne die generelle Protesthaltung großer Teile der jugendlichen Intellektuellen wohl erst später erwacht. Freilich ist nicht zu übersehen, daß auch in der ökologischen Bewegung psychotische Ängste mitschwingen, ein irrationaler, antipolitischer und antiindustrieller Protest vorherrscht. Alles in allem hat die Studentenbewegung jedenfalls stark zur neurotischen Angstbereitschaft vieler Deutscher beigetragen, und diese ängstliche Grundeinstellung läßt uns in den Augen mancher unserer europäischen Nachbarn inzwischen nicht mehr nur als sonderbar, sondern auch als gefährlich erscheinen.

Der tiefste innere Grund für die Zivilisationsängste in Deutschland liegt nach meiner Überzeugung aber im Unterbewußten, verborgen unter dem Wissen von den unsäglichen Verbrechen des Dritten Reiches und der Nazi-Zeit. Besonders für jene Deutschen, die selbst unter keiner Diktatur leben mußten, bleibt der Holocaust nicht nur entsetzlich, sondern zugleich auch unverständlich. Was man nicht versteht, das macht einem angst. Der Genozid an den Juden hilft die besonderen deutschen Ängste zu erklären. Der von Deutschen ausgeführte Holocaust hat bei vielen von uns die nationale Identität tiefgreifend beschädigt und das Gefühl der Geborgenheit im eigenen Volk, in seiner Geschichte und Kultur untergraben. Es gibt dazu nirgendwo in Europa eine Parallele.

Im Unterbewußtsein mancher Bürger steht die unbeantwortete Frage: Wenn viele Deutsche aus der Generation meiner Eltern oder meiner Großeltern zu etwas so Fürchterlichem fähig gewesen sind, wozu werden dann künftige Generationen von Deutschen fähig sein? Wenn die Mehrheit der damals lebenden Deutschen pflichtbewußt für einen verbrecherischen Staat in den Krieg gegangen ist – einige sogar mit Begeisterung für Heldentum – und seine Befehle bis zuletzt befolgt hat, muß ich dann nicht Angst haben vor diesem und jedem anderen deutschen Staat? Wobei dann die Nazi-Diktatur naiv, manchmal aber auch böswillig mit der heutigen demokratischen Bundesrepublik in eins gesetzt wird.

Enttäuschungen

Im Sommer 1990, nach Einführung der D-Mark, kam es in der DDR zu einem Aufschwung des Optimismus, der etwa zwölf Monate anhielt. Bald aber zeigten sich die bösen ökonomischen Folgen der bei der wirtschaftlichen Vereinigung gemachten kardinalen Fehler. Die Aufwertung der DDR-Währung auf das Dreifache zerstörte die preisliche Wettbewerbsfähigkeit der meisten ostdeutschen Produkte; keine Industrie der Welt hätte eine derartige Aufwertung überstehen können. Die unsägliche Form und die Eile der Privatisierung ließen fast sämtliche größeren und mittleren Betriebe der alten DDR in westdeutsches Eigentum gelangen; psychologisch kam das einer Kolonisierung nahe, ganz abgesehen von der dadurch bewirkten staatlichen Verschuldung von 400 Milliarden D-Mark. Obendrein wurden den bisherigen DDR-Bürgern gleichsam über Nacht Hunderttausende westdeutscher Vorschriften übergestülpt, mit denen keiner umgehen konnte, weder die Manager noch die Behörden. Dazu kamen die leeren ökonomischen Versprechungen. Alles zusammen war für viele ostdeutsche Bürger eine schwere Enttäuschung – und für manche eine Demütigung.

Zwar unterscheidet sich die Mentalität der meisten Ostdeutschen einstweilen noch in vieler Hinsicht von der im Westen vorherrschenden Einstellung, und die gegenseitige Angleichung wird leider noch lange Jahre brauchen. Aber es gibt in den östlichen Bundesländern genausowenig große Zukunftshoffnungen wie in den westlichen. Nur in der ganz jungen Generation – und das ist ein wichtiger Lichtblick – findet sich ein gutes Maß an persönlichem Selbstvertrauen, und zwar in beiden Teilen unseres Landes. Viele junge Leute vertrauen darauf, daß es ihnen gelingen wird, ihre Zukunft zu meistern.

Anders jedoch Haltung und Erwartung der Mehrheit der mittleren Generationen. Vornehmlich im Westen findet sich eine tiefsitzende Abneigung gegen neue gesellschaftliche und technologische Entwicklungen. Zur Wirtschaftsministerzeit Ludwig Erhards gab es eine weit verbreitete Euphorie wegen des wachsenden Wohlstands, zur Zeit Willy Brandts gab es eine Reform-Euphorie, heute erleben wir so etwas wie die Vorherrschaft einer eher gegenteiligen Attitüde.

Führende Personen der politischen Klasse spielen in unverhohlenem Opportunismus auf dem Klavier der deutschen Angst. Sie machen weder rationale Vorschläge, noch geben sie ein Beispiel von Führungswillen und Mut. 1958 hatte zum Beispiel die SPD sich mit Begeisterung für neue Technologien und für Kernkraft eingesetzt, heute lehnt sie diese zumeist ab. Die Grünen sind auf der Welle der Ablehnung moderner Technik geradezu groß geworden – von der Kernkraft über den Transrapid bis zur Gentechnologie. Beide Parteien sind bis heute nur sehr eingeschränkt fähig zur Entwicklung neuer, rationaler sozialökonomischer Konzepte (und neuer technischer Produkte), ohne die die strukturelle Arbeitslosigkeit noch weiter zunehmen wird. Der CDU/CSU fehlt der Mut zur

Umgestaltung; sie möchte am liebsten mit ein paar kleinen Korrekturen erreichen, daß alles so weiterläuft wie bisher. Zwar hat sie sich unter Kohls Führung schließlich zum Euro entschlossen, zugleich hat sie aber fleißig – unter Waigels, Tietmeyers und Stoibers Führung – die ganz unbegründete Angst vieler Deutscher vor einem angeblich drohenden Verlust der monetären Stabilität genährt. Die F.D.P. schließlich hat eine abweichende Konsequenz gezogen; sie scheint auf dem besten Wege, auf soziale Gerechtigkeit zu verzichten und sich zu einer reinen Klientelpartei der Gutverdienenden zu degradieren.

Dem Volk erscheinen die Politiker auf Macht und Einfluß, auf Karriere und Prestige fixiert – und außerdem auf ihre eigene finanzielle Versorgung. Manfred Rommel hat dazu gemeint, es bestehe »eine gewisse Gefahr, daß sich ... die Meinung ausbreitet, das sind doch alles Spitzbuben in der Politik«. Gewiß ist dieser Eindruck in seiner Verallgemeinerung ungerecht gegenüber vielen Politikern, dennoch ist jeder einzelne von ihnen mitverantwortlich für den Verfall von Vertrauen und sozialer Moral.

Sowohl in der politischen Klasse als auch in den übrigen Funktionseliten fehlt es an der Fähigkeit zur unvoreingenommenen Analyse. Es fehlt an Kraft zur Konzipierung der nötigen Reformen und Erneuerungen. Es fehlt an Mut. Vor allem aber fehlt es an einer am Gemeinwohl orientierten Moral. Mit Recht hat Roman Herzog von einem »gefährlichen Verlust an Gemeinsinn« gesprochen. Mir erscheint das wachsende moralische Defizit als die bedrohlichste Gefährdung Deutschlands.

Deutsches Wir-Gefühl

Das Fehlen eines ausreichenden Gemeinsinns ist im Westen des Vaterlandes deutlicher zu spüren als im Osten. Es ist eine Gefahr, die wir uns eingestehen müssen. Eine andere Gefährdung liegt in der Tatsache, daß viele derjenigen Deutschen, die von 1933 bis 1989 unter Diktaturen leben mußten, sich natürlicherweise andere Vorstellungen von Demokratie, von Wirtschaft, von sozialer Gerechtigkeit gebildet haben als der größere Teil des Volkes, der von 1949 bis heute nichts anderes erlebt hat als Demokratie, Marktwirtschaft und Sozialstaat, mit allen Vorzügen und allen Schwächen. Als 1989 dank Gorbatschow die Mauer fiel, war dies auf beiden Seiten für fast alle ein Augenblick des tiefsten Glücksgefühls. Es zeigte sich, wie sehr die über ein halbes Jahrhundert getrennt lebende Nation sich das Bewußtsein der Zusammengehörigkeit bewahrt hatte. Wenige Jahre später war dieses Bewußtsein gewiß nicht kleiner geworden, aber inzwischen wurde es zunehmend überlagert von Enttäuschungen auf beiden Seiten.

Ich hatte mir 1990 einen Appell des Bundeskanzlers an das Volk gewünscht: Wir stehen vor einer großen Aufgabe, vor einer ungeheuren Bewährungsprobe. Wir wollen seelisch wieder zusammenwachsen, wir wollen politisch und ökonomisch wieder zusammenwachsen, deshalb müssen wir uns auf beiden Seiten von Elbe und Werra gewaltig anstrengen. Macht euch keine Illusionen. Denn ihr, die Deutschen im Westen, ihr müßt wissen: Finanzielle Opfer werden notwendig. Und ihr, die Deutschen im Osten, ihr müßt wissen: Es wird zehn Jahre angestrengter Arbeit brauchen, bis ihr westdeutsche Standards erreichen werdet. Aber gemeinsam werden wir das schaffen!

Tatsächlich ist solch ein Appell unterblieben. Statt dessen wurde den einen die Illusion eingeträufelt, man könne die sozialökonomische Vereinigung ganz ohne wirtschaftliche und finanzielle Opfer erreichen; der Markt werde die Einheit schon herbeiführen. Und den anderen wurden die illusionären Erwartungen eingeträufelt, binnen vier Jahren werde die wirtschaftliche Landschaft erblühen, bis dahin würden die Deutschen im Osten die gleichen Löhne und Gehälter erzielen wie die Deutschen im Westen. Beide Illusionen wurden bereits 1992 von der Wirklichkeit eingeholt und als unhaltbar entlarvt.

Auf beiden Seiten entstanden seither Enttäuschungen, auf beiden Seiten suchte man auch nach Schuldigen und nach Prügelknaben. Man fand sie in westdeutschen Besserwessis und in ostdeutschen Jammerossis. Man fand sie in der voraufgegangenen kommunistischen Mißwirtschaft, deren Ausmaß angeblich erst nachträglich erkennbar geworden sei, und in der SED- und Stasi-Verflochtenheit allzu vieler ostdeutscher Bürger. Man fand umgekehrt die Schuldigen in den westdeutschen Regierenden; deshalb wird man bei den Bundestagswahlen 1998 die CDU bestrafen, wie man schon vorher aus Protest mit seiner Zweitstimme die SED-Nachfolge-Partei PDS oder die rechtsradikale DVU gewählt hat. Weil im Osten Deutschlands die Arbeitslosigkeit tatsächlich doppelt so hoch ist wie im Westen, die Löhne und Gehälter der Arbeitnehmer jedoch nur bei 75 Prozent des westdeutschen Niveaus liegen, ist heute – acht Jahre nach der Vereinigung – ein gewisses Maß an Enttäuschung und Unzufriedenheit ganz natürlich.

Die Regierenden hätten von Anfang an wissen können, wie schwierig und wie langwierig der Aufholprozeß im Osten sein würde. Aber sie wollten es gar nicht wissen; sie wollten vielmehr Wahlen gewinnen. Und sogar diejenigen, die es 1990 besser wußten, haben sich getäuscht. So auch ich selbst; 1990 habe ich in einer Reihe von Vorträgen in ostdeutschen Städten einerseits die bevorstehende Arbeitslosigkeit angekündigt, aber andererseits die Überzeugung ausgedrückt, binnen zehn Jahren würden Produktivität und Einkommen im Osten das westdeutsche Niveau erreichen, und die Arbeitslosigkeit würde dann überwunden werden. Jene Zehnjahresfrist wird bald abgelaufen sein. Die Vierjahresfrist, die der Bundeskanzler nannte, ist allerdings schon längst abgelaufen. Wer heute nicht nur ein realistisches Urteil besitzt, sondern außerdem ein wahrheitsliebender Mensch ist, der wird sagen müssen: Es dauert mindestens noch einmal zehn Jahre, vielleicht aber auch länger.

Diese Zukunftsaussicht muß niemanden erschrecken. Im Gegenteil: Die an vielen Orten sichtbar werdende eigene Initiative ostdeutscher Bürger, die Renovierung von Häusern und Ortschaften, die Modernisierung der Infrastruktur, der wachsende Wohlstand der ostdeutschen Rentnerinnen und Rentner, der zunehmende Abstand gegenüber Produktivität und Einkommen in Polen und Tschechien – die beide ohne westliche Transferleistungen allein auf sich selbst gestellt sind –, die wachsende Leistungsfähigkeit der ostdeutschen Universitäten, der zunehmende Realismus in großen Teilen der nachwachsenden Generation, all diese deutlichen Zeichen signalisieren uns Fortschritt. In dem Maße, in dem wir sozialökonomisch mit dem Aufbau Ost fortschreiten, werden wir auch psychologisch und politisch weiterhin zusammenwachsen, in unseren Vorstellungen und Wertschätzungen, in unseren Hoffnungen – und auch in unseren Ängsten.

Ein solcher Optimismus ist freilich nur unter der Bedingung angebracht, daß keine neuen schwerwiegenden Fehler hinzukommen. Es wäre eine schwere Beeinträchtigung, wenn wir die westdeutschen Finanztransfers in den Osten verringerten und wenn wir zuließen, daß die gegenwärtige Unterbrechung des ökonomischen Aufholprozesses im Osten dauerhaft würde.

Es wäre auch ein schwerer Fehler, wenn wir noch mehr Jahre der intellektuellen und politischen Debatte mit der Suche nach Sündenböcken aus der Zeit vor 1990 verschwenden würden. Verdächtigungen und Kränkungen gegenüber Ostdeutschen haben ein allzu großes Maß angenommen. Wenn einer wissentlich einem anderen geschadet hat, dann gehört er vor Gericht; dabei kann nur das zur Zeit der Tat geltende Strafrecht der DDR der Maßstab sein. Aber eine Gesinnung, eine Mitgliedschaft oder bloße Stasi-Kontakte sollten nicht länger zur Verdächtigung, zur Herabsetzung und Abwertung des früheren Lebens herhalten müssen.

Westdeutsche Staatsanwälte und Richter, zumal solche aus der ehemaligen Frontstadt West-Berlin, sind gegenüber Kommunisten und SED-Leuten von akribischem Eifer. Von denen, die Tötungsdelikte an der Berliner Mauer zu verantworten haben, haben sie als erste kleine Mannschaftsdienstgrade und Unteroffiziere angeklagt und verurteilt. Seit endlosen Jahren führen sie einen Strafprozeß gegen den ehemaligen DDR-Geheimdienstchef Wolf, der sich in seinen Handlungen nicht von seinen westlichen Gegnern oder Kollegen unterschieden hat; jahrelang prozessierten sie gegen den Ost-Berliner Rechtsanwalt Vogel, der als Mittelsmann zwischen der Bonner und der Ost-Berliner Regierung – mit meinem vollen Vertrauen (und ebenso dem meines Amtsnachfolgers) – den Freikauf von in der DDR verfolgten und ausreisewilligen Personen besorgt hat. Manche der westdeutschen – und einige ostdeutsche – Politiker und Journalisten haben sich mit Fleiß an den Verdächtigungen beteiligt. Wer in der SED war, wird als »rote Socke« abqualifiziert; wer in der Ost-CDU oder LDP war, gilt als ehrenwerter Bürger. Manfred Stolpe, als Ministerpräsident von den Bürgern in Brandenburg mit wiederholtem Vertrauen ausgestattet, wird seit Jahren verdächtigt, obschon keiner behauptet, Stolpe habe ihm geschadet. Den hervorragenden Leipziger Maler Bernhard Heisig wollten einige von der Ausgestaltung des renovierten Reichstagsgebäudes ausschließen, weil er als Minderjähriger auf die Nazis hereingefallen war und später unter der SED Karriere gemacht hatte. Neid, Mißgunst, Rachsucht, niedrige Motive überwiegen in vielen Fällen.

Die Verfolgung alter Nazis nach 1949 ist weit weniger gehässig gewesen. Adenauer, der sich den Kommentator der Nürnberger Rasse-Gesetze als einen der höchsten Beamten ins Bundeskanzleramt geholt hat, war weitaus großzügiger als der eifernde und geifernde heutige CDU-Generalsekretär, der von Beruf Pfarrer ist.

Wir Deutschen – zumal die Westdeutschen – sollten wissen: Unser Land braucht Versöhnung! Wir können die Wiederherstellung des Wir-Gefühls der Deutschen durch eifernde Verdächtigungen ungezählter Mitbürger durchaus noch verzögern. Aber wenn wir uns nicht mit ganzem Herzen und mit aufrichtigem Bemühen der Aufgabe zuwenden, uns wieder zu *einem* Volk zu verschmelzen, könne wir kein gutes Gewissen haben. Dazu brauchen wir Vorsatz und Willen zur gegenseitigen Einfühlung.

Auf die Dauer werden weder ostdeutsche Nostalgien noch westdeutsche Überheblichkeiten verhindern, daß sich das Bewußtsein der Zugehörigkeit zur gleichen deutschen Kulturnation wieder durchsetzt – und zur gleichen deutschen Geschichte mit all ihren Höhen und auch ihren verbrecherischen Tiefen. Gemeinsam werden wir den deutschen Nationalstaat, die Bundesrepublik, vom Grundgesetz demokratisch und rechtsstaatlich geprägt, als die bindende Form unseres Patriotismus bejahen. Freilich sind wir am Ende unseres Jahrhunderts von diesem Wir-Gefühl noch etwas weiter entfernt, als wir 1989 und 1990 unter dem Brandenburger Tor geglaubt haben.

Wandel ist möglich

Wenn man die verschiedenen Ursachen des heutigen Verfalls unseres Gemeinsinns einzeln unter die Lupe nimmt, dann wird erkennbar: Es gibt Faktoren und Wirkungen, die korrigierbar sind, auch wenn die ihnen zugrunde liegenden geschichtlichen Ereignisse keineswegs ungeschehen gemacht werden können. Niemand kann die Geschichte im nachhinein ändern. Wohl aber kann man die Geschichte auf verschiedene Weise interpretieren, man kann Teile der Geschichte im Bewußtsein löschen, man kann andere Teile übermächtig hervortreten lassen. Man kann die Geschichte des deutschen Volkes als Verbrecheralbum darstellen (Goldhagen gibt dafür ein Beispiel), aber man kann auch aus der Geschichte lernen. Tatsächlich hat eine überwältigende Mehrheit der Deutschen aus der Geschichte gelernt: Nie wieder dürfen sich in Deutschland Diktatur und Rassismus wiederholen, dafür tragen wir alle eine gemeinsame Verantwortung. Diese fundamentale Erkenntnis allein wird jedoch nicht ausreichen, unsere heutige Misere zu überwinden.

Vor jeder Therapie braucht der Arzt Anamnese und Diagnose, oder anders gesagt: Wenn wir uns aus unserer gegenwärtigen Misere befreien wollen, dann bedürfen wir zuvor einer klaren Analyse unserer Situation. Wir leben in einer gefährlichen Mischung aus Enttäuschung, Zweifel, Bitterkeit, Resignation und Angst und sind doch zugleich rücksichtslos, wenn es darum geht, unseren persönlichen Vorteil durchzusetzen. Um die Situation zu verstehen, müssen wir begreifen, wie sie entstanden ist. Ohne eine solche Analyse ist kein umfassendes Konzept möglich, bleiben alle gesetzgeberischen Eingriffe Stückwerk, bestenfalls von punktueller Wirkung.

Anamnese, die Analyse der Ursachen, bewirkt allein noch keine Heilung. Diagnose, die Feststellung der Erkrankung, stellt allein noch kein Konzept für die Therapie dar. Dazu bedarf es der Urteilskraft und der Entschlußkraft. Zur Durchsetzung bedarf es überdies des Mutes, der Energie und der Stetigkeit der Führenden in den verschiedenen Bereichen der Gesellschaft. Das Wort Konzept steht hier für eine viele Felder umfassende Gesamtanstrengung. Denn jede wahrheitsgemäße Diagnose wird nicht nur *eine* Fehlentwicklung in Gesellschaft und Wirtschaft, in Politik und Staat konstatieren, nicht nur *eine* Verirrung oder Entgleisung der Moral, nicht nur einen oder zwei akute Krankheitsherde. Vielmehr haben wir es mit einem komplexen, vielfältigen Syndrom zu tun, zu dessen Überwindung mehrere Therapien zugleich nötig sein werden. Einige Maßnahmen könnten bereits in wenigen Jahren wirksam werden, andere brauchen ein Jahrzehnt oder länger. Als besonders aufwendig wird sich dabei die Korrektur jener Fehlentwicklungen erweisen, deren Ursachen weit zurückliegen und die sich seitdem tief in unser gesellschaftliches Bewußtsein eingefressen haben.

Ich zweifle nicht daran: Wandel ist möglich! Das große Wiederaufbauwerk nach 1945 im Westen Deutschlands und ebenso die trotz Diktatur und Zwangswirtschaft im Osten Deutschlands vollbrachten Leistungen bezeugen unsere angeborene Zähigkeit. Zwar befinden wir uns in einer Misere, aber diese Misere haben wir selbst herbeigeführt. Wir können sie auch selbst überwinden.

Pessimismus über die sittlichen und politischen Qualitäten der Deutschen wird uns nicht weiterhelfen, wohl aber wird die Vernunft uns sagen: Nie zuvor waren Demokratie und Grundrechtsbewußtsein in Deutschland so gefestigt wie am Ende unseres Jahrhunderts. Deshalb spricht alles dafür, daß Rückfälle in die Barbarei und in politisches Unheil nicht möglich sein werden. Das Gewissen jedes einzelnen aber sollte hinzufügen: Und ich selbst werde alles dazu beitragen, was ich kann, daß nichts dergleichen geschehen wird. Damit unser Land wieder auf einen grünen Zweig kommt, ist es dringend erforderlich, sich nicht von der Mode in der Clique, in der Schule, an der Uni, in der Firma, im Verband, in der Gewerkschaft oder in der Partei anstecken zu lassen, sondern seinen Verstand zu gebrauchen und zu einem eigenen Urteil zu gelangen. Vernunft, auch Klugheit genannt, ist eine Tugend!

Gewiß können Tugenden und Moral nicht verordnet werden. Wohl aber können wir uns dazu erziehen – vor allem durch positive Beispiele. Ein Bundespräsident allein ist allerdings zu wenig. Deshalb sind positive Beispiele von allen gefordert, die in der Öffentlichkeit stehen und dort Entscheidungen treffen, die uns alle angehen.

II

Die Verantwortung der Funktionseliten

Die Verantwortung der Funktionseliten 45

Die öffentliche Moral beruht auf Beispiel und Erziehung, auf Autorität und Führung. Sie stützt sich dabei auf Werte, Prinzipien und Maximen, welche von früheren Generationen erarbeitet und zum Teil über Jahrhunderte bis auf unsere Gegenwart tradiert wurden. Die uns in der Bergpredigt gegebenen Prinzipien für das Verhalten gegenüber Mitmenschen sind zweitausend Jahre alt, die Zehn Gebote sind noch viel älter. Das Verbot der Sklaverei oder das Prinzip der Demokratie haben sich als Teil der öffentlichen Moral hingegen erst im Laufe des 19. Jahrhunderts allgemein durchgesetzt, die Demokratie in Deutschland erst ein Jahrhundert später.

Fast alles, was wir heute unter dem Begriff Moral verstehen, geht entweder auf Personen zurück, auf Religionsstifter, Philosophen, Staatsmänner oder auf besonders herausgehobene gesellschaftliche Gruppierungen wie Orden, Stände, Kasten oder Klassen. Dabei kam manches auch von unten, von sozial Schwachen oder politisch Unterdrückten, oder nahm Umwege, man denke an Saulus, der zum Apostel Paulus wurde, oder an Abraham Lincoln, ohne den die Sklaverei in Amerika nicht beseitigt worden wäre. Friedrich II. von Preußen hat das Prinzip der Pflichterfüllung und der Räson gegenüber dem von ihm autoritär beherrschten Staat nach unseren heutigen

Vorstellungen sicher übertrieben, aber zugleich hat er dem Prinzip der Gerechtigkeit einen großen Dienst erwiesen. Alle diese Führer waren angewiesen auf Eliten, die ihnen nicht nur folgten, sondern die auch die jeweilige Lehre tatkräftig verbreiteten und schließlich zur allgemein akzeptierten Moral entwickelten.

Dies galt ähnlich natürlich auch für Hitler oder Stalin oder Mao Zedong. Alle drei haben als Herrscher sittliche Grenzen verschoben. Sie haben sich zugleich Eliten geschaffen, die ihnen ergeben waren und die ihnen halfen, daß große Teile der von ihnen beherrschten Völker und Reiche ihre in Wahrheit verbrecherische Rassen- und Klassenmoral akzeptierten und der Rest mit Gewalt der neuen Heilslehre unterworfen wurde. Es waren diese Eliten, die mit KZ und Gulag die Sklaverei wieder einführten. Der Erfolg einer Diktatur beruht nicht zuletzt auf der Tatsache, daß sich die Diktatoren auf willfährige Eliten stützen können.

Bismarck, der in der zweiten Hälfte des 19. Jahrhunderts zum herausragenden deutschen Staatsmann wurde, hat dem in Deutschland langsamen Prozeß der Demokratisierung hinhaltenden, aber harten Widerstand entgegengesetzt. Dabei konnte er sich auf einflußreiche Kreise stützen, die ihm auch bei der Führung dreier Kriege ergeben waren: das Militär, der preußischer Landadel, die Beamtenschaft, dazu zahlreiche protestantische Pastoren und Kirchenoberen. Als am Ende des Ersten Weltkrieges 1918 das Kaiserreich zusammenbrach, stand für den Neubeginn eine inzwischen herangewachsene neue Elite zur Verfügung: die starke, demokratisch gesinnte, auf sozialen Ausgleich und Frieden bedachte Sozialdemokratie.

Die sozialdemokratischen und gewerkschaftlichen Führer waren bereit, Verantwortung zu übernehmen. Aber sie besaßen weder genügend wirtschafts- und finanzpolitische noch außenpolitische Erfahrung und waren deshalb auf die willige Mitarbeit von Teilen der alten Eliten angewiesen. Das Verhältniswahlrecht zwang von Anfang an zur Bildung von Koalitionen, die sich immer schwieriger gestalteten. Links und rechts etablierten sich antidemokratische Flügelparteien in Gestalt der KPD und der NSDAP, die für die SPD als Koalitionspartner nicht in Frage kamen.

Tatsächlich hat die Weimarer Demokratie nur bis zum Frühjahr 1930 einigermaßen ordentlich funktioniert. Als von 1929 an die große Arbeitslosigkeit sich ausbreitete, hatten weder die regierenden Parteien noch die der neuen Demokratie zumindest nicht ablehnend gegenüberstehenden Teile der alten Eliten wirksame Rezepte dagegen. Im März 1930 zerbrach die letzte Koalition, an der die SPD beteiligt war, und machte Platz für die Minderheitsregierung Brüning, die sich mit Hilfe der Notstandsverordnungen des Reichspräsidenten mehr als zwei Jahre im Amt halten konnte. Im Januar 1933 schließlich gab Hindenburg dem Drängen seiner eigenen, reaktionären Kreise nach und verhalf Hitler, den er im Grunde verachtete, zur Macht.

Es gab mehrere Ursachen für den Fehlschlag des Weimarer Demokratieversuches. Entscheidend aber war nicht zuletzt, daß es der Republik in den gesellschaftlichen, politischen oder sonstigen Führungsschichten, die den Staat von Weimar und seine Verfassung hätten tragen müssen, an wirklicher Unterstützung fehlte.

Zwölf Jahre später, nach dem Zusammenbruch des Dritten Reiches, war die Lage eine ganz andere. Im viergeteilten Deutschland gab es überhaupt keine Führungsschichten mehr. Die Nazi-Elite war beinahe vollständig verschwunden, spurlos im doppelten Sinne, ihre Reste waren praktisch bedeutungslos. Das gleiche galt für die noch aus der Wilhelminischen Zeit stammenden alten Eliten, zumal für den Adel. Viele der in der Weimarer Republik einflußreichen demokratischen Kreise waren von Hitler zerschlagen worden und hatten 1945 Mühe, sich wieder zusammenzufinden.

So gab es in den allerersten Jahren nach dem Zweiten Weltkrieg keine einheitlich geprägten deutschen Eliten, die das Recht, den Staat und die öffentliche Moral hätten wiederherstellen können. Vielmehr gingen die Wiederherstellung rechtlicher und staatlicher Autorität, die Entnazifizierung und die *re-education* entscheidend von den Militärregierungen aus, welche die Siegerstaaten errichtet hatten. Sie regierten das Land, schufen die neuen Währungen, überwachten die politische und gesellschaftliche Entwicklung der Deutschen. Als nach vier Jahren die Bildung zweier deutscher Staaten und Regierungen zustande kam, entsprachen beide, sowohl die Staats- und Regierungsform der DDR als auch die der Bundesrepublik, weitgehend den Vorstellungen, die den jeweiligen Siegermächten zu eigen waren und die ihnen auch für ihren Teil Deutschlands als selbstverständlich geboten schienen.

Adenauer oder Schumacher, Reuter oder Heuss und die anderen Politiker der ersten Nachkriegsjahre scharten vor allem alte Gesinnungsgenossen um sich, die überlebt hatten. Viele kamen aus Konzentrationslagern und Zuchthäusern, aus der erzwungenen Emigration, aus dem Widerstand gegen die Nazis. Aus der ihnen allen gemeinsamen Ablehnung der Nazi-Diktatur und mit Blick auf die Errichtung einer funktionstüchtigen Demokratie entwickelten sie das Grundgesetz und trieben den Neuaufbau der politischen Parteien und Organisationen voran. Hans Böckler und anderen gelang es, erstmals in Deutschland einheitliche Gewerkschaften aufzubauen. Im Westen wurde unter der Führung Ludwig Erhards ein neuer, tragfähiger Ansatz entwickelt, der marktwirtschaftspolitische und sozialstaatliche Prinzipien miteinander verknüpfte und schrittweise das Erbe der Zwangswirtschaft überwinden konnte. Unter bereitwilliger Mitarbeit der Belegschaften und der Arbeitnehmerorganisationen in Gestalt von Betriebsräten und Gewerkschaften gelang vielen Unternehmen der rasche Aufbau leistungsfähiger Betriebe.

Auch wenn es den Zeitgenossen anders erschienen sein mag, so hat es trotz aller politischen und sozialen Kämpfe der fünfziger Jahre in der alten Bundesrepublik doch ein erstaunliches Maß an inhaltlicher Übereinstimmung gegeben. Der staatliche, wirtschaftliche und gesellschaftliche Wiederaufbau ist weitgehend ein *Neu*aufbau geworden. Zwar wurden nicht alle Funktionäre und Nutznießer des Nazi-Regimes mit letzter Konsequenz ausgeschaltet, wohl aber hat man die Verbrecher unter ihnen vor Gericht gestellt. Langsam, aber im Ergebnis dauerhaft und umfassend wurde die Rechtsstaatlichkeit ins Werk gesetzt. Zwar haben einige Schüler und Nachfahren der Nazis versucht, nationalistische und rechtsextreme Parteien und Organisationen zu bilden, aber der Erfolg blieb gering. Mit ähnlicher Deutlichkeit haben die Wähler in der alten Bundesrepublik auch die Kommunisten beiseite geschoben.

Überall entstanden feste Strukturen: in den staatlichen Bürokratien, in den wirtschaftlichen Interessenverbänden und Gewerkschaften, in den Sozialversicherungen, in den beschönigend so genannten Selbstverwaltungen der Industrie- und Handels-, Handwerks- oder Landwirtschaftskammern, in den Ärztekammern, aber auch bei der Bundeswehr oder an den Universitäten. Auch in den großen politischen Parteien sind längst feste Strukturen entstanden, innerparteiliche Fraktionen, Erbhöfe und Abhängigkeitsverhältnisse; einige Kritiker sprechen deshalb von betonierten Strukturen.

In vielen Quartieren, Ecken und Winkeln unserer Gesellschaft haben sich nicht nur besondere Gewohnheiten, Verhaltensmuster oder Verfahren herauskristallisiert, dort herrscht auch das Bewußtsein gemeinsamer ökonomischer oder politischer Interessen. Das Wort Interessenhaufen ist zwar unfreundlich, in der Sache aber vielfach durchaus gerechtfertigt. Die organisierten Interessen stehen oft im Wettbewerb, teilweise in eifernder Auseinandersetzung miteinander. Typische Beispiele dafür sind die ärztlichen oder die landwirtschaftlichen Verbände; sie vertreten relativ wenige Mitglieder, treten aber lautstark auf, ohne dabei, außer in gut formulierten Phrasen, auf das Gemeinwohl viel Rücksicht zu nehmen.

Zu den wirtschaftlich stärksten Interessengruppen gehört der Bundesverband der Deutschen Industrie, gefolgt von Arbeitgeberverbänden und Gewerkschaften. Diese Verbände haben umfangreiche hauptamtliche Bürokratien entwickelt, von denen in der Regel die tatsächliche

Führung ausgeht. Wer in diesen Verbänden eine ehrenamtliche Rolle übernimmt, muß sich meist anpassen; die wenigsten Verbände und Gewerkschaften werden von ihren ehrenamtlichen Vorständen geführt, die meisten von hauptamtlichen Vorständen, Generalsekretären oder Hauptgeschäftsführern. Deren Einfluß auf die öffentliche und veröffentlichte Meinung sowie auf die politische Klasse ist größer als jemals zuvor.

Der Begriff Elite löst bei vielen negative Gefühle aus, weil sich damit die Vorstellung von Auserwähltsein verbindet; manchmal wird der Begriff auch im Sinne der jahrhundertelang herrschenden, heutzutage weitestgehend bedeutungslosen Aristokratie oder im Sinne von militärischen Elite-Truppen unzulässig verkürzt. Ganz und gar mißbraucht wird das Wort Elite, wenn in den Medien von prominenten Besuchern von Pferderennen oder Festspielen berichtet wird; dabei handelt es sich großenteils um Schickeria.

Das Wort Elite, angewandt im Sinne der französischen Soziologie, meint die gesellschaftlichen Macht- und Einflußgruppen, die miteinander konkurrieren. Das bedeutet nicht, daß Menschen allein schon aufgrund ihrer Zugehörigkeit zu einer dieser Gruppen eine herausragende Stellung in der Gesellschaft einnehmen oder sonstwie besonders ausgezeichnet wären. Viele besitzen Macht und Einfluß nur dank der Funktionen, die sie ausüben – unabhängig davon, wie sie das jeweilige Amt erworben haben und ob sie dazu befähigt sind. Zur Unterscheidung und um Mißverständnisse zu vermeiden, benutze ich für diese Personengruppe den Begriff Funktionseliten. Den Funktionseliten ist gemeinsam, daß sie nicht nur mit

Macht und Einfluß ausgestattet, sondern ebenso mit Verantwortung für das Gemeinwohl betraut sind, ob sie dies nun anerkennen und beherzigen oder ob sich ihr Dienst am Gemeinwohl in bloßen Lippenbekenntnissen erschöpft. Funktionseliten tendieren dazu, ihre eigenen Egoismen zu entwickeln, diese aber mit dem Mantel des öffentlichen Wohls zu bedecken.

Auch der Begriff politische Klasse stammt aus Frankreich. Er erscheint mir deshalb treffend, weil die Politiker in einem demokratischen Staat trotz aller Gegensätze in ihren Zielen und Programmen gleichwohl gemeinsamen Verhaltensmustern unterliegen und gemeinsame Interessen verfolgen; insbesondere ist ihnen das überragende Motiv der Erlangung und der Bewahrung politischer Macht gemeinsam. Ich werde mich im folgenden auf die Berufspolitiker konzentrieren und beiseite lassen, daß auch die unabhängigen Verfassungsrichter, die Spitzenleute der Bundesbank sowie politisch engagierte Publizisten und Medienleute als Teil der politischen Klasse angesehen werden dürfen. Der Begriffsname »classe politique« hat mit der Klassengesellschaft im Sinne von Marx und Engels oder mit den Vermögens- und Einkommensklassen des alten preußischen Dreiklassenwahlrechts nichts zu tun. Er meint vielmehr die Politiker insgesamt, vor allem diejenigen, denen die Politik zum Beruf geworden ist, dem sie ihren Lebensunterhalt verdanken, unabhängig von ihren Vermögensverhältnissen und unabhängig von ihren politischen Auffassungen.

Noch einem weiteren möglichen Mißverständnis möchte ich vorbeugen. Wenn ich die Ausdrücke Führer und Führung benutze, so gewiß nicht im Sinne Hitlers oder der italienischen und spanischen Faschisten. Ich denke dabei vielmehr an die amerikanischen Begriffe »leader« und »leadership«. Zwar ist das Wort Führer im Deutschen immer noch belastet. Tatsächlich aber haben Adenauer oder Schumacher ihren Parteien nicht bloß vorgesessen, sondern sie haben sie geführt, so wie Brandt die Außenpolitik der frühen siebziger Jahre geführt oder Kohl geführt hat, als es 1989/90 darum ging, die unerwartete Chance der Wiedervereinigung Deutschlands zu nutzen. Wenn heute, ein Jahrzehnt später, das allgemeine Gefühl einer Misere oder Malaise sich in unserem Lande ausgebreitet hat, dann sind die tieferen Ursachen genau da zu suchen: im Mangel an politischer Führung, in der unzureichend ausgeübten Verantwortung und in der mangelhaften Leistung der Funktionseliten.

Die moralischen Aufgaben der politischen Klasse

Die beiden großen Volksparteien haben in langen Jahrzehnten viel politische Erfahrung auf allen Feldern sammeln können. Sie sind auch erfahren darin, die seit Generationen tradierten, zum Teil erheblich voneinander abweichenden Grundhaltungen ihrer Anhängerschaft zusammenzubinden und notfalls zu Kompromissen zu führen. Beide Volksparteien müssen heute erkennen, daß sie mit den bisher gültigen Denkmustern, mit den bisherigen Ideologien und Theorien allein nicht auskommen, sondern daß sie sich zur Lösung der aktuellen Aufgaben, besonders zur Bereinigung der hohen Arbeitslosigkeit, von manchen ihrer alten Vorstellungen und Vorurteile lösen müssen. Sie brauchen den unbedingten Willen zum Realismus.

Dabei könnten ihnen eigenständige, unabhängig urteilende Personen helfen; deshalb sollte die in der politischen Klasse verbreitete Abneigung gegen Seiteneinsteiger überwunden werden. Dieser Ablehnung liegt vornehmlich die Besorgnis zugrunde, damit werde die eigene Anwartschaft auf einen Posten gefährdet, und so stürzen sich in den Parlamenten eingesessene Politiker bisweilen mit maliziöser Inbrunst auf Seiteneinsteiger, wenn diese sich unbefangen und sachverständig, aber ohne allzuviel Rücksicht auf offizielle Programme und gängige Rituale äußern. Viele Politiker haben sich einem Laufbahn- und Karrieredenken ergeben, als ob man innerhalb der eigenen Partei oder Fraktion Anspruch hätte, schrittweise zum Sprecher für ein eigenes Sachgebiet, zum Arbeitskreis- oder Ausschußvorsitzenden, zum Mitglied des Fraktions- oder Parteivorstandes befördert zu werden. Weil man in all diese Funktionen gewählt werden will, bemüht man sich, bei den Kollegen nicht anzuecken. Das Karrierestreben fördert Anpassung und Konformismus. Falls die eigene Partei an der Regierung beteiligt ist, besteht Aussicht, Parlamentarischer Staatssekretär oder Minister zu werden; wer sich darauf Hoffnungen macht, der wird sich in aller Regel bemühen, den Regierungs- oder Parteichef nicht zu kritisieren oder gar mit ihm zusammenzustoßen, denn die Ernennung hängt von ihm ab. Dergleichen Opportunismus ist natürlich kein Spezifikum der politischen Klasse – er ist menschlich und an vielen Orten zu finden.

Gewiß gibt es auch in der politischen Klasse immer wieder sehr eigenständige Köpfe, Personen, die das Risiko eines sachlichen – in der Folge dann aber meist auch persönlichen – Konfliktes mit ihrem jeweiligen Spitzenmann in Kauf zu nehmen bereit sind; ich erinnere mich an Erler oder Eppler bei den Sozialdemokraten, an Biedenkopf oder Geißler bei den Christdemokraten und an Frau Hamm-Brücher bei den Liberalen. Aber dies sind Ausnahmen. So hat keiner seiner Parteifreunde den unsäglichen Ankündigungen des Kanzlers widersprochen, als der 1990 versprach, es werde keine Steuererhöhungen wegen der deutschen Einheit geben (tatsächlich hat es dann binnen fünf Jahren zehn Steuer- und Sozialversicherungsanhebungen gegeben, in ihrer Summe waren sie eindeutig vorhersehbar). Keiner hat 1991 der Ankündigung widersprochen, in den neuen Bundesländern würden »blühende Landschaften entstehen ... in drei, vier, fünf Jahren« (tatsächlich ist die Arbeitslosigkeit in manchen ostdeutschen Städten so hoch wie niemals vor 1933 – und auch dies war vorhersehbar; die heutige Behauptung, die blühenden Landschaften seien tatsächlich entstanden, grenzt, auch wenn ökonomische Fortschritte zu verzeichnen sind, an Verhöhnung). Keiner hat widersprochen, als der Regierungschef 1996 eine Halbierung der Arbeitslosenzahlen bis zum Jahre 2000 versprach.

Aber auch Sozialdemokraten waren an bombastischen Ankündigungen beteiligt. So haben der Bonner Regierungschef und alle sechzehn Ministerpräsidenten der Bundesländer vor einiger Zeit einen hochtrabend so genannten »Solidarpakt« miteinander geschlossen, während es tatsächlich bloß um die vorübergehende Tarnung ihres Finanzgerangels ging. Jedermann konnte anläßlich der »Sparpakete« hinterher sehen: Von Solidarität unter den siebzehn Politikern kaum eine Spur. Nicht anders, als der Kanzler vor einer Reihe von Landtagswahlen die Unternehmer- und die Arbeitnehmerverbände zu einem »Bündnis für Arbeit« um sich versammelte. Heute kann jeder sehen: weder Bündnis noch Arbeit. Statt dessen mahnen die einen immer noch die fehlenden Arbeitsplätze an, die anderen haben bis zum Beginn des Wahlkampfes unablässig die mangelnde Qualität des »Standortes Deutschland« kritisiert.

Weil Politik in einer Demokratie immer auch Wettbewerb zwischen politischen Parteien und ihren Führern ist, müssen dem Wählervolk nicht nur konkurrierende Ziele und Programme angeboten, sondern auch Versprechungen gemacht werden. Es ist natürlich, daß dabei Optimismus verbreitet wird, Irrtümer unterlaufen und daß nicht alle Versprechen gehalten werden. Das 1983 abgegebene Versprechen einer »geistig-moralischen Wende« zum Beispiel war zwar nebulös, aber ehrlich gemeint. Es konnte nicht gehalten werden, es war von Anfang an nichts als eine Selbsttäuschung. Die Mehrheit des Volkes hat es für Propaganda gehalten und nicht ernst genommen; deshalb ist in diesem Falle später auch keine sonderliche Enttäuschung eingetreten. Auch die erwähnten ökonomischen Ankündigungen beruhten zum Teil auf Selbsttäuschungen, zum Teil auf gern übernommenen, allzu optimistischen Prognosen. Es ist aber auch viel Opportunismus im Spiel: Man sagt dem Volk Dinge, von denen man annimmt, daß es sie gerne hört. Dem Sprecher fliegen dann alle Sympathien zu.

Wenn aber zu viele tiefgreifende Enttäuschungen auf einmal eintreten, dann kann die Sympathie in Abneigung umschlagen. Man sieht das heute in den östlichen Bundesländern, wo außer den Rentnern fast alle anderen enttäuscht sind darüber, daß die ihnen gemachten Versprechungen sich nicht verwirklicht haben. Wer als Politiker meint, es sei erlaubt, dem Wahlvolk nur das zu sagen, was es gerne hört, der täuscht sich gewaltig. In der Demokratie kommt es langfristig auf Leistung an, nicht auf Propaganda, Werbespots und Gefälligkeiten. Die Bevölkerung verlangt heute um so mehr nach Wahrheit und Klarheit, als die Glaubwürdigkeit der Politiker deutlich abgenommen hat. Das Vertrauen in die politische Klasse ist heute geringer als jemals seit 1949, von ihr geht weder politische noch moralische Führung aus.

Vor fast achtzig Jahren hat Max Weber eine berühmte Rede über »Politik als Beruf« gehalten, die ich heute noch jedem Politiker zu lesen empfehle. Weber charakterisierte den Politiker durch drei Eigenschaften: Leidenschaft, Augenmaß und Verantwortungsbewußtsein. Zugleich unterschied er zwei Handlungsmaximen, nämlich Gesinnungsethik und Verantwortungsethik. Die erstere folgt, religiös gesprochen, dem Grundsatz: Der Christ tut recht und stellt den Erfolg Gott anheim, sie fragt nicht nach den Folgen. Die Verantwortungsethik hingegen geht davon aus, die Folgen des eigenen Handelns verantworten zu müssen.

Verantwortung zu übernehmen für die Folgen des eigenen Handelns oder Nicht-Handelns – das heißt auch für nicht beabsichtigte Nebenwirkungen und Fehlschläge –, setzt zuallererst Verantwortung im Hinblick auf die Zielsetzung voraus. Weder das Ziel noch die Mittel und Wege des Politikers dürfen im Widerspruch zu den von ihm akzeptierten ethischen Grundwerten stehen. Eine Politik ohne Grundwerte ist zwangsläufig gewissenlos, sie ist eine Politik der moralischen Beliebigkeit und tendiert zum Verbrechen. Dabei steht der Politiker vor einer doppelten Herausforderung. Zum einen muß er sich vor der öffentlichen Meinung verantworten, das heißt vor den wählenden Staatsbürgern, zum anderen vor seinem eigenen Gewissen. Das Grundgesetz hilft ihm zwar bei der Orientierung, aber es reicht zur Urteilsfindung nicht aus.

Das Grundgesetz hat in Artikel 1 die Würde der Person als einzigen Grundwert postuliert; keiner darf ihn verletzen. Danach spricht es in Artikel 2 von dem »allgemeinen Sittengesetz«, welches für jedermann die Grenzen der Freiheit bestimmt. Was aber ist der Inhalt, was sind die Gebote und Verbote des allgemeinen Sittengesetzes? Sie sind nirgendwo verbindlich definiert. Dies kann nicht bedeuten, daß sie beliebig sind, noch sollte es dazu verleiten, von Fall zu Fall das Verfassungsgericht anzurufen, um so schrittweise Teile des allgemeinen Sittengesetzes verbindlich zu definieren.

Der Politiker sieht sich bei der Frage nach den Inhalten des allgemeinen Sittengesetzes also zurückverwiesen auf sein eigenes Gewissen. Da es in unserer Gesellschaft nur einen relativ schwammigen Konsens über die ethischen Fundamente und die Forderungen des allgemeinen Sittengesetzes gibt, können die Politiker hierüber, durchaus legitim, zu verschiedenen Urteilen gelangen. Daraus ergibt sich ein Teil des politischen Kampfes.

Was die Grundwerte der politischen Klasse und ihrer

Mitglieder betrifft, herrscht gleichfalls nur eine schwammige Übereinstimmung. Zu einem allgemeinen Verhaltenskodex für Politiker aller Parteien gibt es bisher nur einige wenige, eher punktuelle Ansätze. Einige Ansätze in der jüngeren Vergangenheit zeugten eher vom Gegenteil guter Sitte, so zum Beispiel der gemeinsame Versuch von Bundestagsabgeordneten aller Parteien, Kollegen zu amnestieren, die eine gesetzwidrige Parteienfinanzierung betrieben und andere dazu verleitet hatten. Die Demokratie verlangt Öffentlichkeit und Durchsichtigkeit, die Offenlegung der Parteienfinanzierung ist ein notwendiger Teil dieser Praxis.

Über die Haushaltsgesetze finanzieren die Steuerzahler nicht nur das Parlament als Ganzes, sondern auch jeden Abgeordneten und seine Hilfskräfte. Das ist in Ordnung. Nicht in Ordnung ist, daß der Steuerzahler außerdem den Parteien sogenannte Wahlkampfkosten in horrender Höhe erstattet; daß er außerdem die offiziellen Jugendorganisationen der Parteien (zum Beispiel die sogenannten Jungdemokraten, Junge Union und Jungsozialisten) besonders finanziert, deren Mitglieder in Wahrheit weitgehend aus Karteileichen bestehen; daß er außerdem den Parlamentsfraktionen wachsende Stäbe und Apparatekosten finanziert; nicht in Ordnung ist des weiteren die Höhe der Zuwendungen an die sogenannten parteinahen Stiftungen, soweit diese nämlich bloß verlängerte Parteiapparate darstellen. Dazu kommt die steuerliche Abzugsfähigkeit von Spenden usw. Die vielen Quellen und Wege der Parteienfinanzierung sind in ihrer Gesamtheit undurchsichtig; im Ergebnis fördert das anonyme Funktionäre und Apparate.

Zum Vergleich: Der Verband der deutschen Maschinenbau-Industrie oder die Industriegewerkschaft Metall oder der Hartmann-Bund finanzieren sich allein durch ihre Mitgliedsbeiträge – warum nicht auch die politischen Parteien? Die politische Klasse hat sich im Laufe der letzten dreißig Jahre finanzielle Sondervorteile verschafft, einschließlich persönlicher Übergangsgelder und Versorgungen, wie sie – mit Ausnahme der Managerklasse – kaum sonstwo in unserer Gesellschaft vorkommen. Zur Transparenz sollte deshalb auch die Offenlegung der außerparlamentarischen Einkünfte der Politiker gehören, ebenso die Angabe ihrer beruflichen Herkunft und Absicherung (wobei übrigens schnell die beängstigende Überwucherung des Parlaments mit Angehörigen des öffentlichen Dienstes erkennbar werden würde).

Eine andere unerfreuliche Entwicklung hängt mit dem System der Listenwahl zusammen. Die Hälfte aller Bundestagsabgeordneten verdankt ihre Wahl nicht einem ihrer Person entgegengebrachten Vertrauen der Wähler, sondern vielmehr erfolgreichem Delegierten-Kuhhandel und Funkionärs-Geklüngel um einen aussichtsreichen Platz auf der Landesliste der jeweiligen Partei. Das führt zu einer hohen Abhängigkeit der Listenabgeordneten von dem jeweiligen Parteiapparat und damit zum Opportunismus.

Viele der heutigen Parteifunktionäre meinen im Ernst, wenn ihr Parteitag binnen dreier Tage über tausend Anträge entschieden habe (insgesamt so dick wie das Telefonbuch einer mittleren Großstadt), dann hätten sich anschließend ihre Mandatsträger im Parlament nach dieser so hergestellten »Beschlußlage« zu richten. Diese Tendenz zum »imperativen Mandat« findet sich auf der Linken häufiger als auf der Rechten – was damit zu tun hat, daß die Linke seit anderthalb Jahrzehnten in der Opposition war, während die Rechte regierte. Das Recht und die moralische Pflicht des Parlamentsabgeordneten können dabei leicht unter die Räder kommen.

Manche der über die Landeslisten gewählten Mandatsinhaber sind gar nicht sonderlich daran interessiert, sich einen Wahlkreis zu erobern, ihnen genügt das Listenmandat. Deshalb werden sie im Bemühen um Bürgernähe häufig von den in ihren Wahlkreisen direkt gewählten Kollegen übertroffen. Ein Mehrheitswahlrecht würde insgesamt den Kontakt zwischen Politikern und Wählern erheblich verstärken. Wir werden leider mit dem Verhältniswahlrecht leben müssen. Aber unsere Politiker sollten wissen: Opportunismus ist eine Sünde wider das Prinzip der Verantwortungsethik.

Opportunismus grassiert allenthalben, zum Beispiel wenn Politiker in der Hoffnung auf jugendliche Stimmen das Wahlalter auf den 16. Geburtstag herabsetzen; oder wenn ein Ministerpräsident, weil er hoffte, auf der Welle einer Volksstimmung schwimmen zu können, die gemeinsame europäische Währung emotionalisierend als »Esperanto-Geld« lächerlich zu machen versuchte, obschon er von der Sache selbst nicht viel versteht.

Was also ist von der politischen Klasse zu verlangen? Sie sollte sich selbst unter die Lupe nehmen. Ein spezieller Kodex, von Politikern erarbeitet und anschließend öffentlich zur Diskussion gestellt, der die sittlichen Aufgaben, Pflichten und Verantwortungen der Politiker umschreibt, wäre ein großer Schritt. Am ehesten kann man den Entwurf zu einem solchen Kodex einigen der Grünen zutrauen, am wenigsten den Leuten von der PDS. Aber auch Politiker der alteingesessenen Bonner Parteien werden dafür nicht leicht zu begeistern sein; viele werden lieber ihre Teilhabe an der Macht bewahren oder erstreben wollen, andere werden lieber weiterhin ihre Steckenpferde reiten.

Was sollte ein Ethik-Kodex für deutsche Politiker enthalten? Er sollte zum Beispiel von jedem Politiker verlangen, sich eine gute Kenntnis des Grundgesetzes zu erarbeiten. Er sollte vom Politiker verlangen, sich grundlegende Kenntnisse der Geschichte Deutschlands und seiner europäischen Nachbarn zu verschaffen. Er sollte von jedem Abgeordneten verlangen, sich Fachwissen und Gesetzeskenntnis auf mindestens einem Sachgebiet zu verschaffen. Wer zum Beispiel über die Macht der Banken mitreden will, muß das Kreditwesengesetz, das Aktienrecht, das Bundesbankgesetz usw. kennen. Von allen Politikern ist eine abgeschlossene Berufsausbildung plus Berufspraxis zu verlangen.

Vor allem aber gehören zwei moralische Maximen in den Kodex. Erstens: Du sollst vor jeder Entscheidung prüfen, ob eine Ungerechtigkeit, ein Mißstand, eine Fehlentwicklung, eine Gefährdung vorliegt und wie sie beseitigt werden kann. Deine Aufgabe ist, zu bewahren und zu gestalten, das heißt zu reformieren. Und am Ende jeder Sitzungsperiode solltest Du dich fragen: Bin ich meinem Auftrag und meinen Grundwerten gerecht geworden? Zweitens: Du sollst in jedem Einzelfall abwägen: Was spricht für die Fraktionsdisziplin, was spricht für eine Gewissensentscheidung? Wenn beides auseinandergeht, dann sollst Du dich bei der Abstimmung so entscheiden, wie Dein Gewissen es Dir vorgibt.

Jeder Abgeordnete hat längst verstanden, daß er als einzelner in der Regel nur eine recht beschränkte Wirksamkeit entfalten kann und daß deshalb nicht nur eine Partei zu seiner Aufstellung als Kandidat und für seinen Wahlkampf nötig ist, sondern daß anschließend für die Dauer seines Mandats die Parlamentsfraktion unentbehrlich ist. Jeder Abgeordnete weiß auch, daß seine Partei und Fraktion Führung und Führer nötig hat – Kanzler, Oppositionsführer, Fraktionsvorstände usw. Er weiß, daß er zum Kompromiß und zur parteilichen Loyalität bereit sein muß. Aber er erlebt oft ein quälendes Spannungsverhältnis zwischen seinem eigenen Urteil und der Mehrheitsentscheidung seiner Fraktion oder Partei. Es macht die Würde jeder Frau und jedes Mannes im Parlament aus, daß sie im konkreten Falle einer bedeutsamen Divergenz letzten Endes ihrem persönlichen Gewissen folgen und nicht der Mehrheit. So will es auch das Grundgesetz.

Der ethische Verhaltenskodex sollte von jedem Abgeordneten verlangen, daß er sich für sein Verhalten im Parlament vor seinen Wählern verantwortet. Dazu gehört auch die Tapferkeit, einen für Teile seiner Wählerschaft unbequemen Kompromiß zu erklären und zu verteidigen und dem verbreiteten Vorurteil entgegenzutreten, jeder Kompromiß sei unvermeidlich ein fauler Kompromiß. Selbst dort, wo das Grundgesetz nur eine einfache Mehrheit verlangt, ist es unumgänglich, vor der Abstimmung in der Sache einen Kompromiß innerhalb der Mehrheit herbeizuführen. Und so erst recht, wo das Grundgesetz eine qualifizierte Mehrheit vorgeschrieben hat. Der Sinn dieser zum Kompromiß zwingenden Vorschrift muß verstanden und akzeptiert werden können: Zu grundlegenden Fragen sollen grundlegende Antworten nicht von einer relativ schmalen, sondern von einer relativ breiten Mehrheit getragen sein. Das Prinzip des Kompromisses ist ein wesentliches Element jeder Demokratie.

Eine öffentliche Diskussion über einen Entwurf für einen Verhaltenskodex der Politiker könnte dazu beitragen, das Ansehen der politischen Klasse zu festigen und verlorengegangenes Vertrauen in die Politiker zurückzugewinnen.

In England ist kürzlich ein Anfang gemacht worden. Unter Vorsitz von Lord Nolan hat 1995 eine Kommission für »Standards in Public Life« dem Unterhaus sieben allgemeine Prinzipien vorgeschlagen, die für alle in öffentlichen Ämtern arbeitenden Personen gelten sollen. Sie reichen von Selbstlosigkeit, Integrität und Ehrlichkeit bis zur Verantwortlichkeit gegenüber der Öffentlichkeit. Ein spezieller Kodex für das Verhalten von Parlamentsmitgliedern ist beigeschlossen. Mich haben besonders zwei Gedanken interessiert: der Versuch, einen Einfluß persönlicher Interessen auf politische Entscheidungen auszuschließen, und die Ermahnung an die Adresse der Politiker, sich auch bei informellen, nichtöffentlichen Sitzungen (zum Beispiel Fraktions- und Vorstandssitzungen) stets der überragenden Verantwortlichkeit gegenüber den Wählern und dem »nationalen Interesse« bewußt zu sein. »Nicht nur dem Buchstaben nach, sondern auch dem Sinne nach« sollen Abgeordnete alle Vorschriften zur Offenlegung ihrer finanziellen Interessen und ihrer Einkünfte befolgen.

Die moralischen Aufgaben der politischen Klasse 65

Wenn unser Bundestag einen Verhaltenskodex zustande brächte, so wäre schon viel gewonnen, aber ich fürchte, daß man in absehbarer Zukunft mit einem solchen Kodex für die deutsche Politik nicht rechnen kann. Für die Festigung unseres Vertrauens in die politische Klasse und für die moralische Gesundung Deutschlands ist nämlich etwas ganz anderes vorrangig: die Überwindung der sozialökonomischen Misere, vornehmlich der Massenarbeitslosigkeit. Wenn dies nicht gelingen sollte, so könnten manche anderen Fortschritte letztlich belanglos bleiben. Nirgendwo steht geschrieben, die notwendige sozialökonomische Wende und die dafür nötigen Reformen seien nicht möglich. Freilich bedarf es dazu frischer Leute, die unverbraucht sind und deren Glaubwürdigkeit nicht verschlissen ist.

Bei alledem setze ich auf mittlere Sicht viel Vertrauen in jene jungen Menschen, die erst in den sechziger und siebziger Jahren geboren wurden, die sich politisch engagieren wollen und die bereit sind, ein Risiko auf sich zu nehmen. Meist unberührt von den ideologischen Kämpfen der Nachkriegsjahrzehnte, sind sie ziemlich unvoreingenommen; sie brauchen sich weder mit den vorgestrigen Nazis noch mit den gestrigen Kommunisten herumzuschlagen, dies alles liegt für sie weit in der Geschichte zurück. Dafür sind sie praxisorientiert und realistisch, die modernen Technologien sind ihnen selbstverständlich.

Wie aber kommt eine junge Frau oder ein junger Mann aus dieser neuen Generation in die Politik? Schon für den nicht ganz einfachen Entschluß, in die einem politisch am nächsten stehende Partei einzutreten, ist ein kräftiges Engagement vonnöten. Sodann aber beginnt die eigentliche

Anstrengung, denn nun heißt es, sich an der innerparteilichen Diskussion zu beteiligen und dabei seine eigenen Vorstellungen einzubringen. Ehrgeiz und Geltungsstreben sind dabei natürlich und deshalb auch erlaubt, nur muß man sich in den Grenzen des Anstands halten. Was man sagt und tut, wird keineswegs von allen alten Hasen mit Sympathie verfolgt, man muß »manche Kröte schlucken« (Carlo Schmid). Wenn einem etwas später eine Kandidatur zum Stadtrat, zum Landtag oder gar zum Bundestag angetragen werden sollte, muß man abwägen: Was wird dies für meinen Beruf und für meine Familie bedeuten? Und man muß bereit sein, den Wettbewerb mit einem anderen um die gleiche Kandidatur oder das gleiche Mandat auszuhalten und zu bestehen. Falls man aufgestellt wird, beginnt die Arbeit des Wahlkampfes; falls man gewählt ist, beginnt die Schwerarbeit des Abgeordnetenmandates. Leicht ist dies alles nicht, aber es ist eine große Herausforderung, und die Belohnung kann in öffentlicher Anerkennung liegen.

Das Bewußtsein, als Mandatsträger zur *res publica* und zum öffentlichen Wohl beizutragen, kann für vieles entschädigen. Jedoch sollte keiner hauptamtlich in die Politik gehen, der von dem Motiv geleitet wird, dauerhaft sein Einkommen zu verdoppeln oder zu verdreifachen; Parteifreunde, die dieses Motiv bei ihm erkennen, sollten ihn nicht fördern. Zwar werden heute die Abgeordneten im allgemeinen, zumal im Bundestag, recht gut bezahlt; wer aber der Diäten wegen in die Politik strebt, der ist nicht geeignet. Vielleicht darf ich hier ein persönliches Beispiel einfügen: Als ich 1953 erstmals in den Bundestag gewählt wurde, verringerte sich dadurch unser Familieneinkommen deutlich, und meine Frau, als Lehrerin berufstätig, begann deshalb, ein Haushaltsbuch zu führen. Heutzutage sind die Diäten und die Kostenerstattungen um ein Vielfaches höher; gleichwohl kann für einen Seiteneinsteiger, der bisher im Beruf sehr erfolgreich war, auch heute eine deutliche Einkommensminderung eintreten. Deshalb sei wiederholt: Nicht pekuniäre Erwägungen, sondern das politische Engagement müssen entscheiden.

Jeder Mensch gibt seinen Mitmenschen Beispiele, in der Familie, im Beruf, in der Kirche oder im Verein – gleich ob ihm dies bewußt ist oder nicht. Wie alle auf öffentlichen Bühnen stehenden Personen, so geben auch die Politiker Beispiele für sehr viele Mitmenschen. Sie können durchaus auch schlechte Beispiele geben, das geschieht dann meist unbeabsichtigt. Von Oscar Arias Sánchez, dem ehemaligen Präsidenten von Costa Rica, stammt der sehr einfache, sehr wahre Satz: »To govern must always be to educate.« Ein Beispiel zu geben ist ein wichtiges Element jeder Erziehung. Wir Regierten dürfen von den Regierenden und von der politischen Klasse insgesamt Beispielhaftes verlangen. Und wir dürfen Führung verlangen.

Wir brauchen politische Führung, besonders für die Überwindung unserer sozialökonomischen Misere und zur Schaffung von sechs Millionen zusätzlicher Arbeitsplätze. Die politische Klasse, die mächtigste unter den Funktionseliten, muß erkennen: Wenn sie vor dieser Führungsaufgabe versagen sollte, könnte es bald sehr schlecht stehen um unser Land.

Die öffentliche Verantwortung der Kirchen

Über Jahrhunderte hat die Kirche zu den einflußreichsten, in Teilen durchaus auch herrschsüchtigen Eliten Europas gehört. Erst die Reformation, dann Absolutismus und Aufklärung haben diesen Einfluß der Kirchen schrittweise verringert; auch Revolutionen und später die Diktaturen im Osten Europas haben dazu beigetragen, daß die Kirchen heute eine weniger wichtige Rolle in unserer Gesellschaft spielen.

In Deutschland haben die protestantischen Kirchen dem politischen Druck immer weniger gut widerstehen können als die katholische Kirche; das Bild von »Krone und Altar« als Pfeiler von Staat und Gesellschaft bezog sich, zumal in Preußen, auf die Protestanten. Dagegen haben sich die katholische Kirche und der »ultramontane«, auf Rom orientierte politische Katholizismus in Gestalt der Zentrumspartei in den siebziger Jahren des 19. Jahrhunderts dem Bismarckschen Kulturkampf mit Erfolg widersetzt. Alles in allem hätte niemand im Kaiserreich oder auch während der Weimarer Republik gezögert, beide Kirchen zu den einflußreichen Eliten zu zählen. Die Pfarrer übten einen starken erzieherischen Einfluß auf die nachwachsenden Generationen aus, und an den Universitäten spielten die theologischen Fakultäten eine führende Rolle.

Als ich gegen Ende der dreißiger Jahre erwachsen wurde – Hitler steuerte bereits zielstrebig auf den Zweiten Weltkrieg zu –, waren für meine Eltern und Großeltern die der Familie bekannten Pastoren noch immer über jeden Zweifel erhaben. Und dies war nicht nur in der protestantischen Großstadt Hamburg so, sondern in sehr vielen Familien im ganzen Land; in katholischen Gegenden war die Autorität der Pfarrer in noch stärkerem Maße lebendig. Eine gewichtige Ausnahme bildete die sozialdemokratische Arbeiterbewegung. Die Sozialdemokratie hatte in ähnlicher Weise wie die katholische Zentrumspartei die Verfolgung durch Bismarck erfolgreich überstanden. Sie mußte jedoch den Eindruck gewinnen, daß die protestantische Kirche auf seiten der staatlichen Obrigkeit stand. Deshalb hatten sich schon um die Jahrhundertwende viele Arbeiter von der Kirche abgewandt.

Dieser Prozeß hat sich bis zum Beginn der Nazi-Zeit fortgesetzt. Die Arbeiterjugend entwickelte ihre eigenen Kultformen, man ersetzte die Konfirmation durch die Jugendweihe, und große Teile der Arbeiterschaft blieben der Kirche und ihren Lehren gegenüber gleichgültig, teilweise sogar feindlich. Für beide deutsche Diktaturen lag es nahe, die areligiöse und antikirchliche Disposition vieler Menschen für ihre ideologische Umerziehung zu nutzen.

Die katholische Kirche hat in den letzten hundert Jahren mit deutlich größerem Erfolg in der Arbeiterschaft operiert. Sie ist bewußt auf die »Arbeiterfrage« zugegangen, hat seit 1890 eine katholische Soziallehre entwickelt, die inzwischen weit aufgefächert wurde, und hat für die Arbeiter Vereine geschaffen, die sich in den katholischen Gegenden unseres Landes noch heute in Gestalt der katholischen Arbeiterbewegung geltend machen. Bei alledem hat die Verankerung in Rom eine überaus hilfreiche Rolle gespielt; der vornehmlich von deutschen Priestern entwickelten katholischen Soziallehre haben erst die päpstlichen Enzykliken zu Autorität verholfen. Im

Vergleich dazu blieben sozialpolitische Anstrengungen in den Reihen der Protestanten von geringerer Wirkung; ihre Erfolge lagen vor allem in der karitativen Arbeit, vom Oberlin-Haus in Potsdam bis nach Bethel bei Bielefeld.

Die Nazis haben beide Kirchen verachtet. Hitler sprach lieber von der »Vorsehung« als von Gott. Sein Versuch, die evangelischen Christen in »Deutsche Christen« umzuwandeln, ist ihm allerdings nicht wirklich gelungen. Vielmehr rief er damit den Widerstand der »Bekennenden Kirche« hervor; in ihrer Bekenntnissynode 1934 zu Barmen hat sie auch jenen Satz formuliert, den ich fünfzig Jahre später bei meinen privaten Besuchen und Kirchenvorträgen in der DDR zitiert habe: »Nicht nur die Regierenden, sondern auch die Regierten sind verantwortlich.« Das stand in klarem Gegensatz zu der bis dahin üblichen Auslegung des Paulusbriefes an die Römer, wonach jedermann der staatlichen Obrigkeit Gehorsam schulde: »wo aber Obrigkeit ist, die ist von Gott«. Die Bekennende Kirche stand dank ihrer These schon mit einem Bein auf einem demokratischen Fundament.

Die katholische Kirche beurteilt den Staat insgesamt seit eh und je kritischer, ohne Rücksicht auf die jeweilige Herrschaftsstruktur. So kam es in beiden Kirchen zu entschiedenem Widerstand gegen die Nazis, von Karl Barth in Barmen bis zu Clemens Graf Galen in Münster. An der wagemutigen Verschwörung gegen Hitler, die am 20. Juli 1944 dramatisch gescheitert ist, waren bekennende Protestanten und bekennende Katholiken in gleicher Weise beteiligt. Der Masse des Kirchenvolks in beiden Kirchen blieben diese Widerstandsanstrengungen zwangsläufig verborgen. Gleichwohl boten viele Pfarrer in ihren Kirchen seelischen Beistand für Menschen, die mit dem immer schrecklicher entartenden Krieg nicht fertig wurden. In ähnlicher Weise haben beide Kirchen während der langen kommunistischen Diktatur vielen Menschen Zuflucht und Geborgenheit gegeben.

Während des Krieges habe ich zu denen gehört, die hofften, nach seinem Ende und nach dem Ende der Nazis würden die Kirchen die Keimzellen bilden für die Wiederherstellung einer anständigen Gesellschaft. Wie die Nachkriegsjahre gezeigt haben, waren die Kirchen mit dieser Erwartung weit überfordert. Die Zahl der Gläubigen hat abgenommen, die Zahl der distanzierten Kirchenanhänger hat zugenommen. Gleichwohl haben beide große Kirchen in Westdeutschland bei der geistig-moralischen Selbstfindung des Volkes eine wichtige, positive Rolle gespielt. Dazu haben vor allem die kirchlichen Laien auf den großen Vortrags- und Diskussionsveranstaltungen, auf den Kirchentagen und in den Akademien beigetragen. Ob es um die Schuld für Diktatur, Krieg und Holocaust ging, um das Verhältnis zu den Nachbarn, um die Erhaltung des Friedens oder um die Moral in Gesellschaft und Wirtschaft: in all diesen Fragen halfen die beiden Kirchen, daß die Menschen sich wieder orientieren konnten. Deshalb haben sie einen Teil ihrer einstigen Autorität wiederherstellen und diese Autorität auf breite Schichten ausdehnen können. Eine Vertiefung des christlichen Glaubens ist ihnen dabei zwar nicht gelungen; gleichwohl haben sich die Kirchen ein großes Verdienst erworben.

Die Kirchen in der DDR hatten unterdessen große Schwierigkeiten mit ihrem Staat, der sie auf oft peinliche Weise bespitzelte und überwachte und eine offene Diskussion unterband. Sie hatten es auch schwerer als die Kirche im polnischen Nachbarland, die zwar gleicherweise von den Organen des Staates bespitzelt wurde, die sich aber auf eine tief verankerte Gläubigkeit vieler Polen stützen konnte und in Kardinal Wyszynski und zum Schluß in dem polnischen Papst Johannes Paul II. eindrucksvolle Führer fand. Trotz ihrer prekären Situation haben viele Pfarrer und manche Kirchenoberen im Osten tapfer ihre Position vertreten; so stellten sie für viele Menschen, die sich ihnen öffneten und denen sie halfen, eine Autorität dar.

Heute, am Ende des 20. Jahrhunderts, erreichen die Kirchen in Deutschland nur noch geringe Breitenwirkung. Ein kurzer Blick auf das katastrophenreiche Jahrhundert genügt, einige der Gründe für diesen Autoritätsverlust zu erkennen. Neben den aufgezeigten politischen Bedrückungen, denen die Kirchen ausgesetzt waren, gibt es aber noch andere Faktoren, die ihren Autoritätsverlust beschleunigt haben.

Dazu gehört die bereits in den Schulen selbstverständliche Vermittlung der Erkenntnisse der heutigen Naturwissenschaften, besonders der Biologie. Noch in der Nazi-Zeit hat es Pastoren gegeben, welche mit voller innerer Überzeugung die biologische Evolution – Mutationen und Selektionen – geleugnet und statt dessen die wunderbare Schöpfungsgeschichte des Alten Testaments als absolute Wahrheit gelehrt haben. Heute kann nur noch eine kleine Minderheit an diese Wahrheit glauben. Zwar wollen die meisten Deutschen Gott auch heute nicht verleugnen, aber manches an der Theologie stößt doch auf Unverständnis. Viele von denen, die glauben, daß Gottes

Wille letzten Endes alles entscheidet, was immer wir Menschen tun oder versäumen, finden dennoch keine überzeugende Antwort auf die Frage, ob denn auch die beiden Weltkriege mit ihren vielen Millionen Opfern, ob denn auch Auschwitz und der Holocaust und Hiroshima Gottes Wille gewesen seien. Die Mehrheit der Menschen möchte immer noch beten: »Dein Wille geschehe ... so auf Erden« – aber sie glauben nicht mehr, daß dem tatsächlich so ist.

Eine andere Ursache des Autoritätsverlustes der Kirchen liegt in der unerhörten, geschichtlich einmaligen Wohlstandssteigerung, welche die übergroße Mehrheit der Bevölkerung im Laufe der ersten vier Nachkriegsjahrzehnte jedenfalls in Westdeutschland erlebt hat. Über Jahrhunderte hatte gegolten: Not lehrt beten. Jetzt aber herrsche ein niemals zuvor erlebter materieller Überfluß; auch auf dem Gebiet der DDR lag der Lebensstandard der Massen deutlich höher als vor dem Krieg. Wohlstand lehrt nicht beten.

Weitreichende Folgen hatte es auch, daß die Rechte des einzelnen erstmals in Deutschland zu einem unverrückbaren höchsten Gut erklärt wurden. Als Antwort auf die vormaligen Unterdrückungen im Obrigkeitsstaat, besonders durch die Nazi-Diktatur, formulierten die Väter des Grundgesetzes den Grundrechtskatalog. Dieser Katalog, der seit einem halben Jahrhundert die geistige und moralische Grundlage der Erziehung in den Schulen bildet, kennt nur einen einzigen Grundwert, nämlich die Würde des Menschen, die in Artikel 1 für unantastbar erklärt ist. Im übrigen aber bleibt es dem einzelnen überlassen, die Grundwerte für sich selbst zu bestimmen. Jedermann hat demnach das Grundrecht, an Gott zu glauben oder ihn zu leugnen.

Er hat aber auch ein Grundrecht auf Egoismus. Viele Lehrer, viele Eltern erziehen ihre Kinder und Schüler bewußt dazu, energisch ihre Rechte wahrzunehmen. Dagegen ist nichts einzuwenden. Allerdings geht damit unbewußt eine Erziehung zum Anspruchsdenken einher. Niemals sind nachwachsende Generationen in ähnlichem Maße dazu erzogen worden, sich selbst in den Mittelpunkt zu setzen und die eigenen Interessen und Ansprüche so robust zu vertreten. Die christliche Religion dagegen – und demgemäß auch die Kirchen – lehrt Gebote und Pflichten: »Du sollst ...« Von Rechten steht in der Bibel nichts, auch nicht in der Bergpredigt, die Bibel kennt keine Grundrechte. Sie kennt natürlich auch weder Demokratie noch Marktwirtschaft noch Kapitalismus. Während uns die Bibel ermahnt, wir sollten *nicht* für den nächsten Tag sorgen, muß doch in Wirklichkeit all unser Wirtschaften Vorsorge sein.

Die Treue zur Heiligen Schrift und besonders zum Neuen Testament macht es für die Kirchen schwierig, im politischen und sozialökonomischen Getümmel des Tages ihre Lehren zu vermitteln. Je mehr Pastoren, Pfarrer und Bischöfe sich auf dieses Getümmel einlassen, desto mehr könnte die Glaubwürdigkeit der Kirche gefährdet werden. Umgekehrt gilt, daß ein etwaiger Rückzug der Kirchenverantwortlichen auf Auslegungs- und Streitfragen der Theologie, wie zum Beispiel gegenwärtig über die Rechtfertigung des Menschen, sie ihren Gemeinden entfremden könnte, die kaum verstehen, wovon die Rede ist.

Ich möchte an unsere Pastoren und Priester, an unsere

Bischöfe und Kardinäle eine Bitte, einen Appell richten. Obschon ich in den Augen mancher Kirchenleute vielleicht nur ein schlechter Christ bin, so bin ich doch von der Notwendigkeit der Moral überzeugt, die das Christentum im Laufe von Jahrhunderten entfaltet hat. Wir Deutschen können nicht im politischen und sozialen Frieden miteinander leben ohne die im Christentum entwickelten Pflichten und Tugenden. Die Kirchen müssen Gegengewichte setzen gegen die Tendenzen zum moralischen Verfall unserer Gesellschaft. »Eine entfesselte Freiheit führt zu Brutalität und Kriminalität. Jede Gesellschaft braucht Bindungen. Ohne Regeln, ohne Tradition, ohne Konsens über Verhaltensnormen kann kein Gemeinwesen bestehen«, so mit Recht Marion Gräfin Dönhoff.

Deshalb müssen die Kirchenleute Beispiele geben, sie sollen uns Laien zu Beispielen ermutigen. Sie sollen uns als Volkskirche Seelsorge und Trost geben. Sie sollen uns Barmherzigkeit und Solidarität lehren gegenüber den Benachteiligten, den Schwachen, Kranken und Armen, desgleichen Toleranz und Respekt vor der persönlichen Würde jedes anderen Menschen.

Zwar ist die Autorität der Kirchen und der Kirchenleute in Deutschland heute geringer als noch vor dreißig Jahren und deutlich geringer als zu Anfang unseres Jahrhunderts, aber dieser Umstand kann sie nicht von der Last ihrer Aufgabe entbinden. Auch im 21. Jahrhundert werden die Kirchen gebraucht.

Richter, Ärzte, Lehrer und Professoren

Nicht nur die Kirchen, auch die Universitäten und die Schulen, die Professoren und Lehrer haben einen Teil der Autorität verloren, die ihnen früher einmal allgemein zugestanden worden ist. Ebenso gilt dies für die unteren Gerichte, für Rechtsanwälte und manche anderen der freien Berufe. Mit dem Verlust an Autorität geht ein Verlust an Vertrauen einher. Der allgemeine Vertrauensverlust gegenüber den Funktionseliten betrifft viele unserer wichtigen Institutionen und viele der herausragenden Berufsgruppen, er reicht von den politischen Parteien und den Politikern bis zu den Medien, von den Banken und Börsen bis zu den Managern in Industrie und Wirtschaft. In vielen Fällen hat das Publikum den Eindruck, als ob die Funktionseliten sich allzusehr am eigenen Vorteil orientierten und nur wenig an ihrer öffentlichen Verantwortung. Die einen scheinen nur an ihrer Macht oder ihrem Einkommen zu hängen, die anderen stellen sich aus eigensüchtigen Motiven allen notwendigen Veränderungen in den Weg. Viele haben sich in ihrer Mehrheit den Stil der politischen Klasse angeeignet: viel Geschrei, aber wenig Wolle. Andere sind im Begriff, sich von der Sucht der Managerklasse nach immer höheren Gewinn- und Börsenrekorden anstecken zu lassen. Schlechte Beispiele verderben die Sitten.

Viele unserer Funktionseliten müssen sich fragen lassen, ob sie ihrer öffentlichen Verantwortung in ausreichendem Maße gerecht werden. Sie müssen sich dieser Frage öffentlich stellen, die Öffentlichkeit muß in der Diskussion darüber ein Wort mitreden können. Vor allem sollten die Funktionseliten ihre Motive, ihre Ziele und ihre Probleme durchsichtig machen und sich Personen an die Spitze wählen, die beim Publikum Vertrauen finden. Redlichkeit der jeweiligen Interessen und die Entschlußkraft eines Verbandes oder einer Kammer, eines Berufsstandes, einer Universität sollte sich widerspiegeln im Engagement für das öffentliche Wohl. Nacheinander haben die Bundespräsidenten von Weizsäcker und Herzog dazu aufgerufen – es wird hohe Zeit, daß die Funktionseliten dem Aufruf folgen.

Bei der Mehrheit der Bürger genießt der Arzt das größte Vertrauen. Das ist gut so. Aber die Patienten beginnen zu beobachten, daß auch Ärzte nicht frei sind von kleiner Korruption; wenn sie zum Beispiel verschlüsselt Beratungsleistungen abrechnen, die der Patient gar nicht in Anspruch genommen hat.

Die zunehmende Technisierung der Medizin und der dafür nötige finanzielle Aufwand im Zusammenhang mit einer immer höheren Lebenserwartung und dem damit wachsenden Bedarf an medizinischer Betreuung zwingen die Ärzte im Einzelfall immer häufiger zu schwierigen Entscheidungen. Auf der einen Seite steht der Patient, dem jede nur denkbare Hilfe geleistet werden muß, auf der anderen Seite steht das Gemeinwohl, das durch ungewöhnlich hohe Kosten belastet wird. Über solche und ähnliche Fragen ist in den letzten Jahren eine öffentliche Diskussion in Gang gekommen. Es wäre gut, wenn sie nicht eines Tages von oben, durch Verordnungen eines Gesundheitsministers, entschieden werden würde, sondern wenn sich die Ärzteschaft selbst durch eine ihrer Ethikkommissionen einen Kodex erarbeitete, der Antworten auf dergleichen »betriebswirtschaftliche« Fragen für die tägliche Praxis erschließt.

Für den Arzt reicht der Eid des Hippokrates als Richtschnur seines Verhaltens schon längst nicht mehr aus. Jeder Arzt wird dem hippokratischen Gelöbnis zustimmen, zum Nutzen der Leidenden einzutreten. Aber wie steht es mit der Embryonenforschung? Wie steht es mit dem Recht oder Unrecht eines Eingriffes in die menschliche Keimbahn, wo sind die ethischen Grenzen der Gentechnologie? Wann, unter welchen Bedingungen, darf der Arzt den Intensiv-Patienten sterben lassen? Oder darf, um ein letztes Beispiel zu nennen, der forschende Mediziner Experimente mit »nichteinwilligungsfähigen Personen« vornehmen?

Schon bei den Fragen, die jedermann im täglichen Leben begegnen, gehen die Meinungen innerhalb der Ärzteschaft weit auseinander. Was darf der Kassenarzt abrechnen, welche Kosten darf er verursachen und welche Honorare liquidieren, wenn es zugleich um das Wohl des Patienten, um die Krankenversicherung und ihre Finanzierung und zuguterletzt auch um sein eigenes Einkommen geht? Da Ärzte bei den regelmäßigen Streitigkeiten über solche Fragen neuerdings zum Mittel des Streiks greifen, muß auch die Frage erlaubt sein, ob ein Ärztestreik moralisch überhaupt zulässig ist.

Ähnlich wie mit den Ärzten verhält es sich mit Richtern und Staatsanwälten. Wir möchten Vertrauen haben in ihre Seriosität, ärgern uns aber darüber, daß sie sehr viel Zeit für die Abwicklung eines Prozesses brauchen und daß allzu viele Prozesse in die nächste Instanz gehen. Deshalb wünschen wir uns Juristen, die darum bemüht sind,

Berufungen und Revisionen einzuschränken. Das Urteil des Amtsgerichtes und des Arbeitsgerichtes muß wieder Autorität und Geltung erlangen.

Der Vorwurf der zu lang ausgedehnten Verfahrensdauer gilt auch für die obersten Bundesgerichte. Selbst das Bundesverfassungsgericht verbraucht oft viel zu viel Zeit, in einigen Fällen fünf Jahre und länger. Das ist kein großes Wunder, da die Karlsruher Richter einerseits überlastet sind und andererseits in ihren Begründungen weitläufig philosophischen Ehrgeiz ausleben. Der englisch-amerikanische Grundsatz des *judicial restraint*, der richterlichen Zurückhaltung, sollte auch in Karlsruhe zur Geltung gelangen. Es ist auch nicht gut, daß Verfassungsrichter öffentlich gelehrte Vorträge über Themen halten, die nahe verwandt sind mit Streitfragen, die ihnen aller Voraussicht nach morgen auf ihren Richtertisch gelegt werden.

Das Bundesverfassungsgericht soll über Verfassungsbeschwerden und verfassungsrechtliche Streitfragen entscheiden. Es darf sich nicht dazu verleiten lassen, sich selbst gleichsam zum Ersatz-Gesetzgeber zu machen, der bis in die Außen- und Europapolitik hinein Richtlinien festlegen zu können meint. Schon gar nicht soll man in Karlsruhe nebenher Prinzipien aufstellen, nach denen das Gericht gar nicht gefragt worden ist. Das Verfassungsgericht genießt ein sehr hohes Vertrauen, es ist wichtig, daß dieses Vertrauen nicht gefährdet wird.

Die eigentliche Gefährdung liegt allerdings nicht in der Praxis des Gerichts, auch nicht in der Überschwemmung mit alljährlich Tausenden unerheblicher Verfassungsbeschwerden – damit kann das Gericht durch eine innere Reform wohl fertigwerden. Die größte Gefahr liegt vielmehr in der Neigung der politischen Klasse, alle möglichen Streitfragen nach Karlsruhe zu tragen. Eine im Bundestag oder Bundesrat unterlegene Minderheit, sei es eine Oppositionspartei oder eine Landesregierung, ruft anschließend wie selbstverständlich das Verfassungsgericht an und zwingt Heere von Juristen auf allen Seiten, in den politischen Prozeß einzugreifen.

Kürzlich hat sogar die Bundesregierung es gutgeheißen, daß ein Minister, der sich in einer Frage des deutschen Truppeneinsatzes in den sogenannten Bürgerkriegen auf dem Boden des ehemaligen Jugoslawien mit seiner Meinung im Kabinett nicht durchsetzen konnte, eine Verfassungsklage einreichte. Ein klarer Fall von Mißbrauch aus Gründen politischer Impotenz, genauer: aufgrund mangelhafter Ausschöpfung der Richtlinienkompetenz des Bundeskanzlers. An seiner Stelle hat in diesem Falle das Verfassungsgericht entschieden.

Derartige Mißbräuche durch die politische Klasse häufen sich zusehends. Je schwächer die Regierung, desto stärker und politisch einflußreicher werden die unabhängigen Institutionen – so die Bundesbank, deren Spitze den Euro als gemeinsame europäische Währung verhindern wollte, und das Bundesverfassungsgericht, das ihn gleichwohl ermöglicht hat.

Insgesamt ist der Zustand unserer Justiz nicht sehr befriedigend – von den unsäglich besserwisserischen, zum Teil überheblichen Strafprozessen gegen Personen der ehemaligen DDR und SED über die allzu permissive Jugendstrafjustiz bis hin zu der enormen Vielzahl beamteter Richter in fast allen Instanzen. Wir Laien stehen ziemlich hilflos vor diesem Phänomen; wir können nur hoffen, daß die Juristen selbst zur Einsicht kommen und, ähnlich wie die Ethikkommissionen der Ärzteschaft, einige grundlegende ethische Maßstäbe ihres Berufsstandes festlegen. Möglicherweise ist das Beispiel der American Bar Association und ihrer Modellregeln für berufliches Verhalten dafür von Nutzen. Gäbe es einen solchen Code of Judicial Conduct, wäre es beispielsweise undenkbar gewesen, daß ein hoher Richter für ein außerhalb seiner amtlichen Richtertätigkeit erstelltes Gutachten ein Honorar von über einer Million D-Mark liquidiert. Er hat sich dabei zwar nach dem Streitwert und nach den Sätzen der Anwaltsgebührenordnung gerichtet, aber sein Honorar betrug das Mehrfache seines Jahresgehaltes als Richter. Wahrscheinlich war das rechtlich zulässig, moralisch war es das nicht.

Allgemeine Regeln für das Verhalten eines Berufsstandes, von ihm selbst erarbeitet und veröffentlicht, sind ein nützliches Instrument der Selbstkontrolle; es versteht sich von selbst, daß solche Regeln nicht den Gesetzgeber ersetzen können. 1996 hat die Deutsche Forschungsgemeinschaft (DFG) eine Denkschrift vorgelegt, in der – weitgehend mit Recht – zahlreiche Behinderungen der Forschung angeprangert wurden. In der dadurch ausgelösten Diskussion wurden die Vorschläge der DFG durch die Vereinigung Deutscher Wissenschaftler (VDW) kritisiert: Sie gingen zu stark von der Position der deutschen Naturwissenschaften aus und entbehrten der Selbstkritik der Forscher.

Das wünschenswerte Ergebnis liegt wohl irgendwo in der Mitte zwischen beiden Positionen, und schon deshalb ist die Diskussion nützlich. Beide Seiten stimmten darin überein, daß in der deutschen Öffentlichkeit eine große Skepsis gegenüber Risiken und Möglichkeiten der modernen Forschung bestehe. Die DFG hat diesen Umstand heftig beklagt, die VDW dagegen fand ihn plausibel und nützlich.

Es liegt auf der Hand, daß wir in Deutschland nicht wieder eine durchgängig erstklassige Forschung erreichen werden, wenn wir uns weiterhin eine im Durchschnitt zweit- und zum Teil sogar drittklassige Universitäts- und Hochschullandschaft leisten. Nicht nur, daß heute kaum eine der deutschen Hochschulen den Vergleich mit den Spitzenuniversitäten Englands, Frankreichs, Amerikas oder Japans aushält – ganz anders als zu Beginn des Jahrhunderts und auch noch in der Zeit der Weimarer Republik –, darüber hinaus erfüllen viele unserer Hochschulen nur noch unzulänglich ihre Aufgaben im Dienste der Gesellschaft.

Die Massenuniversitäten sind weit überwiegend Dienstleistungsbetriebe, sie leisten Ausbildung. Sie haben mehr Studenten an sich gezogen, als die Wirtschaft Lehrlinge ausbildet. Die Studiendauer ist inzwischen doppelt so lang wie die Lehrzeit. In Holland ist die Studiendauer halb so lang wie bei uns. Aber ein immer größerer Teil der Studenten – bis zu fünfzig Prozent – bricht das Studium ohne Abschlußprüfung ab. Wenn sie schließlich abgehen, haben sie zwar einiges gelernt, auch manches an Allgemeinbildung hinzugewonnen, aber sie haben wichtige Jahre am Beginn ihres Erwerbslebens vertan. Sie haben die Leistungsfähigkeit ihrer Universität in überfüllten Seminaren und Hörsälen überfordert, sie haben die Steuerzahler viel Geld gekostet; die Gesellschaft erhält von ihnen letzten Endes jedoch kein angemessenes Äquivalent für ihr finanzielles Opfer.

Die Hochschulen sind der ineffizienteste Zweig der staatlichen Verwaltung. Die Gründe dafür sind vielfältig. Die Universitäten müssen jeden jungen Menschen akzeptieren, der ein Abitur vorweisen kann, sei es noch so windig oder miserabel. Sie unterliegen außerdem unzureichenden zweckwidrigen Studien- und Prüfungsordnungen; wer bei der Prüfung durchfällt, der darf wiederholen, notfalls mehrere Male, auch stückweise, über Jahre verteilt. Das Lehrpersonal ist überfordert. Niemand prüft oder bewertet die Leistung von Hochschullehrern, sobald sie erst einmal als Beamte auf Lebenszeit angestellt sind. In aller Regel werden sie Beamte mit gleicher Besoldung von Regensburg bis Flensburg.

Bisweilen brauchen die professoralen Gremien Jahre, um einen neuen Kollegen auf eine freigewordene Stelle zu berufen; dabei sehen sie allerdings weniger auf seine pädagogischen Qualitäten als auf die Zahl und das Gewicht seiner Veröffentlichungen. Bei seiner Habilitation hat ein Hochschullehrer im allgemeinen das vierzigste Lebensjahr erreicht. Die Professorenschaft hat sich hinsichtlich der Selbstverwaltung der Hochschulen weitgehend entmächtigen lassen; nicht zuletzt wegen ihres organisatorischen Unvermögens ist die Autonomie der Universitäten in vieler Hinsicht eine Selbsttäuschung. Zwar finden endlose Gremiensitzungen statt, aber alle wirklich wichtigen Entscheidungen werden nicht von den Professoren, sondern von Bürokraten in den Ministerien getroffen. Diese verwalten auch akribisch alle Haushaltsmittel. Einige Länder haben neuerdings damit begonnen, einigen ihrer Universitäten einen Gesamthaushalt mit entsprechend weitreichenden Dispositionsfreiheiten zuzugestehen – aber das ist nur ein bescheidener erster Schritt auf dem Weg zu einer notwendigen Hochschulreform.

Der heutigen Misere liegen hauptsächlich zwei Ursachenkomplexe zugrunde. Zum einen sind es die 1968 von der Großen Koalition in das Grundgesetz eingefügten Artikel 91a und 91b. Damals hat man den Hochschulausbau zu einer neu erfundenen sogenannten Gemeinschaftsaufgabe gemacht, die gemeinschaftlich vom Bund und vom jeweiligen Land zu finanzieren ist. Wer aber zahlt, der will auch die Musik bestimmen. Das Ergebnis sind schwerfällige, zeitraubende Mischkompetenzen ohne klare Verantwortlichkeiten. Zugleich bekam der Bund die Kompetenz zur Hochschulrahmengesetzgebung; das daraufhin erlassene Gesetz wird gegenwärtig bereits zum vierten Mal in Dutzenden von Paragraphen geändert. Im Ergebnis ist eine weitgehend einheitliche Hochschullandschaft mit zahlreichen profillosen Universitäten entstanden, so als ob wir ein Zentralstaat wären. Die Grundgesetzänderungen des Jahres 1968 sind im Rückblick betrachtet ein schwerer Fehler; es wäre ein Verdienst, sie ersatzlos aufzuheben.

Die kleinen Freiheiten, die das Hochschulrahmengesetz des Bundes und der Bundeshaushalt (qua Gemeinschaftsaufgabe) den Ländern und ihren Landtagen und Verwaltungen gelassen haben, werden leider zusätzlich durch eine zentrale Einrichtung beschnitten, die im Grundgesetz überhaupt nicht vorgesehen ist, nämlich die Kultusministerkonferenz der sechzehn Bundesländer. Diese KMK ist die andere wesentliche Ursache unserer Hochschulmisere;

sie regelt auch das noch einheitlich, was durch die Bundesgesetzgebung den Ländern an hochschulpolitischen Freiheiten verblieben ist. Die KMK hat sich dazu in Bonn eine eigene Bürokratie geschaffen, so groß wie ein größeres Bundesministerium. Sie maßt sich Kompetenzen an, die ihr kein Parlament jemals verliehen hat. Sie wird auch von keinem Parlament beaufsichtigt oder kontrolliert. Ihre Kompetenz konnte jüngst zum ersten Mal jedermann erkennen, als die KMK versucht hat, durch sechzehn Verwaltungserlasse die deutsche Rechtschreibung zentral für alle zu manipulieren.

Statt einheitlicher zentraler Regulierung brauchen unsere Hochschulen Wettbewerb. Es sollte Sache der Landtage sein, zum Beispiel durch unterschiedliche Systeme diesen Leistungswettbewerb unter Deutschlands Universitäten zu ermöglichen. Dazu müßte die fiskalische Gängelung gelockert und die Entwicklung eines wirksamen betrieblichen Managements für den Dienstleistungsmassenbetrieb Universität vorangetrieben werden. Aufnahme- oder Zwischenprüfungen der Studierenden müßten ebenso selbstverständlich werden wie die Zwangsexmatrikulation von Mehrfach-Wiederholern und ewigen Studenten. Bei alledem ist auf vielen Ausbildungsfeldern eine engere Verzahnung mit der beruflichen und wirtschaftlichen Praxis zu wünschen, so vor allem in den sozialökonomischen und den auf den Beruf des Lehrers vorbereitenden Studiengängen; das duale System des Zu-sammenwirkens von Berufsschule und gewerblichen Lehrbetrieben wäre ein gutes Vorbild. Wir brauchen kürzere Studiengänge mit Bachelor-Abschluß für alle Studierenden, die nicht Wissenschaftler werden wollen.

Den Kunden des Ausbildungsbetriebes, nämlich den Studenten, sollte das Recht zustehen, die ihnen gebotenen Leistungen zu bewerten. Im bürgerlichen Leben haben bekanntlich nur solche Kunden Rechte, die auch bezahlen. Deshalb sind Studiengebühren keineswegs abwegig, allerdings setzen sie eine Ausweitung des Bundesausbildungsförderungsgesetzes (BAföG) voraus, natürlich mit Rückzahlungsverpflichtung im späteren Berufsleben.

Wem dies alles zu technisch, zu pragmatisch, zu utilitär vorkommt, wer lieber die Ideale Wilhelm von Humboldts oder auch Karl Jaspers' hochhalten will, wer verlangt, die Universität solle mehr sein als bloße Berufsausbildungsstätte, sie solle auch die Philosophie und die allgemeine Bildung umfassen und auch in Zukunft Gelehrte und Forscher hervorbringen, der muß wissen, daß diese Forderungen der Forderung nach einer Erneuerung von Inhalt und Gestalt der heutigen Massenuniversitäten in Wahrheit gar nicht entgegenstehen. Im Gegenteil, würde der Weg der letzten Jahrzehnte fortgesetzt, würde eine der wichtigsten Quellen unserer kulturellen Entfaltung noch weiter versiegen. Unsere Universitäten und Hochschulen sind in der Tat beides: ein unverzichtbarer Nährboden unserer Kultur und unseres Beitrags zur Kultur Europas und der Welt – und zugleich unverzichtbare Ausbildungsstätten für Gesellschaft und Wirtschaft. Im globalisierten Wettbewerb von Wissenschaft und Forschung, Lehre und Ausbildung darf der deutsche Standard nicht weiter absinken.

Die KMK abzuschaffen, wäre ein Gewinn für die Vielfalt unserer Kultur; es würde schon genügen, wenn einige der sechzehn Landesregierungen austräten. Neuerdings hat dieses äußerst langsam, nach dem Einstimmigkeitsprinzip arbeitende Gebilde – seine Schwerfälligkeit wird zu Recht mit der einer Landschildkröte verglichen – sich zusätzlich angemaßt, für das »Zusammenwachsen von Bildung, Wissenschaft, Kultur und Sport in Ost und West« eine Zuständigkeit zu besitzen. Für uns alle ist das Zusammenwachsen der Deutschen in Ost und West eine kardinale Aufgabe. Von den vereinigten Kultusbürokraten kann sie wohl am allerwenigsten geleistet werden.

Das Grundgesetz hat die Kulturhoheit mit Bedacht bei den Bundesländern belassen. Bis heute hat die politische Klasse niemals versucht, diese verfassungsrechtliche Grundentscheidung durch eine Änderung des Grundgesetzes zu Fall zu bringen. Denn die kulturelle Vielfalt, die Verschiedenheit landsmannschaftlicher und regionaler Traditionen und Haltungen, Interessen und Vorlieben ist ein hoher Wert an sich; wir sollten auch deshalb daran festhalten, weil die kulturelle Vielfalt das Gleichgewicht zwischen den sechzehn Bundesländern und den zentralen Instanzen der Bundesrepublik zu wahren hilft. Die zentralistische Praxis der KMK ist ein permanenter Verstoß gegen diese Vielfalt, ein Verstoß auch gegen das Subsidiaritätsprinzip. Wenn wirklich eine Frage für das ganze Deutschland einheitlich beantwortet werden muß, zum Beispiel die Frage einer neuen Rechtschreibung, so gibt es dafür den Bundesrat, den Bundestag und die Bundesregierung.

Die Praxis der KMK ist überdies ein schwerer Verstoß gegen das demokratische Prinzip der Öffentlichkeit und Durchsichtigkeit politischer Entscheidungsprozesse. Wenn die KMK nach jahrelangen, nichtöffentlichen Beratungen von Beamtengremien schließlich ein Ergebnis erreicht, so wird dies von sechzehn Ministern den sechzehn Landtagen oder Landesregierungen mit der Devise vorgelegt: Ihr müßt das so beschließen oder verordnen, denn die KMK hat es so für alle erarbeitet. In der Regel ist dies dann der Moment, in dem die öffentliche Meinung zum ersten Mal von der Sache erfährt – zugleich der Augenblick, in dem sie sich wieder einmal überfahren fühlen muß. Trotz großer Vereinheitlichungsanstrengungen ist es der KMK glücklicherweise jedoch nicht gelungen, alle öffentlichen Schulen von Bayern bis Mecklenburg oder von Bremen bis Dresden über ein und denselben Kamm zu scheren. Dabei muß es auch bleiben. So wie es Bundesländer mit unterschiedlich guten Verwaltungen gibt, so gibt es auch Länder mit guten und mit weniger guten Schulen. Dafür muß sich jede Landesregierung vor den Eltern, vor allem vor ihrem Landtag verantworten. Eine bundeseinheitliche Schulreform wäre ein böser Fehler.

Es gibt heutzutage in manchen Schulen gewalttätige Schüler, es gibt viel Aggressionsbereitschaft und Vandalismus. Viele Hauptschullehrer haben zwar eine umfangreiche wissenschaftliche Ausbildung genossen und auch eine wissenschaftliche Prüfung abgelegt; eine ausreichende praktische Unterweisung und Einübung in ihre Aufgaben vor der Klasse aber unterblieb. Einige Lehrer folgen immer noch der Achtundsechziger-Parole von der »antiautoritären« Erziehung und ermutigen ihre Schüler zu »zivilem Ungehorsam«, zu bewußten Verstößen gegen Gesetz und Anstand. Aber Kindern und Heranwachsenden müssen Grenzen gezeigt werden. Der Erziehung zur Selbstbehauptung muß die Erziehung zur Selbst*kontrolle* und zur Rücksicht auf andere gegenüberstehen. Manche Lehrer haben innerlich resigniert und warten auf die Pension.

Die Probleme der Jugendlichen überlagern vielfach ihre Fähigkeit zu lesen und ihre Bereitschaft sich einzufügen. Es ist offensichtlich, daß die Schulen allein nicht mit den massiven Gefährdungen der heutigen Jugend fertigwerden können. Die Eltern, die Fürsorger und Sozialarbeiter, die Jugendrichter, die Medienmacher, die Politiker, eigentlich wir alle sind gefragt, damit nicht größere Teile der heute Heranwachsenden abrutschen in dauerhafte Jugendarbeitslosigkeit, in Drogenabhängigkeit, Gewalttätigkeit und Protest. Wir brauchen in vielen Städten, in allen Bundesländern Menschen, die aufgrund ihrer speziellen Erfahrungen gemeinsam neue Konzepte für ihre Stadt oder ihre Region ausarbeiten.

Fernsehen als Ersatz für Erziehung?

Von Gandhi stammt der Satz: »Erziehung ohne Charakter ist eine soziale Sünde.« Der heute einflußreichste Erziehungsfaktor, nämlich das Fernsehen, hat einen völlig diffusen Charakter. Große Teile des TV-Angebots fallen mithin unter Gandhis Definition, denn die vom Fernsehen ausgehenden Einflüsse bedeuten in ihrer Gesamtheit nichts anderes als eine schleichende Verführung – vor allem von Kindern und Jugendlichen – zu Verbrechen und Gewalt.

Es sind die in der Mehrzahl aus Amerika importierten Unterhaltungsfilme, die uns eine Welt suggerieren, in der

Gewalt und Brutalität als normale, ja als vorherrschende Elemente einer Zivilisationsgesellschaft erscheinen. Jede Woche werden auf den in Deutschland verfügbaren TV-Kanälen im Schnitt 3500 Morde und ungezählte andere aggressive Akte gezeigt. Pro Woche sitzen unsere Kinder fünfzehn Stunden vor dem Fernseher. Die Allgegenwart von Gewalt- und Schreckensszenen prägt ihre Vorstellungen von der Welt, sie senkt die Hemmschwelle vor eigener Aggressivität, besonders bei männlichen Jugendlichen. Sie erfahren durch das Fernsehen Gewalt als einen Weg zur Lösung von Konflikten und nehmen die Rambos, Machos und Killer als normale Bestandteile des Lebens in sich auf. Sie werden zur Nachahmung verführt; der Bruch von Tabus wird zum lustvollen Sport, zumal er meist ungeahndet bleibt. Jugend- und Kinderkriminalität breiten sich infolgedessen immer mehr aus; Schulkinder werden zu Opfern von Schulkindern.

Gyula Trebitsch, einer der ältesten und erfahrensten Film- und Fernsehmacher, fordert gemeinsame Auseinandersetzungen von Lehrern und Schülern, Eltern und Kindern im Anschluß an TV-Sendungen. Kinder und Jugendliche bedürfen, so sagt er, der Orientierung im Fernsehverhalten, sie sollen lernen, eine TV-Sendung unter kritischen Aspekten zu konsumieren. Dies ist ein richtiger Ratschlag. Es gibt Lehrer und Eltern, die für solche Anstrengungen einen Teil ihrer Zeit aufwenden; in vielen Fällen ist das nicht einfach zu bewerkstelligen, besonders nicht für alleinerziehende Mütter. Ich möchte gleichwohl einen anderen Wunsch hinzufügen, der heute noch dringlicher erscheinen mag als vor einem Vierteljahrhundert, als ich diesen Vorschlag zum ersten Mal gemacht habe:

daß wenigstens an einem Tag in der Woche das Fernsehgerät ausgeschaltet bleibt. Daß Eltern statt dessen mit ihren Kindern spielen, vielleicht auch singen oder musizieren und reden über das, was in der Schule los war, was heute in der Zeitung stand, was gestern im Fernsehen zu sehen war. Mütter und Väter, welche die Erziehung ihrer Kinder dem Fernsehen überlassen, werden ihrer Verantwortung nicht gerecht. Babysitter für Kleinkinder sind gelegentlich von Nutzen, der Fernseher als permanenter Babysitter für Zwölfjährige ist Gift.

Mindestens ebenso wichtig aber wie der Appell an die Eltern ist der Appell an die Eigentümer, Intendanten oder Geschäftsführer der TV-Kanäle. Sie müssen zur Kenntnis nehmen, daß sich in den letzten dreißig Jahren die Zahl der Raubüberfälle versechsfacht, die Zahl der Einbrüche vervierfacht, die Zahl bei Mord und Totschlag verdoppelt hat. Und sie müssen sich eingestehen, daß dabei die Ausbreitung des Fernsehens eine wichtige Rolle gespielt hat. Vor dreißig Jahren hatte der Siegeszug des Fernsehens gerade erst begonnen, heute dagegen findet sich in (fast) jeder Wohnung mindestens ein Fernsehempfänger, in manchen Wohnungen sind mehrere Geräte gleichzeitig in Betrieb, Eltern und Kinder sehen verschiedene Sendungen. Vor dreißig Jahren gab es noch kaum kommerzielle Fernsehkanäle, ARD und ZDF als seriöse öffentlich-rechtliche Anstalten beherrschten das Feld. Erst das Überhandnehmen der privaten, kommerziellen Kanäle hat zum Qualitätsabsturz des Mediums geführt. Die Eigentümer der privaten Kanäle, die auf Werbeeinnahmen und deshalb auf hohe Einschaltquoten angewiesen sind, tragen die eigentliche Verantwortung. Leider beugen sich auch ARD und ZDF zunehmend dem Druck der Einschaltquoten.

Die TV-Eigentümer und TV-Macher tragen eine erhebliche Mitverantwortung dafür, daß das »Sittengesetz« im öffentlichen Bewußtsein keine klaren Konturen gewinnt und immer wieder hinter dem Freiheitsrecht der Person zurücktreten muß. Dabei legt das Grundgesetz fest, daß das Freiheitsrecht der Person keinen Verstoß gegen das Sittengesetz rechtfertigen kann. Ich möchte mir von den TV-Verantwortlichen wünschen, daß sie das Sittengesetz respektieren und dies auch erkennbar machen; und wir, das Publikum, müssen sie von Fall zu Fall, wenn es nötig ist, an ihre Verantwortung für das Gemeinwohl erinnern.

Die Eigentümer und die Macher *aller* Massenmedien sind daran interessiert, ihre manipulierende Einflußnahme zu vertuschen. Sie geben vor, gar keine Meinungsmacher zu sein; dabei haben einige durchaus politische Ziele und Ehrgeiz – von Berlusconi in Italien bis zu Kirch in Deutschland. Sie treiben Politik nicht nur mit Schlagzeilen, in denen Tatsachen tendenziös entstellt werden, sondern auch indirekt. Vieles von dem, was die Sender an Information bieten, ist ja nur Pseudoinformation. Einseitig wird derjenige Teil eines Problems oder eines Geschehens dargestellt, der in Form lebender, möglichst sensationeller Bilder gezeigt werden kann: Brennende Häuser, Explosionen, schießende Soldaten, Sterbende, auch Krawalle und Schlägereien sind offenbar telegener als eine Expertenrunde, die das zugrundeliegende Problem zu analysieren versucht.

Insgesamt aber beeinflußt das Fernsehen natürlich weniger auf dem Wege der direkten Information als vielmehr auf dem Wege der Unterhaltung. Der Raum in den Blättern oder die Sendezeit der Kanäle soll mit möglichst viel Unterhaltung gefüllt werden, denn diese bringt Auflage oder Einschaltquote; die Konsequenz ist eine Verkürzung der politischen Information, die damit zwangsläufig oberflächlich wird. Weil obendrein die Mehrzahl aller politischen Informationen sich nur schwer durch lebende Bilder vermitteln läßt, neigt das Fernsehen zu einer übermäßigen Personalisierung der Politik. Auf diese Weise bleibt es dem Zuschauer erspart, sich mit komplizierten, schwierigen Fragestellungen näher auseinandersetzen zu müssen.

Die Politiker ihrerseits werden durch das Fernsehen zur Oberflächlichkei verleitet. Sie haben längst gelernt, sich selbst und ihre Botschaft fernsehgerecht darzustellen und in kurzen, überschriftartigen Formeln und Floskeln zu reden. Da sie keine Chance haben, länger als sechzig Sekunden in den Fernsehnachrichten zu erscheinen, ziehen sie es vor, *in action* aufzutreten. Ob der Politiker einen sympathischen Eindruck macht, ist wichtiger als das, was er sagt. Das Fernsehen verführt auch das Publikum zur Oberflächlichkeit, in einer vom Fernsehen geprägten Demokratie scheint dies geradezu unvermeidbar. Die TV-Macher sollten sich freilich davor hüten, die Personalisierung der Politik noch zu steigern, indem sie die Politiker durchs Schlüsselloch beobachten und ihr privates Leben vor Millionen entblößen. Auch im Fernsehen muß die Würde des einzelnen Menschen gewahrt werden.

Fernsehenaufnahmen im Gerichtssaal, das Gesicht des Angeklagten oder die Reaktion des Staatsanwaltes in Großaufnahme würden die Strafprozeßordnung gefährden und sind in Deutschland deshalb verboten. Weil im Parlament ähnliche Deformationen zu erwarten waren, habe ich mich vor Jahr und Tag dagegen ausgesprochen, das Fernsehen im Bundestag zuzulassen – allerdings vergeblich. Später habe ich selbst von der Fernsehübertragung von Parlamentsdebatten durchaus profitiert, allerdings nicht immer mit gutem Gewissen. Das Fernsehen legt zwangsläufig viel Gewicht auf Figur, Kleidung und Profil der führenden Politiker, auf ihre Rhetorik, ihre Methoden und Mittel; da ist wenig von Inhalten die Rede. Richard von Weizsäcker hatte recht, als er die Journalisten ermahnte, darauf zu achten, die technischen Methoden des politischen Machtkampfes nicht mit tatsächlichen Lösungskonzepten zu verwechseln. Die verschiedenen Ansätze dem Publikum darzustellen ist wichtiger, als auf die Eigenarten der Stars oder ihre Sympathiewerte einzugehen.

Das Fernsehzeitalter hat den Charakter der Demokratie verändert, es hat fast so etwas wie eine schleichende Kulturrevolution stattgefunden. Die publizistische Verantwortung gegenüber kulturellen, politischen und moralischen Werten ist längst in den Hintergrund getreten. Auch wenn die privaten Fernsehkanäle via Satellit eines Tages ohnehin zu uns eingedrungen wären, muß man rückblickend doch fragen, ob ihre Zulassung durch den Gesetzgeber richtig war. Auch wer damals für das private Fernsehen plädiert hat, kann über das Ergebnis eigentlich nicht glücklich sein. Man kann nur hoffen, daß vernünftige Gesetzgeber dafür sorgen werden, daß die vom privaten Wettbewerb hart bedrängten öffentlich-rechtlichen Anstalten nicht untergehen. Schließlich halten sie sich immer noch enger an das journalistische und publizistische Ethos als die große Mehrheit der Privaten.

Der Deutsche Presserat, Mitte der fünfziger Jahre von den Verbänden der Journalisten, Zeitungs- und Zeitschriftenverleger gegründet, hat 1990 umfassende Richtlinien für die publizistische Arbeit erarbeitet. Der Erfolg dieser freiwilligen Selbstkontrolle ist einstweilen unbefriedigend. Aber das Problem ist auch in Frankreich, England, Italien oder in den USA nicht gelöst. Man braucht sein Vertrauen in die demokratische Gesellschaft deshalb nicht zu verlieren. Vielleicht hilft es schon, sich hin und wieder zur eigenen Kritik aufzuraffen und einen kritischen Leserbrief zu schreiben; ich weiß von vielen Journalisten, daß sie Leserbriefe ernst nehmen. Wir brauchen mehr kritische Diskussion in Deutschland – unter Einbeziehung des Publikums.

Die zwiespältige Rolle der Managerklasse

Die politische Klasse hat den größten Anteil an der tatsächlichen Entscheidungsmacht im Staat und in der Gesellschaft. Den zweitgrößten Anteil haben die Manager in den oberen Etagen der großen privatwirtschaftlichen Unternehmen und ihrer Verbände. Schon vor einem halben Jahrhundert hat der Amerikaner James Burnham für sie den Begriff »managerial class« geprägt; heute erscheint er voll gerechtfertigt.

In Industrie, Handel und Verkehr, in Banken, Versicherungen und Verlagen spielen Eigentümer-Unternehmer nur selten eine Rolle. Zum weit überwiegenden Teil werden die Unternehmen von auf Zeit angestellten, hochbezahlten Geschäftsführern und Vorständen geleitet, die das Unternehmen weder begründet noch mit eigenen Erfahrungen und Leistungen oder eigenem Kapital aufgebaut haben. Sie nennen sich zwar gern Unternehmer, tatsächlich aber sind sie Manager. In den ersten Nachkriegsjahrzehnten hat es daneben auch echte, sehr erfolgreiche Eigentümer-Unternehmer gegeben – Nixdorf, Grundig, Springer oder Körber sind Beispiele. Aber solche Beispiele werden immer seltener, und ich habe sie in diesem Kapitel beiseite gelassen.

Die Manager in der Unternehmenswirtschaft berufen sich zur Legitimation auf den Markt und auf die Leistung ihres Unternehmens im Markt. Das ist auch in Ordnung. Die in Deutschland und in der Europäischen Union geltenden Gesetze gewähren ihnen einen großen Handlungsspielraum, in dem sie – jeder für sich oder auch gemeinsam über Konzerne oder Verbände – ein hohes Maß an Macht ausüben. Auch das ist in Ordnung. Wenn sie jedoch über die Spitzenverbände der Industrie (BDI), der Arbeitgeber (BDA), der Industrie- und Handelskammern (DIHT) versuchen, die politische Klasse unter Druck zu setzen, oder wenn sie versuchen, sich der Einflußmacht von Politikern oder ganzen Parteien, gar der Regierung zu bedienen, so müssen die Politiker wissen: Hier sprechen Gruppen von Managern, die ihr eigenes materielles Interesse zusammenhält. Zwar reden auch sie gern vom Wohl der Gesamtheit, aber häufig tun sie dies ohne wirkliche Überzeugung.

Adam Smith, einer der ersten Autoren der klassischen Wirtschaftslehre, glaubte zwar an eine im Charakter des

Menschen angelegte Balance zwischen Eigensucht und Nächstenliebe, aber dennoch war er wie viele der ökonomischen Klassiker davon überzeugt, daß der Eigennutz aller Beteiligten die entscheidende Triebkraft der Wirtschaft sei. Der Wettbewerb führe jedoch nicht nur einen Ausgleich zwischen Angebot und Nachfrage herbei, sondern auch, weil er Niedrigkosten-Produkten den Vorzug vor Hochkosten-Produkten gebe, den Wohlstand eines ganzen Volkes. Seither ist eine Flut kontroverser wirtschaftswissenschaftlicher Literatur über uns hereingebrochen, von Marx bis Schumpeter, von Beveridge bis Friedman, die alle möglichen Modellversuche zur Folge hatte. Heute gilt die Warnung von Keynes: Der Nihilismus unregulierter Kapitalmärkte lasse Beschäftigung und Wohlstand zu Nebenergebnissen eines Spielkasinobetriebes werden. Die europäischen Industrienationen haben zwar den Hunger der Massen überwunden, nicht aber die massenhafte Arbeitslosigkeit.

Unser hohes allgemeines Wohlstandsniveau wäre ohne Unternehmer und Manager gewiß nicht zustande gekommen, ohne sie wäre es auch gar nicht aufrechtzuerhalten. Aber viele Manager verfolgen ganz andere Ziele als das Gemeinwohl. Ihr Unternehmen soll größer werden als die anderen. Sie wollen als *global players* mitspielen. Sie wollen Gewinn und Börsenkurs der Aktien ihres Hauses steigern. Sie suchen Prestige und Bewunderung bei ihresgleichen. Ein egomaner Größenwahn hat manche von ihnen ergriffen: Man möchte der Größte sein, der Größte möglichst nicht nur in Deutschland, sondern in Europa, zumindest möchte man »Marktführer« der eigenen Branche sein. Wir brauchen aber nicht die größten Banken, besser wäre es, wir hätten die solidesten Banken. Wir brauchen auch nicht die größten Automobilhersteller; es wäre jedoch schön, wenn sie die wenigsten Rückrufe wegen Konstruktions- oder Herstellungsmängeln aufwiesen und wenn ihre Fahrzeuge umweltschonender wären als andere. Es wäre eine Wohltat für alle, wenn die Manager der Dienstleistungs- und Versorgungsunternehmen ihren Ehrgeiz darein setzten, Tarife und Abrechnungen für ihre Kunden lesbar und verständlich zu machen und ihre Angestellten zu entgegenkommender Höflichkeit gegenüber den Kunden anzuhalten. Ein Wettbewerb im Dienst am öffentlichen Wohl wäre wortwörtlich eine Wohltat. Aber leider ist es selten, daß ein Spitzenmanager voller Stolz den Dienst am Gemeinwohl hervorhebt, den seine Firma leistet. Es kommt kaum jemals vor, daß ein Manager mit innerer Genugtuung darauf verweist, er habe – mit betriebswirtschaftlichem Erfolg – die Beschäftigung im letzten Geschäftsjahr um soundsoviele Arbeitsplätzen steigern können, und im laufenden Jahr kämen soundsoviele dazu. Öffentliche Ankündigungen von Personalabbau sind jedenfalls viel häufiger.

Die Manager verfolgen vorwiegend eigensüchtige, eigennützige Ziele. Wenn alles gutgeht, dann mehren sie mit ihrer Arbeit tatsächlich auch den Wohlstand des Volkes. Darin liegt die Zwiespältigkeit, denn es geht nicht mehr alles gut.

Im Gegensatz zur politischen Klasse und ihrer Macht, die für jedermann erkennbar durch ein System von Regierung und Opposition austariert ist, fehlt es innerhalb der Managerklasse oft an *checks and balances*. Viele Aufsichtsräte führen keine wirkliche Aufsicht, sondern dienen primär den eigensüchtigen Interessen derer, die sie in den Aufsichtsrat entsandt haben. Die Verbände der Managerklasse befinden sich in sehr viel höherem Maße als die politischen Parteien in den Händen hauptamtlicher Funktionäre, nur gelegentlich machen sich einzelne Präsidenten davon frei. Während die Mitglieder einer politischen Partei die – in der Praxis freilich begrenzte – Möglichkeit haben, Einfluß auszuüben, ebenso die Wähler durch ihre Stimme, haben die Zwangsmitglieder einer Handwerks- oder einer Industrie- und Handelskammer de facto keinerlei Einfluß auf ihre Spitzenverbände. Allerdings wird ein urteilsfähiger Politiker das Urteil eines Vorstandsvorsitzenden einer Großbank oder einer bedeutenden industriellen Aktiengesellschaft in der Regel für gewichtiger halten als die Verlautbarung des Hauptgeschäftsführers des jeweiligen Verbandes. Es sind die Spitzenmanager der großen Firmen, die durch ihre Entscheidungen, auch durch ihre Reden, durch ihr Beispiel insgesamt den Ton angeben.

Die Mehrzahl der Manager an der Spitze großer Firmen hat über Jahrzehnte gute Arbeit geleistet. Ohne ihre Leistung wären der Wiederaufstieg Westdeutschlands nach 1948 und der schnelle Anstieg des Lebensstandards so nicht möglich gewesen. Manche ihrer heutigen Nachfahren irren sich allerdings, wenn sie meinen, dieser Aufschwung sei allein ihresgleichen zu verdanken gewesen. Tatsächlich waren es auch die Handwerksmeister, die vielen Gewerbetreibenden, die Landwirte, die Freiberufler; tatsächlich haben der Aufbauwille und der Fleiß von vielen Millionen Menschen die Hauptrolle gespielt – so auch in der DDR.

Tatsächlich ist auch der konstruktive Beitrag der Gewerkschaften nicht zu übersehen. Ihr zäher Kampf für Lohnerhöhungen, für kürzere Arbeitszeit, für bessere Arbeitsbedingungen hat dazu beigetragen, daß die Manager jahrzehntelang zu ständiger Innovation und damit zu höherer Produktivität gezwungen waren. Allerdings sind schon in den sechziger Jahren einige Industriezweige dem internationalen Wettbewerb kostenmäßig nicht mehr gewachsen gewesen; deswegen sind schon damals beispielsweise in der Textil- oder in der Lederindustrie viele Arbeitsplätze ins Ausland abgewandert. Weil aber in anderen Wirtschaftszweigen stetig neue Arbeitsplätze geschaffen wurden, blieb das Beschäftigungsniveau insgesamt gewahrt.

Als jedoch Ende der siebziger Jahre das gesamtwirtschaftliche Wachstum sich erheblich verlangsamte, haben die Lohntarifpartner – Gewerkschaften und Arbeitgeberverbände – nichtsdestoweniger die Praxis regelmäßiger Tariflohnanhebungen mit gewohntem Nachdruck fortgesetzt; insofern sind sie gemeinsam für einen Teil der seitherigen Arbeitsplatzverluste verantwortlich. Wenn heute einige Manager und besonders einiger ihrer Verbandssprecher allein die Gewerkschaften schuldig sprechen wollen, ist dies unredlich.

Es ist ein gemeinsames Versäumnis beider Lohntarifpartner, alle Vorschläge für Investivlohn immer wieder stillschweigend, aber entschieden beiseite geschoben zu haben. Wenn sie alljährlich statt einer ausschließlich in bar auszuzahlenden Lohnerhöhung einen Teil derselben in Gestalt einer Beteiligung (zum Beispiel mittels Aktien oder Genußscheinen) am eigenen Unternehmen oder (zum Beispiel mittels Fondsanteilen oder -zertifikaten) an anderen Unternehmen ausgeschüttet hätten, gäbe es heute in Deutschland eine gesündere Verteilung des Eigentums an Produktiv- und Finanzkapital; die Arbeitnehmer nähmen erkennbar an den Kapitalgewinnen und Aktienkurssteigerungen teil, sie hätten ein besseres Verständnis für die Notwendigkeit von Gewinnen ihres Unternehmens. Sie wären materiell eher besser, aber keineswegs schlechter gestellt, als sie es heute, nach fünf Jahrzehnten ausschließlich barer Nominallohnsteigerungen, tatsächlich sind. Aber auch die Unternehmen wären keineswegs schlechter gestellt als heute. Heute befindet sich das Aktienkapital zu neun Zehnteln in der Hand nur des zwanzigsten Teils der Deutschen, aber das bare Einkommen der Kapitaleigentümer ist in den letzten anderthalb Jahrzehnten doppelt so schnell gestiegen wie das Einkommen der Arbeitnehmer.

Man kann diese ungesunde Kapitalverteilung mit den Zuständen im alten Venedig vergleichen. Jüngst hat mir ein Banker gesagt: »Wenn denn die Entlassung von Arbeitskräften den Wert der Aktien und das Vermögen der Aktionäre erhöht, dann wäre es nur fair und angemessen, die Entlassenen an diesem Vermögenswachstum zu beteiligen.« Tatsächlich erhalten die Entlassenen bei uns – wenn es gutgeht – eine Abfindung in bar, im übrigen werden sie bei vorzeitiger Verrentung auf die Rentenversicherung verwiesen. Man nennt das soziale Abfederung, das bedeutet, wir alle tragen die Kosten. Wer in den letzten Jahren verfolgt hat, wie Spitzenmanager in ein und derselben Rede die Einsparung von Tausenden von Arbeitsplätzen und die Erhöhung von Gewinn und Dividende ankündigen und euphorisch vom »shareholder value« sprechen, wer zugleich den allgemeinen Anstieg sowohl der Aktienkurse als auch der Arbeitslosigkeit verfolgt hat, der muß borniert sein, wenn er das Prinzip des Investivlohnes ablehnt. Tatsächlich liegt der Ablehnung auf beiden Seiten ein Machtinteresse zugrunde: Die Gewerkschaftsfunktionäre fürchten eine Schwächung des »Klassenbewußtseins« ihrer Mitglieder, die Arbeitgeber-Manager fürchten zukünftige Minderheitsaktionäre. Beide verstoßen gegen das Gemeinwohl.

Deutschland hat sich – unter gewerkschaftlichem Einfluß und unter sozialdemokratischem Druck – durch Gesetzgebung ein System der betriebsrätlichen und auch der überbetrieblichen Mitbestimmung der Arbeitnehmer in den Unternehmen geschaffen, welches einen gewissen Ausgleich für die einseitige Kapitalverteilung schafft. Die Mitbestimmung ist der Hauptgrund für die Tatsache, daß es hierzulande weniger Streiks und Arbeitskämpfe gibt als etwa in England, Italien oder Frankreich. Denn die Mitbestimmung zwingt den Manager zur Rücksichtnahme auf die Interessen seiner Arbeitnehmer. Er ist nicht einfach »Herr im Hause«, sondern er muß überzeugen und Einvernehmen herstellen. Dies ist mühsam, aber oft lehrreich. Auf diese Weise werden nämlich in aller Regel Vereinbarungen mit den Betriebsräten erzielt, die sowohl dem Unternehmen als auch der Belegschaft dienlich sind. Zwischen Managern und Gewerkschaftsfunktionären ist dies bisweilen schwieriger, beide neigen in ihrem Verhältnis zueinander leichter zum Streit. Wir können mit den Erfahrungen aus dem Mitbestimmungsgesetz von 1976 durchaus zufrieden sein, das für alle größeren Aktiengesellschaften auch die Anwesenheit von Gewerkschaftsvertretern im Aufsichtsrat vorsieht, ohne daß eine volle Parität hergestellt wird. Die hauptamtlichen Gewerkschaftsfunktionäre sollten nach den nicht nur erfreulichen Erfahrungen mit ihren eigenen gemeinwirtschaftlichen Unternehmungen übrigens akzeptieren, daß sie fachlich und auch moralisch nur eingeschränkt zu Lehrmeistern gegenüber privatwirtschaftlichen Managern taugen.

Für eine Strukturerneuerung unserer Wirtschaft sind Zufriedenheit und Zuversicht der Arbeitnehmer in ihren Betrieben und Büros ein wichtiges Element. Zufriedenheit und Freude an der Arbeit können um so größer werden, je mehr der einzelne selbst entscheiden kann. Deshalb sollten die Spitzenmanager wie auch die Betriebsleitungen und die Betriebsräte bewußt darauf achten, nur das von oben zu regeln, was anders nicht vernünftig geregelt werden kann, und soviel wie nur möglich der Einzelentscheidung auf den mittleren, unteren und untersten Ebenen zu überlassen. Wer dergestalt das Subsidiaritätsprinzip in der Praxis verwirklicht, wer »Mitbestimmung am Arbeitsplatz« ermöglicht, der ermöglicht Befriedigung und Befriedung. In den ersten Nachkriegsjahrzehnten besaßen die Eigentümer-Unternehmer und die Manager ein gutes Einfühlungsvermögen und eine hohe soziale Kompetenz gegenüber ihren Belegschaften. Die heutigen Manager sind oft ungleich weniger hilfsbereit und weniger solidarisch, sie haben härtere Ellbogen – wahrscheinlich aufgrund ihres meist weniger mühevollen Aufstiegs.

Ein Manager, der sich mit seinem Betriebsrat nicht verständigen kann, trägt meist selber den größten Teil der Schuld. Anders ist die Schuld verteilt, wenn es zu einem

Streit zwischen Verbandskapitänen und Gewerkschaftsvorsitzenden kommt. Wer die Reden der Spitzenleute auf beiden Seiten liest, ist oft verblüfft über ihre souveräne Einseitigkeit. Immer wird die Schuld entweder der jeweiligen Gegenseite oder der Politik zugeschoben. Fast niemals hört man ein Wort der Selbstkritik oder der Kritik am Verhalten der eigenen Seite, und Worte der Nachdenklichkeit und des Eingehens auf Interessen und Argumente der anderen Seite sind selten; Tyll Necker oder Hermann Rappe waren insoweit in den letzten Jahren weiße Raben. Wenn aber doch Korruption auf *beiden* Seiten offenbar geworden ist, von der Neuen Heimat bis zur Dresdner Bank, wenn Staatsanwälte und Steuerfahnder wegen vermuteter Beihilfe zur Steuerhinterziehung reihenweise die Häuser und Büros von Spitzenmanagern durchsuchen, dann vermissen brave Arbeitnehmer und brave Steuerzahler klare Worte der Distanzierung und Verurteilung durch die Spitzenleute auf beiden Seiten.

Die braven Steuerzahler, das sind in überwältigender Mehrzahl die Lohnsteuerzahler; die zur Einkommensteuer veranlagten Bürger haben sich verflüchtigt, weitgehend legal und teilweise auch illegal. Die Eingänge aus der veranlagten Einkommensteuer haben sich im Laufe der neunziger Jahre auf ein lächerliches Siebentel des Aufkommens verringert. Manche Einkommensmillionäre sind sogar noch stolz darauf, daß sie gar keine Einkommensteuer zahlen. Der brave Steuerzahler hört davon, er ärgert sich, er beginnt, an seinem Staat zu zweifeln.

Während ein Spitzenmanager nach dem anderen den »Standort Deutschland« herabsetzt, werden zugleich gewaltige Einkommenssteigerungen für deutsche Spitzenmanager in Gestalt von Aktienoptionen bekannt. Daimler-Benz hat in seinem größten Verlustjahr jedem seiner Vorstandsmitglieder eine Sonderzahlung in Höhe von einer halben Million D-Mark bewilligt. Vielleicht, so argwöhnt der brave Steuerzahler, liegt hier das wirkliche Motiv für die Shareholder-value-Ideologie, der eigentliche Anreiz, weitere Steigerungen des Börsenkurses herbeizuführen.

Es heißt zwar, in den USA seien die Tantiemen noch um vieles höher, zugleich aber gibt es dort dreißig Millionen Arbeitnehmer, die als »working poor« von ihrem Lohn kaum leben können; fast täglich liest man von feindlichen Geschäftsübernahmen und enormen Spekulationen auf den Finanzmärkten in den USA. Bis gestern konnte man noch glauben, dies alles gebe es bloß in Amerika, bei uns sei alles viel ordentlicher. Aber heute beginnt auch der letzte zu verstehen: Der amerikanische Raubtier-Kapitalismus, Spekulationismus und Größenwahn breiten sich auch unter deutschen Managern aus.

Sie fusionieren, kaufen und verkaufen große Unternehmen im Handumdrehen, so als handele es sich um einen Gebrauchtwagen. Das Haus Siemens war zeitweise als Investmentfonds lukrativer denn als Industrieunternehmen. Das Haus Daimler-Benz hat stolz bekanntgegeben, es mache an den Finanzmärkten pro Jahr Geschäfte in Höhe von 600 Milliarden D-Mark. Gleichzeitig beklagen viele Manager den drohenden »Übergang von der Konsensgesellschaft zur Konfliktgesellschaft«. Keiner muß sich wundern, wenn der kleine Mann in ihrem Verhalten keinen Beitrag zu einer Konsensgesellschaft erkennen kann. Er hat heute weniger Vertrauen in unsere Manager als noch vor zehn Jahren.

Es sind nicht die kleinen Leute, nicht die kleinen Aktionäre, die in den letzten Jahren die Aktienkurse in schwindelnde Höhen getrieben haben, sondern es sind die spekulierenden Manager von Banken, Investmentfonds und anderen Unternehmungen. Die deutschen Aktienkurse sind im Verlauf des Jahres 1997 um fünfzig Prozent in die Höhe geschnellt, sehr viel höher und schneller als etwa die Dividenden, die auf Aktien ausgeschüttet werden. Der innere Wert der deutschen Aktiengesellschaften ist in diesem Zeitraum jedoch keineswegs auf das Anderthalbfache gestiegen. Der amerikanische Aktienboom hat die Aktienbörsen in Deutschland infiziert, aber sie steigen noch schneller als in den USA.

Wenn die Kurse wieder fallen, dann wird es ein Heulen und Zähneklappern geben, und viele werden ins Gras beißen; die japanischen Banken haben sich selbst nach zehn Jahren noch nicht vom Zusammenbruch ihres Aktienmarktes erholt. Was wir heute in Deutschland, aber auch in anderen europäischen Staaten auf den Aktienmärkten erleben, ist krankhaft und gefährlich. Die Spitzenmanager unserer Banken werden ihrer Verantwortung nicht gerecht, wenn sie nicht öffentlich hörbar warnen. Tatsächlich hat George Soros, bisher der erfolgreichste internationale Spekulant, wohl recht, wenn er sagt: »An die Stelle des Glaubens an Prinzipien ist der Kult des Erfolges getreten. Die Gesellschaft hat ihren Anker verloren... Es kann aber nicht richtig sein, das Überleben der Stärksten zum Leitprinzip einer zivilisierten Gesellschaft zu erheben.«

Die Managerklasse ist in ihrer großen Mehrheit – Gott sei Dank – solider und menschlich anständiger, als es uns die vielen bösen Erscheinungen nahelegen, von denen hier die Rede ist. Sie sollte sich jedoch insgesamt darum bemühen, ihr Verantwortungsbewußtsein besser erkennbar zu machen. Dazu gehört, daß sich der Vorstand eines Unternehmens eben nicht vornehmlich mit dem Aktienkurs identifiziert. Der Chef eines Unternehmens oder einer Bank, der seine hervorstechende Aufgabe darin sieht, der Spekulation zu Gewinnen zu verhelfen, ist für die öffentliche Meinung nicht glaubwürdig – auch dann nicht, wenn er von den Analysten der Börsenwelt gelobt oder sogar angehimmelt wird. »Glaubwürdigkeit ist die wichtigste Eigenschaft«, so sagt mit Recht Helmut Maucher, langjähriger Chef von Nestlé. Und ebenso hat Hans L. Merkle, langjähriger Chef von Bosch, recht, wenn er sagt: »Der ideale Unternehmer ist für mich der, der nicht nur seine materiellen Möglichkeiten nutzt, um ein Unternehmen zu errichten oder weiterzutreiben, sondern der ... sein geistiges und moralisches Kapital einsetzt, um etwas zu schaffen. Damit dient er der Volkswirtschaft – und ich verwende bewußt das Wort ›dienen‹. Was wir wieder brauchen, das ist ein Komment: Man tut gewisse Dinge eben nicht. Ganz unabhängig davon, ob sie strafbar sind oder nicht.«

Die Managerklasse hat eine wichtige Rolle zu spielen bei dem notwendigen Versuch, die deutsche Wirtschaft wieder auf gesunde Füße zu stellen, mit hoher Beschäftigung und mit allgemeinem Vertrauen in die weitere Entwicklung. Es wird weitgehend von Augenmaß und Verantwortungsbewußtsein der Manager abhängen, daß der

Eindruck wieder verschwindet, es gehe manchem von ihnen weniger um das Dienen als um das Verdienen. Sofern aber umgekehrt der Eindruck sich noch verfestigen sollte, viele Manager hätten den Nazi-Spruch »Gemeinnutz geht vor Eigennutz« in sein Gegenteil verkehrt (ähnlich wie schon manche Nazi-Bonzen selbst), dann ist eine allgemeine Ausdehnung primär egoistischen Verhaltens in weite Teile der Gesellschaft zu befürchten. Wenn die wirtschaftlichen Oberschichten sich nicht hörbar und sichtbar um das öffentliche Wohl kümmern, wenn sie sich darstellen, als trügen sie dafür keine Verantwortung, dann untergraben sie mit ihrem Beispiel die öffentliche Moral – und die Gesetzesloyalität der kleinen Leute.

Die Managerklasse wird den im folgenden Kapitel erhobenen Forderungen nach Senkung der Staatsquote und nach allgemeinem Paragraphenabbau weitgehend zustimmen. Aber sie darf meine Vorschläge zur strukturellen Erneuerung unserer Wirtschaftsgesellschaft nicht mißverstehen, als ob hier ein Weg zurück in den Manchester-Kapitalismus gebahnt werde. »Trotz Deregulierung und Restrukturierung des Sozialstaates darf es den Weg zurück nach Manchester nicht geben«, so der freisinnige Schweizer Finanzminister Kaspar Villiger, früher selbst ein Unternehmenschef, vor den Banken seines Landes. Die Menschen würden der Wirtschaft nur »dann die Stange halten ... wenn sie sich nicht als machtlose Rädchen in einem anonymen, demokratisch nicht mehr kontrollierten, globalisierten und eiskalten Wirtschaftsräderwerk fühlen«. Das gilt ebenso für Deutschland. Es wäre schon ein wichtiger Fortschritt, wenn die Sprecher der Managerklasse nicht am liebsten nur von Marktwirtschaft und den dafür notwendigen Freiheiten redeten, sondern wenn sie sich Ludwig Erhards Leitwort von der *sozialen* Marktwirtschaft ernsthaft wieder zu eigen machten.

Märkte, nationale wie internationale, sind zweckmäßige Veranstaltungen, man muß sie deshalb bejahen. Aber Märkte sind keine moralische Instanz, sie können weder auf soziale Gerechtigkeit und auf Beseitigung der Arbeitslosigkeit noch auf monetäre oder fiskalische Vernunft hinwirken. Marktwirtschaft bedarf deshalb der Einrahmung durch Sozialversicherung, Steuer- und Budgetpolitik, durch Geld- und Währungspolitik, sie bedarf einer Wettbewerbsordnung, sie bedarf auch der Sicherheitsvorschriften, sei es zum Schutz anderer Verkehrsteilnehmer oder der Sparer oder der Umwelt. Der Markt an sich erzeugt weder individuellen noch kollektiven Anstand; eben deshalb müssen Anstand und Moral von allen Teilnehmern des Marktes verlangt werden.

Die Manager dürfen sich nicht darauf zurückziehen, das Wort von der sozialen Marktwirtschaft sei in Wahrheit eine *contradictio in adjecto*, ein nebulöser Widerspruch in sich selbst. Was Erhard und Schiller mit der Propagierung des von Müller-Armack formulierten Schlagwortes gemeint haben, war eine sozial gebändigte kapitalistische Marktwirtschaft, nämlich Markt plus sozialer Sicherheit der kleinen Leute, plus angemessener Beteiligung am Ertrag plus Betriebsrat und Mitbestimmung. Wegen dieser Ingredienzen war das Leitwort von der sozialen Marktwirtschaft »wahrlich nicht das Lieblingskind des Liberalismus«, so hat jüngst Hans Barbier zu Recht geschrieben.

Gleichwohl kämen wir an den Rand gesellschaftlicher

und politischer Katastrophen, wenn rechtsliberale oder konservative Manager und Politiker im Ernst meinten, nach dem »real existierenden Sozialismus« nun auch die soziale Marktwirtschaft als überholt beiseite räumen zu dürfen. Dagegen steht der Artikel 14 des Grundgesetzes: »Eigentum verpflichtet. Sein Gebrauch soll zugleich dem Wohle der Allgemeinheit dienen.« Auch ihre eigene Moral sollte die Manager davon abhalten, die soziale Marktwirtschaft über Bord zu werfen.

Es ist die Aufgabe der politischen Klasse, Übertreibungen bei der Umverteilung oder bei den Steuerbefreiungen zu korrigieren, den Wust von Genehmigungsvorschriften und Paragraphen aller Art zu durchkämmen und die Forschung wieder an die Spitze zu bringen. Die Managerklasse kann dabei mit Rat und Tat zur Seite stehen. Aber es bleibt die besondere Aufgabe der Managerklasse, in den eigenen Reihen für Anstand und Moral einzutreten und Störer zur Ordnung zu rufen und notfalls zu verbannen. Wenn ein Manager meint, es genüge, für sich zu bekennen »Ich bin ein Kapitalist«, dann ist in der Tat Marion Dönhoffs Aufruf gerechtfertigt: »Zivilisiert den Kapitalismus«.

Vor einigen Jahren hat ein Redakteur in der ZEIT geschrieben, die Forderung nach einer Wirtschaftsethik sei »ein Unding«. Der katholische Ethik-Professor Karl Homann schrieb kürzlich, keine Moral, keine Solidarität könne ohne Kontrolle und ohne Sanktionen auf die Dauer Bestand haben. Der eine hatte ganz und gar unrecht, der andere hat nur zum Teil recht. Denn auch wenn Kontrollen und Sanktionen geboten sind, sollten wir keineswegs versuchen, moralisch einwandfreies Verhalten in jeder Hinsicht durch Gesetzgebung zu erzwingen. Homanns Satz »Ethik ohne Kontrolle ist nichts wert« ist mißverständlich, weil er den Faktor der sittlichen Erziehung vernachlässigt.

Es ist zu wünschen, daß einige wirkliche Unternehmer und einige Leute aus der Managerklasse sich daran setzen, einen Kodex unternehmerischen Verhaltens zu entwerfen und darüber eine öffentliche Debatte zu entfachen. Sie können sich dabei Rat holen bei Joseph Schumpeter, bei der katholischen Soziallehre und Oswald Nell-Breuning oder bei den sozialökonomisch orientierten moralischen Darlegungen von evangelisch-protestantischer Seite; sie fänden gewiß Hilfe in den Kirchen, in den Universitäten und in der politischen Klasse. Sie sollten nicht nur fragen, wie es zu der gegenwärtigen Situation gekommen ist und was passiert, wenn wir die Moral schleifen lassen, sondern sie sollten auch fragen, was wünschenswert und was erreichbar sein könnte. Statt der Frage: Was *wird* sein? also die Frage: Was *soll* sein? Sie sollten nicht nach zusätzlichen Gesetzen und nach mehr Staat rufen, sondern sie sollten das Bewußtsein der eigenen Verantwortlichkeit schärfen. Zum Beispiel im Blick auf persönliche Steuerehrlichkeit; zum Beispiel im Blick auf Allgemeinverträglichkeit von Produkten und Produktionsverfahren, auf Schonung von Mensch, Tier und Natur, im Blick auf die Erhaltung der natürlichen Umwelt insgesamt; zum Beispiel im Blick auf die sittliche Unterweisung junger angehender Manager während ihrer Ausbildungsgänge. Sie sollten auch die Rolle ihrer Verbände kritisch betrachten und die Rolle der Managerklasse insgesamt: Wie werden wir dem Gebot des Artikels 14 des

Grundgesetzes tatsächlich gerecht? Bei alledem müßten sie das Schwergewicht auf die Verantwortung der einzelnen Person legen und nach der moralischen Haltung und den Tugenden des Unternehmers, des Managers und des Chefs fragen.

Vielleicht stoßen sie bei ihrer Untersuchung auf Mahatma Gandhi und sein schon Generationen zurückliegendes Diktum: »Geschäft ohne Moral ist eine soziale Sünde.«

III

Die Wirtschaft ist unser Schicksal

Die Wirtschaft ist unser Schicksal, so sagte der 1922 von Rechtsextremisten ermordete Walther Rathenau, Außenminister und vormals Generaldirektor der AEG. In der damaligen Lage des Deutschen Reiches, angesichts der in Versailles auferlegten Reparationslasten, der galoppierenden Inflation und aller sonstigen Kriegsfolgen war das ein plausibles, ein treffendes Wort. Rathenau hat damit gewiß nicht die Absicht verfolgt, sich gesellschaftspolitisch auf die Grundlage des historischen Materialismus zu stellen; auch Marx hatte ja keineswegs gemeint, mit seinem Satz, nach dem das gesellschaftliche Sein das Bewußtsein bestimmt, umfasse er bereits zur Gänze alles menschliche und gesellschaftliche oder politische Schicksal.

So konträr die Positionen der beiden Autoren auch waren, so ist aus beiden Zitaten gleichwohl eine übereinstimmende Nutzanwendung für unsere Lage am Ende des 20. Jahrhunderts zu ziehen: Weil die ökonomische Lage der Menschen ganz wesentlich ihr Bewußtsein und ihre politischen Präferenzen beeinflußt, weil heute Arbeitslosigkeit und Krise des Sozialstaates viele Menschen zutiefst irritieren, deshalb kann man eine Krise der offenen Gesellschaft nicht ausschließen. Wenn die von Erhard und Schiller hochgelobte soziale Marktwirtschaft dauerhaft nicht befriedigend funktionieren sollte, dann wären in unserem ohnehin von Ängsten geplagten, nachweisbar gegen Psychosen nicht gefeiten Volk Gefahren für Demokratie und offene Gesellschaft nicht mehr undenkbar.

Gewiß kann man auch zu abweichenden sozialökonomischen Urteilen oder zu anderen Schwerpunkten gelangen, als ich sie in diesem Kapitel vortragen werde. Vernunft und Gewissen sollten jedoch an oberster Stelle stehen. Auch wird niemand die geschichtliche Lehre der Jahre von 1929 bis 1932 außer acht lassen dürfen; das ungelöste Problem der Arbeitslosigkeit hat damals zum Verhängnis des Jahres 1933 geführt. Deshalb sind heute alle Illusionen und Schönfärbereien von Übel. Wer heute regiert, muß sich zu tiefgreifenden sozialökonomischen Entscheidungen durchringen. Weil die wirtschaftliche Misere 1933 den Absturz in einen tief unmoralischen Zustand zur Folge hatte, habe ich in dieser der Wiederherstellung einer allgemein akzeptierten öffentlichen Moral gewidmeten Schrift unseren heutigen sozialökonomischen Nöten und den Abhilfemöglichkeiten einen breiten Raum gegeben.

Man muß dazu einräumen: In fast allen ökonomischen Fragen ist die Erlangung eines eigenen Urteils eine schwierige Aufgabe. Der politischen Klasse werden in großer Zahl Denkschriften, Vorschläge und Forderungen auf den Tisch gelegt, die sich großenteils widersprechen, weil sie meistens von Leuten stammen, die ein starkes Eigeninteresse an der Verwirklichung ihrer Vorschläge haben. Die Gewerkschaften und der Bundesverband der Industrie oder die Arbeitgeberverände sind nur selten der gleichen Meinung. In Lohntariffragen haben sie glücklicherweise eine Kompromißpraxis entwickelt. Ansonsten aber steht oft Meinung gegen Meinung, Interesse gegen Interesse – häufig kurzfristig kalkuliertes Interesse. Daneben gibt es Verbände, die kein Gegenüber haben und denen deshalb niemand Paroli bietet; aus diesem Grund sind zum Beispiel die landwirtschaftlichen Subventionen üppig ins Kraut geschossen. Häufig präsentieren Verbände ihre Eigeninteressen im Gewand des Gemeinwohls. Dies gilt bisweilen sogar für die unabhängige Bundesbank, die sich regelmäßig zu fast allen sozialökonomischen Fragen äußert; dabei gehen ihre Ratschläge weit über die gesetzlichen Aufgaben der Bundesbank hinaus. Es gilt ähnlich für den wirtschaftswissenschaftlichen Sachverständigenrat, der sich – entsprechend der Zusammensetzung seiner Mitglieder – eine eigene gepanzerte Ideologie geschaffen hat und diese aus Prestigeinteresse zu verteidigen sucht.

Macht, auch Einflußmacht, korrumpiert die Vernunft. Die Einflußmacht der Verbände korrumpiert ihre Verantwortung für das Gemeinwohl. Die Politiker wissen das zwar, sowohl die Regierenden als auch die Abgeordneten; aber es ist für sie unsäglich mühevoll, aus der heterogenen öffentlichen Diskussion und aus der Vielfalt der disparaten Pressionen, denen sie ausgesetzt sind, das Richtige und Brauchbare herauszufiltern. Zugleich sind sie der Versuchung ausgesetzt, aus öffentlichen Meinungsumfragen herauszulesen, was denn ihr Wählerpublikum zu dieser oder jener Frage denkt und wünscht, und sich opportunistisch danach zu richten. Aber kein Meinungsforschungsinstitut kann dem Publikum eine schwierige Abwägungsentscheidung in Form einer einfachen Frage vorlegen; deshalb spiegeln die Umfrageergebnisse vor allem Stimmungen wider – und Sympathien und Antipathien.

Wer sich als Politiker in seinen Entscheidungen an den Meinungsumfragen orientiert, kann schnell zum opportunistischen Mitläufer werden; seine eigene Vernunft und sein persönliches Gewissen werden beiseite geschoben.

Man muß der politischen Klasse zugestehen: Im Angesicht millionenfacher Arbeitslosigkeit hat sie es schwer, die notwendigen, zweckmäßigen Entscheidungen zu treffen. Gleichwohl dürfen wir verlangen, daß die Politiker diese Entscheidungen erstens zuwege bringen und sie zweitens sodann in die Wirklichkeit umsetzen. Denn dazu haben wir sie gewählt.

Die Wahrscheinlichkeit, daß sie ihre heutigen sozialökonomischen Aufgaben erfüllen, erscheint für die Politiker der beiden Volksparteien SPD und CDU/CSU eher größer, für die Politiker der Grünen und der F.D.P. deutlich kleiner; in der PDS ist sozialökonomische Vernunft kaum zu erkennen, noch weniger in den rechtsextremen Gruppen der DVU oder der Republikaner.

Die heutige F.D.P. scheint den Wirtschaftsliberalismus zu verabsolutieren; sie läuft Gefahr, die Mehrheit der Bürger auf ihre ökonomische Funktion zu reduzieren, auch wenn sie inzwischen wieder davon abrückt, die Partei »der Besserverdienenden« sein zu wollen. Die Grünen, hervorgegangen aus einer »antiautoritären«, teilweise marxistischen, teilweise pazifistischen Emotion von einst jungen Intellektuellen, sind zwar im Begriff, einige ihrer illusionären, antipolitischen Visionen hinter sich zu lassen. Aber gleichzeitig verführt sie ihre einseitige Konzentration auf grundsätzlich sinnvolle ökologische Ziele und deren Verabsolutierung dazu, den anderen sozialökonomischen Notwendigkeiten auszuweichen; die unveränderte Erhaltung einer überkommenen Kulturlandschaft erscheint ihnen in jedem konkreten Fall wichtiger als die Schaffung neuer Arbeitsplätze.

Deshalb kommt es tatsächlich auf die Urteils- und Tatkraft der beiden großen Volksparteien an, auf SPD und CDU/CSU. Vornehmlich an ihre Adresse gerichtet will ich im folgenden die wichtigsten strukturellen Aufgaben skizzieren, vor denen Deutschland heute steht. Sie stellen sich für die neue Regierung wie für die neue Opposition in gleichem Maße – egal, wer regiert.

Massenarbeitslosigkeit ist ein moralisches Problem

Wir haben die höchsten Aktienkurse seit fünfzig Jahren, gleichzeitig aber haben wir die höchste Arbeitslosigkeit. Wer beide Rekorde zugleich in den Blick nimmt, der muß erkennen: Aus der Duplizität, aus der Gleichzeitigkeit beider Rekorde ergibt sich ein schwerwiegendes Problem der Gerechtigkeit und zugleich eine Gefahr für unsere politische Zukunft. Wer gegen seinen Willen lange arbeitslos bleibt, der kann nicht nur in Enttäuschung und Depression fallen, er kann sich auch in Aggression steigern. Wenn in vielen Städten Deutschlands viele Menschen, ja Menschenmassen, auf Dauer keine Arbeit finden, dann könnte viel Vertrauen in unseren Staat und unsere Gesellschaft verloren gehen. Wir stehen deshalb nicht bloß vor einer ökonomischen Aufgabe, sondern zugleich vor einer Aufgabe von kardinalem moralischen Gewicht.

Seit Beginn der neunziger Jahre steigen die Arbeitslosenzahlen. Bereits Ende des Jahres 1995 schrieb Hans

Barbier, einer unserer klügsten Wirtschaftsjournalisten, in der konservativen *Frankfurter Allgemeinen Zeitung*: »Die Wirtschaftsmisere des vermeintlichen Riesen im Zentrum Europas ist hausgemacht – als Ergebnis einer Politik, die so schlecht ist, wie sie in der Geschichte der Bundesrepublik zuvor niemals war ... es ist Zeit für ein Notprogramm.« Seither hat weder die politische Klasse noch die Klasse der Manager sich einer besseren, zweckmäßigeren Politik zugewandt.

1997 hat Roman Herzog appelliert: »Es muß ein Ruck durch das Land gehen ...« Aber wenn er ein Jahr später – des Bundestagswahlkampfes wegen – meint, erste Erfolge seien schon sichtbar, wenn gleichzeitig der Regierungschef davon redet, der Aufschwung habe schon begonnen, und sein Herausforderer diesen Aufschwung für sich beansprucht, so handelt es sich in Wahrheit doch nur um Täuschungen, bestenfalls um Selbsttäuschungen. Auch wenn die Redner gern etwas anderes glauben möchten, so sind die leichten Verbesserungen der Arbeitsmarktdaten im Sommer 1998 doch lediglich von konjunktureller Aufhellung bewirkt worden, wahrscheinlich beruhen sie überwiegend bloß auf saisonalen Ursachen (und auf einigen am Wahlkampf orientierten Maßnahmen wie zum Beispiel den seit 1997 enorm ausgeweiteten Lohnsubventionen im Osten). In Wahrheit leidet Deutschland nicht an einer Konjunkturkrise, sondern an vielfältigen Fehlentwicklungen, Unzulänglichkeiten und Krisen unserer wirtschaftlichen, gesellschaftlichen und politischen Strukturen. Es handelt sich um eine strukturelle Massenarbeitslosigkeit; sie hat manch einen schon zu der bangen Frage geführt, ob uns denn auf Dauer die Arbeit ausgeht.

Allein durch konjunkturpolitische Notprogramme sind unsere strukturellen Defizite und unsere sozialökonomischen Miseren nicht zu überwinden. Zwar könnte die Politik versuchen, durch allerhand Kunstgriffe die Weichen in Richtung auf ökonomisches Wachstum zu stellen; aber selbst wenn wir über einige Jahre jährlich ein quantitatives Wachstum von drei Prozent real (das heißt nach Abzug der Inflationsrate) erreichen könnten – was keineswegs wahrscheinlich ist –, so bliebe wegen der schnellen Produktivitätssteigerung pro Arbeitsplatz und wegen der Verlagerung von Arbeitsplätzen in Länder mit niedrigerem Lohnniveau die Arbeitslosigkeit fast genauso hoch wie heute. Ein Wachstum auf der Grundlage eines Konjunkturprogramms würde nicht lange anhalten, es würde bald wieder zurückgehen, es bliebe ein Strohfreuer. Denn wir leiden nicht an einer vorübergehenden Rezession, sondern vielmehr an dauerhaften Defiziten wichtiger Teile unseres gesellschaftlichen und staatlichen Gesamtorganismus.

Die sozialökonomische Situation Deutschlands ist nicht einzigartig, sie ähnelt in vielem der Lage in Frankreich oder Italien und in den meisten der heutigen Mitgliedstaaten der Europäischen Union. Fast überall beruhen Massenarbeitslosigkeit und sozialökonomische Misere auf zwei Ursachenkomplexen.

Zum einen haben seit den internationalen Ölpreis- und Kreditkrisen der siebziger und achtziger Jahre die meisten EU-Staaten es versäumt, ihre nationalen Regulierungssysteme zu modernisieren. Von der Steuer- bis zur Sozialgesetzgebung, von den öffentlichen Haushalten bis zum Arbeitsmarkt – auf allzu vielen Gebieten haben Erstarrung und Überregulierung verhindert, daß die Gesellschaft, die Unternehmen und die Gewerkschaften sich den in dynamischer Veränderung begriffenen Rahmendaten anpaßten. Die Veränderungen wurden weitgehend über lange Zeit nicht erkannt – so zum Beispiel die zunehmende Alterung der Bevölkerung im Verhältnis zur sinkenden Zahl der Erwerbstätigen –, oder sie wurden geleugnet, so zum Beispiel die zunehmende finanzielle Überforderung der sozialen Sicherungssysteme. Man kann die Gesamtheit dieser von den jeweiligen europäischen Regierungen selbst zu verantwortenden Ursachen der Misere unter dem Schlagwort hausgemachter Schlendrian zusammenfassen.

Neben dem Schlendrian spielt in den allermeisten EU-Staaten der Komplex der Globalisierungsfolgen eine wichtige Rolle. Die Verdoppelung der Zahl der an der Weltwirtschaft beteiligten Menschen seit der Öffnung Chinas und seit dem Zusammenbruch der Sowjetunion, die enorme Beschleunigung des technischen Fortschritts – vor allem auf den Feldern der Elektronik, der Telekommunikation, des Luft- und Seeverkehrs sowie des Geld- und Kapitalverkehrs –, dazu die früher niemals vorgekommene Geschwindigkeit der Ausbreitung des technischen Fortschritts über fast alle an der Weltwirtschaft beteiligten Staaten: alle diese Entwicklungen, gemeinhin unter dem Schlagwort Globalisierung zusammengefaßt, haben in Westeuropa gegenwärtig negative Konsequenzen für die Arbeitsmärkte.

Globalisierung tendiert zur Angleichung der Lebensstandards zwischen den alten Industriestaaten einerseits und den neu an den Weltmärkten beteiligten Staaten andererseits. Produktionen und Arbeitsplätze wandern aus und siedeln sich neu an in den Schwellenländern, die sich selbst zur Nutzung moderner Techniken befähigen und für die Weltmärkte öffnen. Tendenziell führt Globalisierung zur relativen Absenkung des (west)europäischen Lebensstandards zugunsten eines relativ höheren Lebensstandards in Asien, im Osten Europas usw. Außerdem führt sie zu einem schleichenden Kompetenzverlust der nationalen Regierungen zugunsten der international agierenden privaten Unternehmen in den Bereichen der Produktion, des Handels und der Finanzierung, die an Macht gewinnen.

In Deutschland spielt außerdem ein dritter Ursachenkomplex eine wichtige Rolle, nämlich die wirtschaftlichen und sozialen Konsequenzen der politischen Vereinigung der beiden deutschen Nachkriegsstaaten. Auch ohne die im Zuge der wirtschaftlichen Vereinigung begangenen massiven Irrtümer und Fehler hätte die Vereinigung gewaltige finanzielle, das heißt ökonomische und soziale Opfer auf westdeutscher Seite verlangt. Dies nicht vorausgesehen, die Bevölkerung nicht auf die enormen Kosten vorbereitet und nicht zum Opfer aufgerufen zu haben, bleibt die Schuld vor allem der politischen Klasse, aber auch der veröffentlichten Meinung, der Unternehmensverbände und der Gewerkschaften. Mit solchen Schuldzuweisungen für die Vergangenheit ist allerdings niemandem geholfen. Statt dessen brauchen wir eine wahrheitsgemäße Zwischenbilanz des bisherigen sozialökonomischen Vereinigungsprozesses und seiner Kosten. Und wir brauchen – darauf gegründet – eine ehrliche Vorausschau auf die auch in Zukunft notwendigen Opfer.

Sowohl Opfer an Illusionen als auch, bezogen auf Westdeutschland, durchaus reale Opfer in Gestalt eines mittelfristigen Verzichtes auf größere Zuwächse des realen Lebensstandards. Ähnlich wie die Globalisierung weltweit zur Angleichung des Lebensstandards der Beteiligten tendiert, wird zwangsläufig auch die sozialökonomische Vereinigung Deutschlands zur Angleichung des Lebensstandards zwischen West und Ost führen.

Wenn jedoch eine westdeutsche Mehrheit sich den notwendigen Opfern verweigern sollte, könnte der wirtschaftliche Vereinigungsprozeß unterbrochen werden. Die psychologischen Folgen im Osten, die moralischen Folgen für die gesamte Nation, die politischen Folgen für die deutsche Demokratie, alle diese möglichen Konsequenzen einer unzureichenden Opferbereitschaft sollte sich unsere politische Klasse ständig vor Augen halten, damit sie sich nicht abermals zu Illusionen und Versprechungen verleiten läßt, die sich dann nach wenigen Jahren abermals als Schall und Rauch erweisen würden.

Trotz der vereinigungsbedingten Besonderheiten unserer Situation stehen wir in Deutschland vor ähnlichen Entscheidungen wie fast alle anderen Mitgliedsstaaten der Europäischen Union auch. Mögen sich die Situationen in den einzelnen Ländern im Detail noch so sehr voneinander unterscheiden, so gibt es doch, theoretisch gesprochen und grob vereinfacht, vier denkbare Möglichkeiten:

Erstens. Theoretisch könnten wir versuchen, unsere Grenzen nicht nur vor weiterer Zuwanderung zu verschließen, sondern auch gegen Importe aus jenen Teilen der Welt abzuschotten, in denen zu deutlich niedrigeren

Löhnen und Kosten produziert wird. Ein solcher Autarkieversuch würde vielerlei zwangswirtschaftliche Kontrollen erfordern; er würde durch den zwangsläufigen Rückgang unserer Exporte weitere Arbeitsplätze beseitigen; er würde zur relativen Verarmung der kleinen Leute führen. Er würde aber bereits im Ansatz scheitern, weil er gegen viele von uns geschlossene Verträge und internationale Regeln verstieße; weder unsere Partnerstaaten in der Europäischen Union noch die EU als Ganzes würden einen deutschen Autarkieversuch akzeptieren, er könnte zum politischen Zerbrechen der EU führen. Aus vielen Gründen also verbietet sich ein solcher Weg.

Zweitens. Theoretisch könnten wir Margaret Thatchers und Ronald Reagans Beispiel folgen und ohne Rücksicht auf die sozialen Konsequenzen dem Hochkapitalismus und der Spekulation alle Wege ebnen; dazu kämen Steuersenkungen für unternehmerische Profite und für die oberen Einkommensgruppen, ohne Rücksicht auf den Staatshaushalt, bei gleichzeitiger Absenkung der Sozialleistungen. Mit einem Wort: nicht soziale Marktwirtschaft, sondern freie Marktwirtschaft pur. Dieser Weg hat in den USA Millionen neuer Arbeitsplätze entstehen lassen, zugleich aber eine neue soziale Unterschicht der *working poor* hervorgebracht; das sind dreißig bis vierzig Millionen sehr schlecht (tief unter deutschem Lohnniveau) bezahlter Arbeitnehmer, die ohne wirksame soziale Absicherungen im Falle von Krankheit, Alter oder Arbeitslosigkeit sind und die eine Familie nicht anständig ernähren können. In England sind – bei etwas weniger Rücksichtslosigkeit – ähnliche Wirkungen eingetreten. Dieses extrem konservative Rezept könnte in der Tat auch bei uns viele neue Arbeitsplätze schaffen. Aber weder wir Deutschen noch Franzosen, Italiener, Holländer, Österreicher oder Skandinavier würden den damit verbundenen Rückfall in die soziale Reaktion akzeptieren; eine deutsche Regierung, die solches versuchen sollte, würde mit Recht abgewählt, ihre Politik würde verworfen und revidiert werden. Am Ende stünden wir vor einem Trümmerhaufen.

Drittens. Wir setzen unseren Weg im großen und ganzen fort wie bisher. Das würde bedeuten: Es bleibt bei hoher Arbeitslosigkeit; wir werden gezwungen, binnen kurzem unsere Sozialleistungen und den Lebensstandard vieler dauerhaft abzusenken. Dies wäre der Weg der relativen Verarmung der kleinen Leute, er würde Vertrauen und Moral weiterhin untergraben.

Viertens. Wir können Wege zu umfassender struktureller Erneuerung beschreiten. Wir können uns zu Dienstleistungen aller Art, zur Höchsttechnologie, zu Spitzenleistungen auf vielen Feldern befähigen, die in den Billiglohnländern jenseits unserer Grenzen einstweilen noch nicht möglich sind. Dieser Weg der strukturellen Erneuerung würde, wenn auch nicht sofort, zusätzliche Arbeitsplätze schaffen, neue, zuarbeitende Tätigkeiten verlangen. Er würde uns die Erhaltung eines hohen Lebensstandards ermöglichen.

Für Deutschland kommen ernsthaft nur die dritte oder die vierte Alternative in Betracht, das heißt: entweder Fortsetzung des bisherigen Schlendrians oder Strukturumbau. Manche Manager würden allerdings am liebsten den Weg der »freien«, das heißt hochkapitalistischen Marktwirtschaft im Sinne der zweiten Alternative gehen – und so wohl auch die F.D.P. Und manche Politiker in der SPD und in der CDU/CSU würden wohl am liebsten eine Kombination aus der dritten und der vierten Alternative anstreben: einerseits Strukturumbau, vor allem dort, wo er nicht zu Lasten der jeweils eigenen Klientel und ihrer Interessen geht, andererseits Beibehaltung der gewohnten Strukturen, vor allem dort, wo dies den Interessen der jeweils eigenen Klientel nützlich ist – oder wo es wenigstens so scheint.

Wer aber das Problem der Arbeitslosigkeit ernst nimmt, wer es ernstlich lösen will, für den bleibt nur der Weg des vorbehaltlosen Strukturumbaus, der muß für eine durchgreifende Erneuerung und Modernisierung von Wirtschaft und Gesellschaft sorgen. Dieser Weg der strukturellen Erneuerung kostet gewiß auch Opfer. Wer genauer hinsieht, wird erkennen: Vornehmlich geht es um das Opfer von Illusionen. Es ist Illusion zu meinen, mit allen Annehmlichkeiten und allen Wohltaten könnte es so weitergehen wie bisher.

Eine Regierung, die weiterhin solchen Illusionen folgt, kann die Arbeitslosigkeit nicht durchschlagend mindern, sie wird zwangsläufig auf dem Weg der relativen Absenkung der realen Löhne und Sozialleistungen enden. Wenn Deutschland sich weigern sollte, seine Illusionen zu opfern, dann dürften wir morgen oder übermorgen unausweichlich mit realen Opfern zu tun haben. Gewiß würden einige Schichten der Gesellschaft davon weniger betroffen sein als andere, eine schmale Schicht könnte sogar noch profitieren. Aber die breite Masse würde unter der Ungerechtigkeit leiden – und eines Tages würde sie politisch dagegen aufbegehren.

Wenn es um Opfer geht, versuchen viele, sowohl einzelne als auch Gruppen und Interessenverbände, die Opfer von sich selbst abzuwehren – in der Hoffnung, daß die Opfer der anderen es ihnen ermöglichen, ihre eigenen Privilegien und Subventionen ins nächste Jahrhundert zu retten. Ein allgemeines »Rette sich, wer kann« ist nicht völlig ausgeschlossen, wenn die Unentschlossenheit, welche die politische Klasse in den letzten Jahren an den Tag gelegt hat, sich weiterhin fortsetzen sollte.

So ist also in allererster Linie die Politik gefordert. Wer auch immer regiert, er muß der Öffentlichkeit endlich eine ungeschönte Darstellung unserer unsicheren Lage und der ihr innewohnenden Gefahren für die Zukunft geben. Er muß die ganze Vielzahl rationaler, zweckmäßiger Reformen in Richtung auf eine weniger unsichere Zukunft ehrlich und ungeschminkt vortragen und sodann energisch verwirklichen. Er wird dabei das Sozialstaatsgebot aus Artikel 20 des Grundgesetzes nicht aus den Augen lassen dürfen; aber niemand verstößt gegen das Gebot der sozialen Gerechtigkeit, wenn er Übertreibungen und Mißbräuche in unserem ausgeklügelten System beseitigt. Bert Brechts provokanter Slogan »Erst kommt das Fressen, dann kommt die Moral« war eine sehr vergröbernde Sentenz (als Dichter hatte er ein Recht dazu); jedoch wird ein Wahrheitskern erkennbar, wenn man den Satz unter heutigen Aspekten umformuliert: Die Massenarbeitslosigkeit muß überwunden werden, dann kann auch die öffentliche Moral wieder in Ordnung kommen.

Scheinbare Patentrezepte

Es gibt keine sozialökonomische Theorie, die abrufbar für unsere Politiker im literarischen Arsenal der ökonomischen Wissenschaft zur Verfügung stünde. Es gibt auch keine aus der Geschichte abzulesende Gesetzmäßigkeit und keine Wirtschaftsideologie, die uns sagen könnte, wie wir unsere heutige Strukturkrise überwinden sollten. Zwar haben die meisten Politiker längst begriffen, daß Marktwirtschaft allen anderen ökonomischen Systemen überlegen ist. Sie haben aber auch längst gelernt, daß kein Markt an sich schon Solidarität, sozialen Ausgleich und Chancengleichheit hervorbringt, sondern daß diese immer wieder durch Gesetz und Regierung hergestellt werden müssen. Sie haben – wenn auch unbewußt – längst Karl Poppers Lehre vom »piecemeal social engineering« akzeptiert, das heißt von der Notwendigkeit der schrittweisen Reformen anstelle des Umsturzes. In der Mehrheit sind sie durchaus bereit, den Kapitalismus zu zivilisieren. Aber sie wissen nicht, wie man das macht. Insgeheim wären sie gern »Macher«, aber sie sind bisher leider keine Macher gewesen.

Das Dilemma der meisten Politiker besteht in ihrem Mangel an sozialökonomischen Maßstäben, an Überblick über die Zusammenhänge von Wirtschaft, Gesellschaft und Staat und – daraus resultierend – in ihrem Mangel an Urteilskraft. Deshalb laufen sie auch Gefahr, anscheinend plausible Patentrezepte für zweckmäßig zu halten, die ihnen zur Bekämpfung der Arbeitslosigkeit seit einigen Jahren angeboten werden. Zwei Patentrezepte ragen in der öffentlichen Diskussion hervor: das Keynessche

Konzept, mittels hoher staatlicher Haushaltsdefizite Arbeitsplätze zu finanzieren, und das gewerkschaftliche Konzept einer allgemeinen Verkürzung der Arbeitszeit, das ebenfalls zusätzliche Arbeitsplätze verspricht. Beide Konzepte sind in unserer heutigen Lage nicht brauchbar. Vor beiden will ich hier warnen:

Erstens: Deficit spending. John Maynard Keynes hatte zu Beginn der Weltdepression der frühen dreißiger Jahre (damals »Weltwirtschaftskrise« genannt) den Vorschlag gemacht, durch hohe staatliche Budgetdefizite einen Zuwachs an kaufkräftiger Nachfrage und an Beschäftigung zu bewirken. Selbst wenn mit öffentlichen Geldern das Graben und Zuschütten von Erdlöchern finanziert werden würde, käme es im Ergebnis zum Abbau der Arbeitslosigkeit. Hitler und sein Reichsbankpräsident Schacht haben, wenn auch unter falscher Flagge und mit dem teuflischen Ziel der Aufrüstung Deutschlands, das Defizit-Rezept mit Erfolg angewandt und die Arbeitslosigkeit binnen dreier Jahre beseitigt. Deshalb glauben manche Politiker, ein ähnliches Rezept würde uns auch heute befähigen, die Massenarbeitslosigkeit zu überwinden.

Aber 1933 waren die Ursachen der Massenarbeitslosigkeit ganz andere. Damals waren drei Jahre deflationistischer Geld- und Haushaltspolitik vorangegangen, die absichtlich herbeigeführte Deflation hatte die Zunahme der Arbeitslosigkeit rasant beschleunigt. Damals war Deutschlands Wirtschaft in viel höherem Maße eine bloße Binnenwirtschaft als heute, wo sie in höchstem Grade in die Weltwirtschaft verflochten ist, doppelt so stark von der Weltwirtschaft abhängig wie Japan, viermal so stark wie die USA. Hitler schottete die Wirtschaft zusätzlich gegen die Welt ab, Autarkie und Devisenzwangswirtschaft waren die Stichworte. Gegen die inflationären Folgen seiner durch ungedeckte und nie zurückgezahlte Reichsbankkredite, das heißt durch Geldschöpfung finanzierten Defizite wurden Preisstopp und Lohnstopp verordnet; diese zwangswirtschaftlichen Eingriffe haben die schließlich galoppierende Reichsmarkinflation aber nur vorübergehend tarnen können.

Heute würde niemand eine mittels Geldschöpfung durch die Europäische Zentralbank finanzierte Defizitpolitik ernsthaft in Betracht ziehen wollen; vielmehr käme allein eine auf Kreditaufnahme an den Kapitalmärkten gegründete Defizitpolitik in Betracht. Dagegen stehen in der Europäischen Union vertragliche Barrieren; vor allem aber spricht die Erfahrung der letzten Jahrzehnte in allen europäischen Staaten dagegen. Denn überall hat die Anhäufung von Staatsschulden zu einer allzu hohen, noch stets wachsenden Last der Verzinsung und deshalb zu einer wachsenden Steuer- und Abgabenlast für die Bürger geführt. Es ist ja eines der gerechtfertigten Ziele des Maastrichter Vertrages, die Staatsverschuldung, die Zinslast und damit den staatlichen Anteil am Sozialprodukt (»Staatsquote«) wieder zu reduzieren. Aber selbst wenn die Europäische Union und der Maastrichter Vertrag nicht existierten, bliebe eine forcierte deutsche Defizitpolitik ohne nachhaltige Wirkung am Arbeitsmarkt. Denn sie würde die Auswanderung von Arbeitsplätzen nicht bremsen, sie würde keine der strukturellen Ursachen unserer Arbeitslosigkeit beseitigen. Wohl aber würde der kleine Mann die Zinslast in Form höherer indirekter Steuern zu tragen haben.

Schon in der Zeit der durch die OPEC inszenierten Ölpreisexplosionen der siebziger Jahre wäre eine massive deutsche Defizitpolitik und die dadurch ausgelöste Nachfrageausweitung weniger der deutschen Wirtschaft als vielmehr der Weltwirtschaft zugute gekommen. Deshalb haben die USA damals von uns und von den Japanern verlangt, durch forcierte Haushaltsdefizite die »Lokomotive« für die Weltwirtschaft zu spielen. Die zusätzliche Zins- und Tilgungslast wäre natürlich bei uns verblieben, auch die inflatorischen Wirkungen. Heutzutage, in Zeiten der Globalisierung, würden sich solche Effekte zu unseren Lasten noch stärker auswirken als damals. Aus all diesen Gründen und nach all diesen Erfahrungen ergibt sich: Höhere Staatsdefizite wären nur eine Scheinlösung, sie würden sich später bitter auswirken.

Zweitens: Arbeitszeitverkürzung. Diesem vermeintlichen Patentrezept liegt die Überlegung zugrunde, es würden morgen zusätzliche Arbeitnehmer eingestellt, wenn die heute beschäftigten Arbeitnehmer ab morgen weniger Stunden arbeiteten. Man kann bei diesem Rezept drei verschiedene Modelle unterscheiden. Im ersten Modell erhalten die zukünftig kürzer arbeitenden Arbeitnehmer *keinen Lohnausgleich* für die weggefallenen Arbeitsstunden, das heißt ihr Stundenlohn bleibt zwar gleich, aber insgesamt verringert sich ihr Einkommen. Dieses Modell *kann* zu einem Zuwachs an Arbeitsplätzen führen. Aber der Zuwachs hängt davon ab, daß das arbeitgebende Unternehmen erwartet, zukünftig den gleichen Umsatz und Ertrag zu erzielen wie bisher. Wenn es damit rechnen muß, den Faktoren, die bisher den Arbeitsplatzabbau ausgelöst haben, auch in Zukunft nicht gewachsen zu sein, werden Neueinstellungen alsbald durch Entlassungen wieder obsolet werden. Auch bei einer positiven Entscheidung des Unternehmens wird durch allgemeine Arbeitszeitverkürzung keine der Ursachen verringert, die den Abbau von Arbeitsplätzen bewirkt haben, vielmehr bleiben sie auch weiterhin wirksam. Jedenfalls verringert sich das Einkommen der Arbeitnehmer; falls eine Belegschaft oder eine Gewerkschaft zu solchem Opfer bereit ist, *kann* sie damit für gewisse Zeiträume bisher arbeitslosen Kollegen zu einem Arbeitsplatz verhelfen.

Das Modell der Arbeitszeitverkürzung *mit Lohnausgleich* hat zwei Varianten: Entweder zahlt der Staat Lohnzuschüsse (zum Beispiel in Gestalt eines Kombi-Lohns). Diese Zuschüsse, die sich im Laufe der Zeit wie eine nach oben offene Spirale entwickeln, stoßen aber schon heute an die Grenze des Etats und werden im Ergebnis nicht längerfristig aufrechterhalten werden können. Oder der Lohnausgleich wird vom arbeitgebenden Unternehmen finanziert; in diesem Falle kann die steigende Gesamtlast der Arbeitskosten die Wettbewerbsfähigkeit des Unternehmens beeinträchtigen, sie kann damit alle Arbeitsplätze des Unternehmens gefährden. Der unvermeidliche Anstieg der Lohnstückkosten zwingt dann zu weiterer Rationalisierung, Computerisierung und Robotisierung der Arbeit, das heißt, die Faktoren, die schon bisher den Abbau von Arbeitsplätzen ausgelöst haben, werden noch verstärkt, die Strukturen von Wirtschaft und Gesellschaft bleiben unreformiert, infolgedessen bleibt die Schaffung zusätzlicher Arbeitsplätze ein kurzfristiges Strohfeuer.

Meiner überwiegend negativen Bewertung des Rezeptes einer generellen Arbeitszeitverkürzung steht die Erfahrung der ersten Nachkriegsjahrzehnte nur scheinbar entgegen. Denn tatsächlich waren es damals der schnelle strukturelle Wiederaufbau und Neuaufbau sowie die Befreiung von der Zwangswirtschaft, die im Zuge eines erstaunlichen Wirtschaftswachstums nicht nur schrittweise Arbeitszeitverkürzung (plus Urlaubsverlängerung), sondern gleichzeitig auch schrittweise reale Lohnsteigerungen ermöglicht haben. Seit Beginn der siebziger Jahre, das heißt mit der erheblichen Reduzierung der früheren Wachstumsraten, hat eine übermäßige Forcierung von Arbeitszeitverkürzungen und Lohnsteigerungen stattgefunden, die zur heutigen Misere beigetragen hat.

Das Ergebnis meiner hier vereinfacht dargelegten Erwägungen zu den scheinbaren Patentrezepten: Die Faktoren, die seit längerem den Arbeitsplatzabbau bewirken – Globalisierung, politischer Schlendrian und mangelnde Innovation –, können weder durch höhere Staatsdefizite noch durch generelle Arbeitszeitverkürzung beseitigt oder auch nur wesentlich reduziert werden. Sie wären als zeitlich begrenzte Konjunkturpolitik höchstens dann zu rechtfertigen, wenn gleichzeitg tiefgreifende strukturelle Erneuerungen und Reformen in Wirtschaft und Gesellschaft eingeleitet würden und die Konjunkturpolitik nur eine Überbrückung darstellte, bis die Erneuerungen greifen. Aber dies bliebe eine vage Hoffnung.

Schwerpunkte der strukturellen Erneuerung

Hier sollen die acht wichtigsten sozialökonomischen Aufgabenfelder behandelt werden, vor denen wir im Herbst des Jahres 1998 stehen. Sie können nicht schon durch eine Regierungserklärung gelöst werden; wohl aber muß die neue Bundesregierung Ziele und Richtlinien vorgeben. Die Verwirklichung der Ziele wird unterschiedlich lange Zeiträume erfordern. Einiges kann durchaus binnen vier Jahren bewältigt werden; anderes wird langwierige Entwicklungen auslösen, die gleichwohl mit zäher Stetigkeit über viele Jahre verfolgt werden müssen. Bei allen Reformen zur Erneuerung und Modernisierung wichtiger Teile von Gesellschaft, Wirtschaft und Staat bedürfen die Politiker der bereitwilligen Mitwirkung der Funktionseliten. Es geht nicht ohne die Kooperation der Manager, der Arbeitgeber und Gewerkschafter, der Ärzte, Professoren und Medienleute. Es geht in keinem Fall ohne die Bereitschaft und Zustimmung einer breiten Mehrheit in der Bevölkerung.

Ein umfassendes Konzept vorzulegen und Ziele und Wege zu weisen ist zunächst Aufgabe der Regierung. Wir anderen, die Regierten, werden kritisch prüfen, was uns vorgetragen wird. Auch die Opposition wird prüfen und kritisieren. Aber die Generaldebatte darf nicht allzu lange dauern, am Ende müssen Mehrheiten entscheiden. Denn wir müssen das neue Jahrhundert mit einer neuen Orientierung betreten.

1. Senkung der Staatsquote

Die zum Teil ziemlich oberflächlich geführte öffentliche Diskussion über eine angemessene Steuer- und Abgabenpolitik hat in den letzten Jahren wichtige Tatsachen und Erkenntnisse in den Hintergrund gedrückt. Viele Diskussionsteilnehmer aus der politischen Klasse und unter den Managern haben bei ihren diversen Vorschlägen verschwiegen, daß die öffentlichen Hände insgesamt einen allzu hohen Anteil des Sozialprodukts in Anspruch nehmen: Bund, Länder, Gemeinden und Sozialversicherungen haben gemeinsam die sogenannte Staatsquote nach oben getrieben, sie liegt heute höher als jemals zuvor, nämlich bei fünfzig Prozent, zeitweise sogar schon darüber. Weil die Steuereinnahmen dafür nicht ausreichen, wird ein Teil der öffentlichen Ausgaben mit Krediten finanziert; Kredite aber müssen zurückgezahlt und verzinst werden. Die Quote der Zinsausgaben der öffentlichen Hände ist heute gleichfalls höher denn je. Tatsächlich haben nur noch einige Fachleute einen Gesamtüberblick, kaum einer der Politiker.

Deshalb hat die neue Regierung zu Beginn der neuen Legislaturperiode eine sorgfältige Bestandsaufnahme nötig. Dieser »Kassensturz« muß mindestens die nächsten vier oder fünf Jahre einbeziehen. Er muß alle Ausgaben einschließen, die aufgrund der geltenden Gesetze und Verträge unausweichlich sind, außerdem aber alle Ausgaben und Einnahmen, die aufgrund der zu erwartenden wirtschaftlichen Entwicklung wahrscheinlich sind. Gegenwärtig liegt keine ehrliche Bilanz vor, auf die sich eine künftige Gesetzgebung stützen dürfte. Tendenziell steht allerdings bereits heute fest: Sowohl die Staatsquote als auch die Quote der Zinsausgaben sind zu hoch. Deshalb müssen öffentliche Ausgaben und Kreditaufnahmen gesenkt werden, zumal wenn wir obendrein Steuern und Abgaben senken wollen.

Wer allein Steuersenkung betreiben, aber auf gleichzeitige Ausgabensenkung verzichten wollte, würde die öffentlichen Hände zu noch höheren Defiziten, noch höherer Verschuldung und noch höheren Zinsausgaben zwingen und die bereits heute eingetretene Strangulierung der öffentlichen Haushalte weiter verschärfen. Nicht nur die Steuergesetze, welche die Einnahmen des Staates bestimmen, sondern auch die Leistungsgesetze, welche einen Hauptposten unter den Ausgaben des Staates ausmachen, bedürfen der kritischen Durchleuchtung und sodann der Novellierung. Wer in Wahlkämpfen allein Steuersenkung verspricht, aber die andere Seite der Medaille verschweigt, der handelt wider die Moral, die von den Politikern verlangt werden muß.

2. Steuern und Subventionen

Eine zu Buche schlagende Minderung der Steuer- und Abgabenquote, die inzwischen eine dauerhafte Rekordhöhe erreicht hat, ist nur zu erwarten, wenn und soweit der strukturelle Umbau unserer Wirtschaftsgesellschaft zum Erfolg führt. Dabei kann eine Steuerreform Hilfe leisten, sie allein kann aber weder einen ausreichenden Umbau noch auch nur eine wesentliche Verringerung der Arbeitslosigkeit bewirken. Wohl aber muß sie die vielen, an Gruppeninteressen orientierten legalen Steuerbefreiungen, Ermäßigungen und Schlupflöcher aller Art beseitigen. Daraus wird sich die Möglichkeit zur Absenkung der

Steuersätze (von der Eingangsstufe bis zur Spitzenstufe der Einkommen- und Lohnsteuer) ergeben. Das Aufkommen an veranlagter Einkommensteuer ist infolge des gesetzgeberischen Opportunismus und Schlendrians im Laufe der neunziger Jahre um mehr als drei Viertel geschrumpft und zu einer unerheblichen Restgröße geworden. Der heutige Zustand unseres Einkommensteuersystems ist amoralisch. Heute werden bei uns die Bruttolöhne mit Steuern und Abgaben anderthalbmal so hoch belastet wie in den USA, während umgekehrt in den USA Kapitalerträge anderthalbmal so hoch besteuert werden wie in Deutschland. Die Höhe der Besteuerung von Löhnen im Verhältnis zu anderen Einkommen ist sozial ungerecht, sie ist zudem ökonomisch unzweckmäßig.

Im Zuge der Steuerreform bleibt zu prüfen, ob nicht – zwecks Hebung der Finanzkraft und der Investititonstätigkeit – die im Unternehmen verbleibenden, nicht ausgeschütteten Gewinne deutlich niedriger zu besteuern sind als die ausgeschütteten Gewinne oder anderweitig erzielten persönlichen Einkommen. Zugleich erscheint wünschenswert, Spekulationsgewinne aus Wertpapierkäufen und -verkäufen steuerlich schärfer anzufassen als bisher.

Insgesamt ist heute die Quote der Steuern und Sozialabgaben höher als jemals zuvor. Sie belastet nicht nur unzweckmäßig die internationale Wettbewerbsfähigkeit deutscher Arbeitsplätze, sondern die deutsche Volkswirtschaft insgesamt. Ich werde nicht vergessen, wie vor zwanzig Jahren einige sozialdemokratische Jungpolitiker von mir verlangten, ich solle gefälligst »die Belastbarkeit der Wirtschaft ausprobieren«. Ich habe dergleichen Unfug zurückgewiesen. Aber ebenso muß es zurückgewiesen werden, wenn einige heute die Steuerlast auf die Verbrauchssteuern verschieben und die Belastbarkeit der kleinen Leute ausprobieren wollen.

Eines der unerwünschten Ergebnisse der heutigen Steuer- und Abgabenbelastung der Löhne ist die Zunahme von Schwarzarbeit. 1970 wurde der Anteil der Schattenwirtschaft auf drei Prozent geschätzt, heute ist er auf zwölf bis fünfzehn Prozent gestiegen.

Ein anderes bedeutsames Schlupfloch zur Steuerhinterziehung kann der deutsche Steuergesetzgeber leider nur ganz unzureichend schließen. Zwar kann Kapitalverlagerung ins Ausland auch in Zukunft nicht verboten werden, wohl aber wäre die Kombination von Kapitalflucht mit Steuerhinterziehung weitgehend abstellbar, wenn die Steueroasen in Luxemburg und anderswo in der Europäischen Union aufgehoben würden. Während deutsche Steuerpflichtige ihr Zins- und Dividendeneinkommen dort heute in bar abholen, um so der Besteuerung zu entgehen, müßten ihre dort erzielten Einkommen in Zukunft so durchsichtig gemacht werden, daß ein einheimisches Finanzamt die Veranlagung zur Einkommensteuer ordnungsgemäß vornehmen kann. Zu diesem Zweck sind einheitliche Regeln in der EU notwendig.

Zugleich mit der Steuerreform muß der Gesetzgeber all die direkten und indirekten Subventionen »im Gleitflug« an ein Ende führen, welche dauerhaft wettbewerbsunfähige Wirtschaftszweige bloß künstlich am Leben halten. Es kommt darauf an, statt dessen den investitionsorientierten Anteil an den öffentlichen Haushalten auszuweiten.

Für manche Subvention gab es ursprünglich gute Gründe, so zum Beispiel für die Unterstützung des einheimischen Steinkohlenbergbaus zur Vermeidung eines kataraktartigen Zusammenbruchs. Andere waren von vornherein Unfug, so zum Beispiel die Subvention des Treibstoffs für Sportflieger. Wenn aber ein Bundesminister die Erhöhung der Prämien für Tabakanbau im Norden verlangt, »um die ungünstigen Klimabedingungen auszugleichen«, dann wird er demnächst vielleicht auch den Weinbau in Vorpommern oder gar den Heringsfang im Chiemsee subventionieren wollen. Die Mehrzahl der direkten wie der indirekten, das heißt steuerlichen Subventionen beruht darauf, daß Interessenverbände politische Mehrheiten gesucht und gefunden haben. Soweit die von Politikern beschlossenen Subventionen tatsächlich dem Gemeinwohl dienen, wie zum Beispiel im Falle eines städtischen Theaters oder einer S-Bahn, sind sie jedenfalls diskutabel und in manchen Fällen auch vernünftig; soweit sie aber allein Sonderinteressen dienen, gehören sie abgeschafft. Dies gilt zum Beispiel für die große Masse aller Finanzhilfen für die Landwirtschaft; die deutsche Landwirtschaft erhält heute fast genausoviel an Subventionen aller Art wie ihre eigene Wertschöpfung in Mark und Pfennig.

Nur wenn die politische Klasse unseren Steuer- und Subventionsdschungel endlich durchschaubar macht und ihn anschließend trockenlegt, wird sie im Ernst die Eingangs- und die Spitzensätze der Einkommensteuer und das Niveau insgesamt senken dürfen. Zwar wissen unsere Politiker dies sehr wohl, aber gegenüber dem Geschrei der Interessengruppen, der Verbände der Industrie, der Landwirtschaft, der Gewerkschaften usw. fehlt ihnen bisher der Mut, ihr Wissen öffentlich auszusprechen und die nötigen Konsequenzen zu ziehen.

3. Klare Finanzverantwortung wiederherstellen

Bei allzu vielen öffentlichen Aufgaben ist heutzutage undurchschaubar, wer letzten Endes die finanzielle und wirtschaftliche Verantwortung zu tragen hat. Allzu häufig wird ein und dieselbe Aufgabe (eine Investition, ein Projekt, eine laufende Alimentation) aus mehreren Töpfen zugleich finanziert: durch den Bund und durch das Land oder die Gemeinde, allzu häufig außerdem durch die EU. Der Bund hat im Laufe von Jahrzehnten seinen Anteil an der öffentlichen Finanzmasse vergrößert, er mischt sich heute in die Finanzierung von vielerlei Aufgaben ein, die noch vor dreißig Jahren allein Sache der Länder waren; die Minister und Beamten des Bundes reden überall mit und haben allzuoft das letzte Wort. Sogar in die Aufgaben (und die Ausgaben!) der Gemeinden redet der Bund hinein. Ähnlich wie die Steuer- und Subventionspolitik sind auch die fast alljährlich durch Bundesgesetzgebung bewirkten neuen Verschiebungen von Finanzmassen zwischen dem Bundeshaushalt, dessen diversen Nebenhaushalten (beschönigend »Schattenhaushalte« genannt) sowie den Zweigen der Sozialversicherung einerseits und andererseits den Ländern und Gemeinden undurchschaubar geworden.

Der Bund ist heute Gesetzgeber für alle bedeutsamen Steuern und Subventionen, die Länder und die Gemeinden sind steuerpolitisch *de facto* entmündigt; dies gilt gleichermaßen für die Steuersätze, für die unzähligen

Ausnahmeregelungen und für die Aufteilung des Steueraufkommens zwischen Bund und Ländern. Die letzteren wirken zwar im Bundesrat an der Steuergesetzgebung mit, aber ihre jeweiligen Prozentanteile am Aufkommen jeder Steuer und ihre Anteile an der öffentlichen Finanzmasse insgesamt sind durch das Grundgesetz, durch den »vertikalen« Finanzausgleich zwischen Bund und Ländern, durch die »Gemeinschaftsaufgaben«, die »Rahmengesetzgebung« sowie durch den »horizontalen« Finanzausgleich der Länder untereinander, ferner durch Besoldungsordnungen und andere Bundesgesetze so festgezurrt, daß fast keines der sechzehn Bundesländer über einen nennenswerten finanzpolitischen Spielraum verfügt. Die Verantwortlichkeit der Regierungen und Parlamente der Länder ist weitgehend undurchschaubar geworden; in manchen Fällen bestehen Aufgabe und Leistung eines Landesministers im wesentlichen nur noch darin, in Bonn oder in Brüssel möglichst viel Geld herauszuholen.

Der Bund muß sich prinzipiell darauf beschränken, durch seine Gesetzgebung nur das zu regeln und zu finanzieren, was der Sache nach durch die Länder nicht geregelt werden kann; nur hilfsweise, »subsidiär«, soll der Bund dort eingreifen, wo die Länder überfordert wären. Wie weit einerseits dieses Prinzip der Subsidiarität gelten soll und wie weit andererseits die Zentralgewalt des Bundes reichen soll, darüber hatte es vor einem halben Jahrhundert bei Beratung und Verabschiedung des Grundgesetzes einen heftigen Streit gegeben, der im Text des 1949 in Kraft getretenen Grundgesetzes durch einen komplizierten Kompromiß beendet wurde. Seither hat es durch

Grundgesetzänderungen vielerlei Verschiebungen zugunsten der Kompetenz des Bundes gegeben; jedoch ist kein Gegenstand *in toto* aus der Kompetenz der Länder in diejenige des Bundes übergegangen, sondern es sind viele Misch-Zuständigkeiten entstanden. Die Gesetzgebung des Bundes verhindert vielfach einen intelligenteren, sparsameren Umgang mit den öffentlichen Geldern, die Ländern und Gemeinden zur Verfügung stehen. Je mehr Minister, Behörden und Beamte der verschiedenen Ebenen zugleich zuständig sind, desto mehr Leerlauf und Zeitvergeudung, desto unklarer die Verantwortung und desto länger die Rechtswege. Deshalb muß bei jeder künftigen Gesetzgebung jede Chance ergriffen werden, schrittweise die ausschließliche Verantwortung *einer* Instanz wiederherzustellen.

Der »horizontale« Finanzausgleich zwischen den Ländern hat ebenfalls zur Verzerrung und Verwischung der Verantwortlichkeiten beigetragen. Länder, deren Parlamente und Regierungen intelligent, sparsam und erfolgreich wirtschaften, werden bestraft; Länder, die sich selbst an den Rand der Zahlungsunfähigkeit manövriert haben, werden begünstigt. Keineswegs darf die Finanzkraft der Länder und der Gemeinden total eingeebnet werden; vielmehr ist es nötig, daß auf jeder Ebene angemessene Spielräume verbleiben. Allerdings werden zugunsten der ostdeutschen Länder noch auf Jahre hinaus besondere Ausgleichsregeln und Ergänzungszuweisungen nötig bleiben.

Der Bundesgesetzgeber hat in den neunziger Jahren die Vermischung finanzwirtschaftlicher Verantwortlichkeiten auf einen spektakulären Höhepunkt gebracht. Das gilt besonders für die Renten- und die Arbeitslosenversicherung, die der Bund ingesamt in der Größenordnung von über fünfzig Milliarden D-Mark jährlich zur Finanzierung versicherungsfremder politischer Lasten gezwungen hat. Darüber hinaus hat der Bundesfinanzminister sogar versucht – wenn auch vergeblich –, die Bundesbank zur Hergabe von Buchgewinnen zu verleiten. Fast alljährlich können wir die finanzpolitischen Jonglierkunststücke zwischen den Ressorts des Bundesfinanz- und des Bundesarbeitsministers beobachten. Es wird hohe Zeit, daß eine wahrheitsgetreue Bilanz aufgestellt und sodann die Eigenverantwortlichkeit aller Zweige der Sozialversicherung wiederhergestellt werden. Der gegenwärtige Zustand der Sozialversicherung gleicht einem Verschiebebahnhof, auf dem nicht nur die Züge, sondern zugleich auch die Geleise verschoben werden. Wenn es so bliebe, dürfte es unmöglich sein, die unter den Folgen der Überalterung der Gesellschaft leidende Sozialversicherung mittelfristig auf stabile Fundamente zu stellen.

Niemals zuvor hat es in Deutschland einen derartigen finanzpolitischen Wirrwarr gegeben wie derzeit. Die Einmischung von Bundesgesetzgeber und Bundesverwaltung in die Finanzverantwortung der Länder und Gemeinden hat bei den Ausgaben der öffentlichen Hände einen opulenten Schlendrian begünstigt. Die Bundesländer ihrerseits haben sich zunehmend in die Europapolitik der Bundesregierung eingemischt: Alle sechzehn Länder haben sich eigene Botschafter in Brüssel bestellt, deren Aufgabe darin besteht, die Politik der Europäischen Union im Interesse ihres Bundeslandes zu beeinflussen und möglichst viel Geld aus den Töpfen der EU abzuzapfen.

Es ist höchste Zeit, die weitgehende Vermischung von Aufgaben zu beseitigen und wieder eine durchsichtige Finanzstruktur und durchsichtige Verantwortlichkeiten herzustellen. Dazu müssen einige Gesetze geändert, andere, zum Beispiel »Rahmengesetze«, müssen ersatzlos aufgehoben werden. Die Finanzverfassung muß aus dem Grundgesetz wieder klar erkennbar sein. Dazu sind auch Änderungen (das heißt Vereinfachungen) des heutigen Grundgesetzes nötig. Abwegig ist der Versuch, den Finanzwirrwarr durch ein Urteil des Bundesverfassungsgerichtes beseitigen zu wollen, denn Karlsruhe kann nur auf der Grundlage des heute geltenden Textes des Grundgesetzes Recht sprechen. Vielmehr ist der Verfassungsgesetzgeber gefragt, das heißt Bundestag und Bundesrat gemeinsam. Die Bundesregierung muß dafür den Entwurf vorlegen, der die Richtung angibt; ein Bundeskanzler hat dafür die Richtlinienkompetenz nach Artikel 65 GG. Ein Bundeskanzler, der vor der gewaltigen Aufgabe der Wiederherstellung einer klaren Finanzverfassung zurückschrecken sollte, trüge die Verantwortung für die Fortdauer einer bösen deutschen Strukturschwäche.

4. Private Finanzinstitute
brauchen Selbstdisziplin und Aufsicht
Bankaufsicht, Versicherungsaufsicht und Börsenaufsicht haben in Deutschland bisher relativ gut funktioniert. Gleichwohl sind gefährliche Exzesse erkennbar: Beihilfe zur Steuerhinterziehung, Fehlspekulationen, vor allem in den Weltmärkten für sogenannte Finanzderivate, daneben gefährlich hoch überbewertete Börsenkurse. An allen diesen Exzessen sind Banken beteiligt. Auch in Deutsch-

land geben die Banken Kredite für Aktienkäufe; wenn die Kurse sinken, kann der Aktionär seinen Kredit nur tilgen unter Veräußerung seines sonstigen Vermögens. Hat die Bank selbst in größerem Maße Aktien gekauft, kann sie bei einem Crash der Kurse selbst zusammenbrechen. Im Laufe der letzten zehn Jahre ist der Börsenwert der deutschen Aktien (Dax) auf das Doppelte gestiegen. Die Spitzenleute der Banken sollten bei dieser irrealen Kurssteigerung eigentlich das private Anlegerpublikum warnen; statt dessen laden sie mit öffentlich bekundetem Kurs-Optimismus dazu ein, sich am Roulette zu beteiligen.
Es reicht nicht aus, wenn nur die Zentralbankpräsidenten warnen. Auch die privaten Bankvorstände und ihr Verband müssen öffentlich für Vernunft eintreten. Sie müssen auch im eigenen Hause für Disziplin und Kontrolle sorgen. Ihre Aktien- und Derivatenhändler sind zwar hochintelligent und schnell, aber ihnen fehlt Überblick über die Welt, ihre große Risikobereitschaft bedarf der Aufsicht. Angesichts der kommunikationstechnischen Globalisierung der kurzfristigen Geldmärkte, der Märkte der Derivate und Aktien, in denen einzelne Händler und einzelne Investmentfonds binnen Sekunden über Riesensummen verfügen – wobei sie die Bonität des jeweiligen Geschäftspartners gar nicht prüfen können –, bedürfen private Geschäfte aber nicht nur der Kontrolle durch die eigenen Vorstände, sondern durchaus auch staatlicher Kontrolle.
Die staatlichen Aufsichtsbehörden sind jedoch zunehmend überfordert. Sie haben weder ausreichenden Überblick, noch vermögen sie die Risiken zu beurteilen, welche die von ihnen beaufsichtigten privaten Finanzinsti-

tute eingehen; sie haben zum Beispiel die mexikanischen, die ost- und südostasiatischen Kreditkrisen nicht vorhergesehen. Sie können auch die großen Risiken der sogenannten Investmentfonds kaum beurteilen. Darin liegt ein für die ganze Volkswirtschaft gefährliches Vakuum.

Deshalb ist es dringend erforderlich, daß Bundesregierung und Bundesbank in Zusammenarbeit mit den Behörden der EU und der USA, Japans usw. gemeinsam für Regeln und Kontrollen sorgen. So wie es Regeln für den internationalen See- und Luftverkehr gibt, so brauchen wir auch Regeln für den internationalen Finanzverkehr. Solidität und Verkehrssicherheit sind wichtiger als Geschwindigkeit und schneller Profit.

5. Den Paragraphen- und Genehmigungsdschungel durchforsten

Der Finanzverkehr ist eines der wenigen Felder, auf denen neue Regelungen nötig sind – auf fast allen anderen Feldern trifft jedoch das Gegenteil zu. Wir leiden an Bevormundung und Genehmigungszwängen.

Wer ein Haus bauen will, der bedarf dazu einer Genehmigung – das ist in Ordnung. Aber muß das Baugesetzbuch über eintausend Seiten umfassen? Wenn eine junge Frau einen Friseurbetrieb eröffnen oder wenn ein junger Elektriker sich selbständig machen will, so dürfen sie das. Aber ist es nötig, daß sie automatisch Zwangsmitglieder der Handwerks- oder der Industrie- und Handelskammer werden? Braucht es wirklich Tausende von Paragraphen zur Ausübung einer gewerblichen Tätigkeit? Der gewerbliche Mittelstand wird geradezu drangsaliert. Von der Gewerbeordnung bis zum Umweltschutzrecht, vom Sozialrecht bis zum Arbeitsrecht, von den ministeriellen Erlassen und Durchführungsverordnungen, »Technischen Anweisungen«, TÜV-Vorschriften und dergleichen bis zur obersten Rechtsprechung kann kein Firmeninhaber, aber auch kein Vorstand eines großen Unternehmens all die Paragraphen kennen, die seine Firma angehen. Und sein Rechtsanwalt auch nicht.

Deutschland ist in Gefahr, an seinen Paragraphen, seinen Genehmigungserfordernissen und an der Langwierigkeit seiner Gerichtsverfahren zu ersticken. Viele tüchtige Leute werden davon abgeschreckt, eine eigene Firma zu begründen, sogar davon, die Firma des Vaters zu übernehmen. Es ist aber der selbständige Mittelstand, von dem die Schaffung neuer Arbeitsplätze zuallererst erwarten werden kann. Jeden Monat kommen neue Paragraphen hinzu; jeden Monat werden alte Paragraphen geändert, kaum jemals werden Paragraphen ersatzlos aufgehoben. Kanzler Kohl hatte einmal die gute Absicht, einen »schlanken Staat« zu schaffen; aber das Gegenteil ist eingetreten. Mit vollem Recht haben jüngst Deutschlands Verwaltungsrichter vom Gesetzgeber einen »Stopp der Normenflut« verlangt; die Verbandsvorsitzende sprach gar von einem »Symptom-Bastelbetrieb«.

Der von der Regierung 1995 eingesetzte Sachverständigenrat »Schlanker Staat« hat jüngst einen drei Bände umfassenden Abschlußbericht mit weit über tausend Seiten vorgelegt. Die Bundesregierung hat 1998 mit einer Reihe von wohllautenden Absichtserklärungen darauf geantwortet. Aber wie es tatsächlich aussieht, zeigt zum Beispiel der »Entwurf eines Zweiten Gesetzes zur Änderung verwaltungsverfahrensrechtlicher Vorschriften (II. VwVf

ÄndG)«, den die beiden Regierungsfraktionen im Oktober 1997 auf Betreiben der Regierung eingebracht haben. Er enthält sieben Änderungen, mindestens vier davon sind von umwerfender Bedeutung: In Nr. 1 und 3 wird das Wort »Geltungsbereich dieses Gesetzes« durch »Inland« ersetzt; in Nr. 2 wird dem bestehenden Text lediglich eine andere Überschrift gegeben, außerdem wird ein Punkt durch ein Komma ersetzt; in Nr. 4 wird das Wort »offenkundig« ersetzt durch »offensichtlich«. Wer derartigen Schwachsinn ins Bundesgesetzblatt schreiben will, noch dazu mit der Bemerkung auf dem Vorblatt »Alternativen: keine«, der verfehlt seine Berufung zur Gesetzgebung.

Statt dessen brauchen wir Abgeordnete, die ihren Ehrgeiz daran setzen, Paragraphen abzuschaffen, Genehmigungserfordernisse zu beseitigen, mindestens aber zu vereinfachen und Verfahren abzukürzen. Gemeinsam mit unseren französischen Nachbarn leben wir Deutschen im Zustande maximaler staatlicher Regulierung. Aus der Überregulierung haben sich schwere strukturelle Behinderungen für unsere Volkswirtschaft ergeben. Wer sich moralisch dafür verantwortlich weiß, daß neue Arbeitsplätze entstehen, der muß den Unternehmen, den Gewerbetreibenden und den Selbständigen, der muß allen Bürgern endlich wieder mehr Spielraum verschaffen und damit Selbstvertrauen in die eigene Initiative ermöglichen.

6. Für einen flexibleren Arbeitsmarkt
Auch unser Arbeitsgesetzbuch enthält Tausende von Vorschriften. Eine der Folgen der Überregulierung ist die Tatsache, daß mittelständische Unternehmen davor zurück-

scheuen, zusätzliche Arbeitnehmer einzustellen, obschon sie eigentlich benötigt werden, weil sie befürchten, ihnen bei Auftragsrückgang nicht kündigen zu dürfen. Umgekehrt entlassen große Unternehmen relativ leicht überflüssig gewordene Arbeitnehmer, nämlich unter »sozialer Abfederung«; sie bieten eine Abfindungszahlung plus gesetzlich zugelassener vorzeitiger Verrentung zu Lasten der Sozialversicherung, das heißt zu Lasten der Allgemeinheit.

Schon lange gibt es die Tendenz zu verstärkter Ersetzung von Arbeitsplätzen durch Maschinen und Computer; es werden keine neuen Arbeitsplätze geschaffen, vielmehr wird die Produktivität pro Arbeitsplatz gesteigert. Einer der Gründe dafür liegt in den hohen Sozialversicherungsbeiträgen pro Arbeitsplatz; ein zweiter Grund liegt im allzu starren Arbeitsrecht, ein dritter in der Lohntarifpraxis. Große Unternehmen können relativ leicht die Herstellung einfacher Teile ins Niedriglohn-Ausland verlagern (»Outsourcing«); für ihre in Deutschland verbleibenden Arbeitsplätze können sie deshalb höhere Löhne und Arbeitskosten verkraften als kleine mittelständische Betriebe, zumal solche, die wegen Marktferne und Transportkosten benachteiligt sind.

Es sind aber selten die kleinen mittelständischen Arbeitgeber, welche die Tarifverträge aushandeln; vielmehr werden die wichtigsten Mantel- und Lohntarifverträge im Bereich der großen metallverarbeitenden und Elektro-Industrie abgeschlossen. Deren mächtiger Arbeitgeberverband (Gesamtmetall) und die mächtige Industriegewerkschaft Metall (IGM) sind die wichtigsten Schrittmacher der Lohnbewegungen, gefolgt von den öffentlichen

Arbeitgebern und der Gewerkschaft ÖTV. In beiden Fällen werden in der Praxis die Tarifverträge auf ganz Deutschland übertragen. Dabei wird in aller Regel auf die Leistungsfähigkeit kleiner Betriebe in entlegenen Gegenden und kleinen Gemeinden nicht viel Rücksicht genommen.

Wir haben es mit Flächentarifverträgen zu tun, die zu allem Überfluß in allzu vielen Fällen vom Bundesarbeitsminister mit gesetzlicher Wirkung für »allgemeinverbindlich« erklärt werden. Tatsächlich wird aber in den östlichen Bundesländern wegen der Notlage vieler Betriebe und zur Vermeidung von Insolvenzen nebst Totalverlust aller Arbeitsplätze weit überwiegend ein niedrigerer Lohn gezahlt – was durchaus vernünftig ist. Auch im Westen wirken die fast eintausend für allgemeinverbindlich erklärten Tarifverträge als Hemmnis für die Erhaltung bestehender und die Schaffung neuer Arbeitsplätze.

Deshalb muß im Tarifvertragsgesetz die gesetzliche Regelung der Allgemeinverbindlichkeit aufgehoben oder wenigstens eingeschränkt werden. Ebenso muß im Betriebsverfassungsgesetz jener Paragraph gestrichen werden, der Lohn- und Arbeitszeitvereinbarungen zwischen Betriebsleitung und Belegschaft oder Betriebsrat für »nichtig« erklärt. Eine an sich unzureichende, nur vorläufige Lösung des Problems wäre es, wenn die Tarifvertragsparteien sogenannte Öffnungsklauseln in ihre Verträge aufnehmen würden, welche Abweichungen vom Tarif zulassen. Freilich haben sich Gesamtmetall und IGM sowie fast ausnahmslos alle Arbeitgeberverbände und Gewerkschaften seit Jahr und Tag gegen wirksame Öffnungsklauseln ebenso gesträubt wie gegen Investivlöhne. Die Funktionäre beider Seiten wollen ihre Macht nicht beschneiden. Wenn wir inzwischen den Rekord von fast 30 000 Konkursen pro Jahr erreicht haben, so geht ein Großteil davon auf das Konto der zweiseitigen Machtkartelle, die das Feld der Tarifverträge beherrschen. Deshalb sollte der Gesetzgeber die in Zeiten höchster Beschäftigung geschaffenen Paragraphen streichen, die diese Machtstruktur zementiert haben.

Wer Aufsichtsratserfahrung sammeln konnte, sei es als gewählter Vertreter einer Belegschaft oder als Vertreter der Eigentümer, wird bestätigen, daß die von ihrer Belegschaft in den Aufsichtsrat entsandten Betriebsräte im allgemeinen besser wissen, was im Interesse des Unternehmens, der Belegschaft und der Arbeitsplätze liegt, als manche der von außen kommenden hauptamtlichen Gewerkschaftsfunktionäre oder Bankenvertreter im Aufsichtsrat. Mitbestimmung der Arbeitnehmer ist dem Betrieb nützlich; sie ist moralisch legitim; sie ist ein wesentliches Element einer sozialverpflichteten Marktwirtschaft. Deshalb wäre es ganz abwegig, den Forderungen mancher Arbeitgeber- und Unternehmerfunktionäre zu entsprechen, welche die sozialökonomische Misere Deutschlands zur Abschaffung der Mitbestimmung ausnutzen möchten.

Auch die Tarifautonomie, das heißt die Selbstbestimmung durch Vertrag zwischen den beiden jeweiligen Partnern, den Organisationen der Arbeitgeber und den Gewerkschaften, ist prinzipiell legitim. Deshalb darf eine Flexibilisierung des Arbeitsmarktes den Politikern keine zusätzliche Handhabe bieten, den Arbeitsmarkt zu regulieren oder gar zu regieren; deshalb muß der Versuch, kranken Arbeitern von Staats wegen den Lohn zu kürzen (nicht aber kranken Angestellten, kranken Beamten, Managern oder Politikern!) ein abschreckendes Beispiel bleiben.

Wohl aber haben die Regierenden ökonomische Orientierung zu geben. Als gegen Mitte der siebziger Jahre der damalige Bundesbankpräsident Klasen und der damalige Finanzminister Schmidt besorgt waren über das Ausmaß der Lohnerhöhungen, haben sie das Prinzip der regelmäßig von der Bundesbank zu veröffentlichenden Prognose des Zuwachses der Geldmenge eingeführt (später Geldmengenkorridor genannt), um den Tarifvertragsparteien einen Anhalt für ihre Spielräume zu geben (inzwischen hat die Bundesbank leider einen Fetisch daraus gemacht). Ebenso war es in den siebziger und achtziger Jahren selbstverständlich, daß der Bundeskanzler die Spitzen der Unternehmen, der Banken, der Bundesbank, der Gewerkschaften und die Bundesminister für Finanzen, Arbeit und Wirtschaft regelmäßig zum vertraulichen, gegenseitig orientierenden Gespräch über die sozialökonomische Lage versammelte. Gegenwärtig ist diese nützliche Einrichtung eines runden Tisches ohne Bedeutung, weil die Regierung das »Bündnis für Arbeit« hat kollabieren lassen.

Der runde Tisch muß wiederhergestellt werden, denn die *ex catheda* verkündeten Konjunkturprognosen des Wirtschaftsministers oder des Sachverständigenrates können den Meinungsaustausch zwischen Führungspersonen der Wirtschaft, der Arbeitgeber, der Gewerkschaften und der Regierung nicht ersetzen. Was die bis auf halbe Prozente ziselierten Prognosen wert sind, kann man in den letzten Jahren an den sich regelmäßig wiederholenden Fehlschätzungen der zu erwartenden Steuereingänge erkennen.

Die Regierenden und die Führungspersonen der Wirtschaft müssen auch persönliche Beispiele geben. In einer Zeit, in der die realen Nettolöhne kaum wachsen können und die Arbeitslosenziffern stetig steigen, sollten weder die Politiker noch die Vorstände von privaten Unternehmen und Finanzinstituten sich Erhöhungen ihrer Bezüge erlauben. Bundesregierung, BDI, BDA und DIHT sollten besser im Gegenteil ihre eigenen Bezüge kürzen und öffentlich dafür eintreten, daß andere Spitzenleute dem Beispiel folgen. Die gegenwärtige Praxis mancher Vorstände, Belegschaftsabbau im selben Atemzug mit Gewinnsteigerungen anzukündigen und gleichzeitig für sich selbst die Tantiemen erhöhen zu lassen, ist abstoßend und unmoralisch. Sie untergräbt das Vertrauen in den Willen zur Solidarität – und macht den Gewerkschaften, die gegenwärtig am kürzeren Hebel sitzen, ihre Aufgabe zusätzlich prekär.

Eine höhere Flexibilität des Arbeitsmarktes herzustellen, bleibt unausweichlich geboten, wenn zusätzliche Arbeitsplätze entstehen sollen. Das schließt größere Unterschiede zwischen den Spitzenlöhnen und den niedrigeren Lohngruppen ein. Es muß einem Arbeitslosen auch zugemutet werden können, einen Arbeitsplatz in einem anderen als dem erlernten oder dem bisher ausgeübten Beruf anzunehmen und eine geringere Bezahlung zu akzeptieren, als er sie zuletzt erhalten hat. Deshalb kann der bisherige Begriff der Unzumutbarkeit im Gesetz nicht aufrechterhalten bleiben.

Die Flexibilisierung muß auch Teilzeit-Arbeitsverhältnisse verschiedener Art einschließen, besonders im Bereich der persönlichen Dienstleistungen. Von der Pflege von Alten und Kranken und persönlichen Dienstleistungen bis zum Obstpflücken, von der Garten- bis zur Hausarbeit, von der Tourismusbranche, dem Hotel- und Gaststättengewerbe bis zur Zu- und Hilfsarbeit in Büros und Dienstleistungseinrichtungen der Gemeinden: überall gibt es eine stille Reserve potentieller Arbeitsplätze. Sie muß mobilisiert werden. Dazu kann und sollte der Gesetzgeber Hilfestellungen anbieten, damit die bisherigen Hemmschwellen überwunden werden; es wird sich lohnen, die holländischen Beispiele zu studieren.

7. Erneuerung unserer sozialen Sicherungssysteme

Auf kaum einem anderen Feld der Gesetzgebung hat es in den letzten Jahren mehr Kurzatmigkeit und Flickschusterei gegeben als in der Renten- und in der Arbeitslosenversicherung. Beide müssen von den ihnen vom Staat aufgebürdeten versicherungsfremden Lasten befreit werden. In beiden Fällen kann die Befreiung aber nur für begrenzte Zeit Luft verschaffen. Denn eine solche Befreiung wird weder die Arbeitslosenversicherung von den ihr obliegenden wachsenden Zahlungen an zunehmend mehr Arbeitslose entlasten – diese Last kann nur dann wieder zurückgehen, wenn die sozialökonomischen Erneuerungs- und Reformanstrengungen insgesamt zum Erfolg, das heißt zur Zunahme der Arbeitsplätze führen; noch wird die Rentenversicherung (und die Pflegeversicherung) auf diese Weise ihr strukturelles Problems los, das in der zunehmenden Überalterung unseres Volkes begründet ist.

Von mehreren Seiten wird deshalb vorgeschlagen, prinzipiell mindestens einen Teil der Altersversorgung zu privatisieren, das heißt die Menschen zusätzlich zu einer verkleinerten staatlichen Rente auf eine weitere, privat erwirtschaftete Kapitalrente zu verweisen. Es ist denkbar, daß eine Lösung in dieser Richtung zustande kommt – natürlich müßte sie auch die Beamtenpensionen einbeziehen. Es ist auch durchaus denkbar, daß wir die beitragspflichtige Lebensarbeitszeit wieder verlängern, die heute in großem Umfang zunehmend bereits vor dem 60. Lebensjahr endet; jedoch wird dies wegen des viel zu geringen Angebots an Arbeitsplätzen einstweilen nicht in Betracht kommen können. Die Möglichkeit einer zusätzlichen privaten Altersversorgung erscheint vorerst noch keineswegs in ausreichendem Maße entwickelt und ausdiskutiert.

Der Idee der Rentenprivatisierung liegt die Klage zugrunde, die bisherige gesetzliche Umlagenfinanzierung der staatlichen Renten belaste durch Arbeitgeber- und Arbeitnehmerbeiträge die arbeitenden, Werte schaffenden Generationen der Gesellschaft (sogenannter Generationenvertrag) in einem zu hohen Maße. Wenn dagegen die zukünftigen Rentner während ihres Erwerbslebens durch eigene Spartätigkeit für ihre spätere Kapitalrente selbst sorgen müßten, so fiele wenigstens dieser Teil ihrer späteren Altersversorgung nicht mehr den dann erwerbstätigen Menschen zur Last. Dies ist aber ein prinzipieller Irrtum. Denn gleich, ob die spätere private Rente aus Dividenden, Zinsen oder Beteiligungen fließt, in jedem Falle müssen diese Zahlungen aus der Wertschöpfung der dann aktiv Erwerbstätigen geleistet werden; auch jede privat finanzierte Rente belastet die aktiven Generationen in voller Höhe (soweit sie auf ausländischen Wertpapieren beruht, belastet sie Aktive im Ausland).

Es kommt hinzu, daß der zukünftige Rentner seine Ersparnisse nicht selbst und persönlich anlegen kann; vielmehr wird er dazu Banken, Versicherungen oder Pensionsfonds benötigen. Deshalb erhebt sich die Frage: Wer garantiert deren Sicherheit? Zum Beispiel in Fällen von Kurszusammenbrüchen oder von Fehlspekulationen an der Aktienbörse? Wer beaufsichtigt oder kontrolliert?

Ein weiteres Problem soll hier wenigstens angedeutet werden: Wenn ein jüngerer Mensch heute auf privates Sparen für seine spätere Altersversorgung verwiesen oder gesetzlich dazu gezwungen wird, dann müßte er ab heute Anspruch haben auf eine entsprechende Verringerung seiner laufenden Versicherungsbeiträge zur staatlichen Rentenversicherung, weil er sonst doppelt belastet wäre. Entsprechend würde sich dann ab heute das Beitragsaufkommen der staatlichen Rentenversicherung insgesamt verringern. Soll dies dazu führen, daß seinem Vater oder anderen älteren Menschen, die heute schon staatliche Rente beziehen, die Renten gekürzt werden? Wenn nicht, wer kommt dann für die Differenz auf zwischen vermindertem Beitragsaufkommen der staatlichen Rentenversicherung und unverminderten Rentenauszahlungen? Allein das damit skizzierte Problem des Überganges von dem alten Bismarckschen System der staatlichen Umlagefinanzierung zu einem neuen halb staatlichen, halb privaten Mischsystem macht deutlich, daß höchst komplizierte, über mehrere Jahrzehnte sich erstreckende kostspielige Überleitungsregelungen nötig wären.

Dies alles bedeutet noch keineswegs, den Gedanken einer Kombination von staatlicher Mindestrente mit privater Kapitalrente zu verwerfen. Aber es zwingt zur sorgfältigen Untersuchung, für eine prinzipielle Entscheidung ist die Zeit noch nicht reif. Behält man das staatliche Umlagesystem im Sinne des hergebrachten Generationenvertrages einstweilen bei, werden ziemlich zwangsläufig bald drei alternative Modelle sichtbar werden: Entweder müssen die jährlichen Rentenerhöhungen künftig gedämpft oder der Steuerzahler muß in höherem Maße zur Rentenfinanzierung herangezogen werden – oder aber die Versicherungsbeiträge müssen erhöht werden. Das letztere erscheint kaum zumutbar, weder den Arbeitnehmern noch den Arbeitgebern. Für die nähere Zukunft ist deshalb eine Kombination wahrscheinlich: einerseits zunehmende, aus Steuern finanzierte Haushaltszuschüsse zur staatlichen Rentenversicherung, andererseits eine Dämpfung der jährlichen Rentenerhöhungen. In jedem Falle aber muß auf ausreichenden Abstand geachtet werden zwischen der Netto-Rente und den Netto-Bezügen der vom regulären Arbeitseinkommen lebenden Aktiven. Keineswegs darf der Rentengesetzgeber die Rentner netto genausogut oder gar besser stellen als die Arbeitenden, weil anders von sozialer Gerechtigkeit keine Rede mehr sein könnte und weil unausgesprochen eine ständige Einladung zur Frühverrentung (eventuell in Kombination mit einem kleinen Nebenerwerb, zum Beispiel durch Schwarzarbeit) entstehen würde. Der regulär arbeitende Nachbar des Rentners darf nicht zu dem demoralisierenden Urteil gedrängt werden, eigentlich sei er der Dumme.

Der Staat muß schärfer gegen beitrags- und steuerfreie

Schwarzarbeit vorgehen, ebenso gegen vorgetäuschte (beitragsfreie) Selbständigkeit von Arbeitsverhältnissen. Der Gesetzgeber muß bei *allen* Sozialleistungen – auch der Sozialhilfe – darauf achten, daß ein ausreichender Abstand der Sozialleistungen zu den regulären Netto-Einkommen der unteren Lohngruppen gewahrt wird. Diese Notwendigkeit auszusprechen, mag für viele unpopulär sein; aber ein Gesetzgeber, der sich ihr nicht fügt, würde das Vertrauen in die soziale Gerechtigkeit weiter untergraben. Es ist deshalb denkbar, daß bestimmte Kategorien der Sozialleistungen für bestimmte Kategorien von Empfängern über eine Reihe von Jahren nicht weiter angehoben werden dürfen, sondern vielmehr eingefroren werden müssen.

Das letztere gilt gewiß für die Sozialhilfe zugunsten von Asylanten, Asylbewerbern und Flüchtlingen. Deutschland hat sich – aus lobenswertem Idealismus – in der Aufnahme von Verfolgten und Kriegsflüchtlingen in den letzten Jahren als sehr großzügig erwiesen. Dabei sind auch viele Menschen zu uns gelangt – das moderne internationale Verkehrsnetz hat diese *de facto*-Einwanderung sehr erleichtert –, die zu Hause keineswegs verfolgt wurden und die unsere Großzügigkeit, besonders unsere sozialpolitische Großzügigkeit, ausnutzen. Die Gesamtheit der ihnen gebotenen sozialen Leistungen führt für die *de facto*-Einwanderer zu einem Lebensstandard, den sie zu Hause auch nicht entfernt erreichen können. Unsere Sozialhilfe wirkt als Magnet bis nach Asien und Afrika.

Viele unserer Großstädte werden aber in manchen Wohnquartieren, in manchen Schulen, in Drogenhandelszentren und auch vor Gericht mit den gesellschaftlichen

Spannungen nicht mehr fertig, die sich bei allgemein hoher Arbeitslosigkeit aus der Anwesenheit von sieben Millionen Ausländern zwangsläufig ergeben. Es ist deshalb geboten, die Einrichtungen und Leistungen der Sozialhilfe für solche Ausländer zu überprüfen und nicht weiter auszubauen, die keine permanente Aufenthaltsgenehmigung erhalten; auch hier muß das Prinzip des ausreichenden Abstands zu den regulären Einkommen gelten, und als Vergleichsmaßstab sollten die regulären realen Arbeitseinkommen in der jeweiligen Heimat der Antragsteller herangezogen werden. Diese Notwendigkeit mag für manche deutschen Idealisten unpopulär sein, aber das Prinzip der sozialen Gerechtigkeit gegenüber den regulär arbeitenden und Steuern zahlenden einheimischen Arbeitnehmern muß gewahrt bleiben.

Jedoch will ich mit Nachdruck hinzufügen: Wir müssen denjenigen Ausländern, die schon länger bei uns leben und die Deutsche werden wollen, zumal ihren hier geborenen Kindern, endlich auch den Erwerb der deutschen Staatsbürgerschaft ermöglichen! Die bisherige Ausländerpolitik der Bonner Gesetzgebungskoalition ist schizophren: einerseits Zuwanderung in hoher Zahl, aber andererseits bewußte, in Wahrheit »völkisch« motivierte Verweigerung der Chance, hier einheimisch zu werden. Wenn es bei dieser Schizophrenie bleiben sollte, werden daraus zusätzliche innere und gewaltträchtige, möglicherweise sogar internationale Konflikte entstehen.

Gleichzeitig muß vor der Illusion gewarnt werden, daß weitere Zuwanderungen aus dem Ausland uns zusätzliche Beitragszahler zur Sozialversicherung bescheren, deren finanzielle Entlastung herbeiführen und insgesamt einen

Ausgleich für die Deformation unserer Alterspyramide schaffen. Denn kurz- und mittelfristig haben wir keine Arbeitsplätze für zusätzliche Zuwanderer, sie würden der ohnehin längst überbeanspruchten Sozialhilfe zur Last fallen.

Langfristig wird unsere zunehmende Überalterung, die Schrumpfung des Anteils junger und die schnelle Zunahme des Anteils alter Menschen, uns zu längeren Lebensarbeitszeiten zwingen. Im Laufe des letzten Vierteljahrhunderts ist unsere durchschnittliche Lebenserwartung von 70,5 Jahren auf über 76 Jahre gestiegen, gleichzeitig haben wir den Eintritt in das Rentenalter *de facto* ständig gesenkt. Vor dreißig Jahren entfielen auf einen Rentner sechs Beitragszahler, heute sind es nur noch drei; unter Beibehaltung der heute geltenden Gesetze würden in weiteren zwanzig Jahren nur noch zwei Beitragszahler für einen Rentner zur Verfügung stehen. Wer ehrlich sein will, der muß erkennen: Dieser Zustand ist nicht mehr lange aufrechtzuerhalten! Die Deformation unserer Alterspyramide zu einem Baum mit überladender, stetig noch zunehmender Alterskrone muß deshalb langfristig durch längere Lebensarbeitszeit aufgefangen werden. Dies aber setzt die Schaffung von mindestens sechs Millionen zusätzlichen Arbeitsplätzen voraus.

8. *Wir brauchen Spitzentechnologien*
Zur Überwindung unserer strukturellen Arbeitslosigkeit müssen wir uns vor allem darum bemühen, Leistungen und Produktionen hervorzubringen, zu denen die neuen, aufstrebenden Teilnehmer der Weltwirtschaft einstweilen noch nicht fähig sind. Naturwissenschaftliche und medi-

zinische Grundlagenforschung, anwendungsorientierte Forschung und technologische Entwicklung sind unerläßliche Schlüssel, wenn wir neue, produktive, rentable Arbeitsplätze schaffen wollen; Arbeitsplätze, von denen man überdies nicht befürchten muß, daß auch sie morgen oder übermorgen in billiger produzierende Länder abwandern werden. Dazu brauchen wir eine große, lang anhaltende Gesamtanstrengung von Staat und Gesellschaft sowohl in Richtung Forschung als auch in Richtung Anwendung; was wir brauchen, sind Erfindungen und Entwicklungen in den Spitzentechnologien – nicht bloß High-Tech, sondern die Spitzen von High-Tech.

Daß der Bund wegen seiner Haushaltsprobleme schon vor Jahren auch die Forschungsetats gekürzt hat, war psychologisch möglicherweise noch verständlich, im Ergebnis war es fahrlässig und verantwortungslos. Daß auch die privaten Unternehmungen ihren Forschungsaufwand im Durchschnitt reduziert und ihre technologischen Entwicklungen vernachlässigt haben, war gleichermaßen verantwortungslos. Während wir früher fast drei Prozent unseres Sozialproduktes für Forschung und Entwicklung aufgewandt haben, sind es jetzt nur noch 2,3 Prozent – so die Feststellung des Präsidenten der Max-Planck-Gesellschaft. Das Ergebnis ist katastrophal: Deutschland hat seinen einstigen Rang verloren. Wir sind hinter Japan, den USA, Schweden, der Schweiz, Frankreich und Korea auf den siebten Platz zurückgefallen. Wir verlieren hochqualifizierte jüngere Naturwissenschaftler und Ingenieure an das Ausland. Damit verlieren wir zugleich die Chance, daß auf der Grundlage der Ergebnisse ihrer Anstrengungen in Deutschland neue Arbeitsplätze entstehen.

Diesen insgesamt negativen Trend umzukehren, ist eine gewaltige Aufgabe. Ihre Bewältigung verlangt Engagement der politischen Klasse, der Wissenschaftler, der Unternehmensleitungen, der Gewerkschaften, der Publizisten und Medienleute, ein Engagement der Gesellschaft insgesamt – und man benötigt dazu viel mehr Geld als gegenwärtig. Die Öffentlichkeit bedarf dringend der Information über die hohe sozialökonomische Bedeutung von Forschung und Entwicklung; ohne bahnbrechende Erfolge auf diesen Feldern werden keine entscheidenden Zuwächse an neuen Arbeitsplätzen zu erreichen sein. Erfolge können freilich nicht schon binnen weniger Jahre erwartet werden, ihre Umsetzung in Arbeitsplätze und Produktivität wird länger dauern. Deshalb ist ein langer Atem nötig, die Öffentlichkeit muß darauf vorbereitet werden.

Die Politiker haben zuallererst die Aufgabe der Aufklärung; aber sie müssen sich das dazu notwendige Wissen erwerben, sie stehen gegenüber Wissenschaftlern und Forschern in der Schuld. Sodann müssen sie Haushaltsmittel verfügbar machen. Sie müssen den unklaren deutschen Ängsten vor neuen Techniken entgegentreten und erläutern, daß und wieso ein technologisches Null-Wachstum unsere global verflochtene Wirtschaftsgesellschaft zu weiterer Arbeitslosigkeit führen würde. Unser bisheriger Verlust an potentiellen Arbeitsplätzen in den Bereichen Elektronik und Telekommunikation liefert dafür anschauliche Lehrbeispiele, sie reichen vom Speicherchip bis zu CD-ROM-Laufwerken, vom Faxgerät bis zur digitalen Kamera. Inzwischen kommen viele der in unserer Industrie genutzten Lizenzen, Teile der verarbeiteten elektronischen Komponenten und auch zahlreiche der von deutschen Verbrauchern gekauften Endgeräte der Unterhaltungselektronik aus Ostasien. Die Spitzenmanager unserer großen Elektrounternehmungen haben die Entwicklung jahrelang verschlafen und die Schaffung produktiver Arbeitsplätze versäumt.

Dennoch haben wir in der weiteren Spitzenentwicklung immer noch Möglichkeiten und Chancen. Es ist nötig, Neugier und Interesse auf viele bisher nicht ausreichend populäre Felder zu lenken wie Biochemie, Gentechnologie (zum Beispiel für Medizin, Saatgut usw.), Solartechnologien (besonders Photovoltaik), Luftfahrt (besonders Großraum-Passagierflugzeuge und Avionik), Raketen- und Satellitentechnologien (besonders im Bereich der Telekommunikation), neue Werkstoffe (zum Beispiel Hochleistungskeramik, Kohlenstoff-Faser-Verbundstoffe, umweltfreundliche Stoffe), Lasertechnologien, Mikromechanik (beispielsweise für Endoskopie und Mikro-Chirurgie), Optoelektronik, Supraleiter, neue umweltschonende Kraftstoffe, wiederverwendbare Materialien (Recycling), Schwebebahnen, Elektro-Autos, Solar-Autos, 3-Liter-Autos, umweltbewahrende Zusatzgeräte für bestehende Techniken, Anlagen und Geräte (zum Beispiel Katalysatoren, Müllbeseitigungsanlagen) – und auch Nukleartechnologie.

Gerade die Nukleartechnologie ist bisher ein Bereich schmählichen, populistischen Zurückweichens der Mehrheit deutscher Politiker vor Angstmacherei und Psychose. Weder Frankreich noch die Vereinigten Staaten, Japan oder Rußland lassen ihre Nuklearenergie verkommen, obschon nach Three-Mile-Island, nach Hiroshima und

Nagasaki oder Tschernobyl in diesen Ländern eine populäre Ablehnung nuklearer Energie eher plausibel wäre als in Deutschland.

Unsere Forscher, zumal in den vom Bund finanzierten Großforschungsanlagen und Instituten, zum Beispiel der Max-Planck-Gesellschaft, müssen an der Publikumsaufklärung bewußt mitwirken. Ihre Arbeit ist staatlich organisiert und wird vom Steuerzahler finanziert. Daraus ergibt sich eine Bringschuld der Forscher, nämlich die Pflicht, der Öffentlichkeit (und das heißt: den Medien) zu erläutern, was sie tun, was ihre Hoffnungen sind, was ihre Ergebnisse. *Alle* wissenschaftlichen Forscher sollten beherzigen, daß es im gesellschaftlichen, aber auch in ihrem eigenen Berufsinteresse liegt, der Öffentlichkeit immer wieder Einblick und Überblick zu ermöglichen. Je enger der Kontakt, die persönlichen Verbindungen und die Zusammenarbeit zwischen staatlich finanzierter Wissenschaft und privaten Unternehmungen, desto vorteilhafter für beide und für alle. Mancher Elfenbeinturm braucht Brücken in die Wirtschaft – und umgekehrt.

Viele unserer Wissenschaftler leisten in ihren Instituten, auch an den Universitäten und Technischen Hochschulen hervorragende Forschung. Manche unserer Unternehmen leisten ausgezeichnete anwendungsorientierte Forschung und Technologieentwicklung. Aber das ändert nichts daran, daß wir im globalen Wettbewerb zurückgefallen sind, daß wir gegenwärtig weiter zurückfallen und dadurch zukünftig mögliche produzierende Arbeitsplätze verlieren. Hinsichtlich der produktiven (und lukrativen!) Zusammenarbeit zwischen Wissenschaft und Unternehmungen, besonders jungen selbständigen Unternehmungen, gibt es in den USA viele lehrreiche Beispiele. Silicon Valley, im Umkreis der Stanford University, ist dafür weltweit berühmt; dazu gehören aber auch die privaten Banken, die bereit sind, neugegründeten, an technologischem Fortschritt orientierten Unternehmungen Risikokapital zur Verfügung zu stellen.

Die deutschen Banken, Sparkassen und Kreditgenossenschaften sind zwar bereit, jungen Leuten einen Startkredit zu geben, aber diese müssen als Sicherheit eine Hypothek auf das Haus von Vater oder Schwiegermutter beibringen, und daran scheitert oft genug die Sache. Es wäre ein dankenswerter Beitrag zum Gemeinwohl, wenn die deutsche Finanzwirtschaft ihre Kunden in Zukunft dazu einladen würde, sich mit einem kleinen Teil ihrer Einlagen an »Venture capital«-Fonds zu beteiligen; natürlich müssen dazu die Banken selbst solche Fonds einrichten und verwalten. Im Ergebnis wird sich mittelfristig herausstellen, daß dabei wesentlich mehr Geld verdient als verloren wird. Freilich verlangt eine derartig neue Anstrengung etwas Courage – und daran mangelt es bei uns. Manche unserer Banken und unserer Unternehmen sind heute leider mehr an Umsatz- und Bilanzziffern und am globalen Mitspielen interessiert, sie kaufen sich lieber Tochterbanken oder -firmen im Ausland oder spielen mit in der globalen Lotterie auf den spekulativen Geld-, Währungs- oder Kapitalmärkten. Sie sollten jedoch auch zu Hause etwas riskieren; schließlich verdanken sie die Chance zur Größe dem eigenen Land und dem eigenen Volk.

Dies gilt ebenso für jene Unternehmen, die Teile ihrer Forschung und Entwicklung ins Ausland verlagert haben.

Viele unserer Unternehmen und ihre diversen Verbände haben sich seit Jahren durch das negative Geschwätz über den angeblich nachteiligen »Standort Deutschland« beeinflussen lassen, zum Teil haben sie kräftig zu dieser Negativpropaganda beigetragen. Es wird Zeit, daß ihre Vorstände und Aufsichtsräte sich auf ihre soziale und ihre patriotische Verantwortung besinnen – denn ohne dieses Verantwortungsbewußtsein kommen neue Spitzentechnologien bei uns schwerlich in Gang.

Freilich ist einzuräumen, daß es bei uns auf manchen Forschungsgebieten unnötige rechtliche Hemmnisse gibt; zumeist entstammen sie einem vorauseilenden Entgegenkommen von Politikern und Beamten gegenüber tatsächlichen oder vermuteten Ängsten in der Bevölkerung. Allzu viele Genehmigungserfordernisse, allzu lange Verfahren. Es wird deshalb Zeit, anstelle der hergebrachten deutschen Verwaltungstradition ein *Bundesministerium für Forschung, Technologie und Industrie* einzurichten; das bisherige Forschungsministerium, die Reste des Postministeriums und des ziemlich belanglos gewordenen Wirtschaftsministeriums sollten darin aufgehen. Das MITI (Ministry for Trade and Industry) in Japan und – auf ganz andere Weise, aber mit vergleichbar hohem technologischen Innovationserfolg für die Wirtschaft der USA – das Pentagon haben uns vorexerziert, wie ein Staat wissenschaftliche Spitzenleistungen zustande bringen und zugleich die private Wirtschaft dazu bewegen kann, auf dieser Basis technologische Spitzenleistungen in der Entwicklung und anschließend in der Produktion und damit neue Arbeitsplätze hervorzubringen; ähnliche Erfolge sind im kleinen Israel zu studieren. Der zu erwartende ideologische Einwand, dergleichen sei ein Verstoß gegen marktwirtschaftliche Grundsätze, ist unerheblich; denn ohne ihre hocheffiziente Technologieförderung hätten weder die USA noch Japan uns auf so vielen Feldern der Hoch- und Großtechnologie-Entwicklung und anschließend auf den Weltmärkten abhängen können. Neben den schon im Namen ausgedrückten Aufgaben dieses neuen Ministeriums für Forschung, Technologie und Industrie lägen seine weiteren Aufgaben in der Aufklärungsarbeit, in der Straffung und im Abbau von Genehmigungsverfahren; in der Hilfestellung für die Einrichtung deutscher Risikokapitalfonds; schließlich auch in der Einschätzung der Folgen moderner Technik und der öffentlichen Berichterstattung darüber.

Wir brauchen Impetus und Begeisterung für Innovation. Dabei muß jedermann wissen: Konkrete Erfolge werden kaum über Nacht eintreten, deshalb ist Beharrlichkeit angezeigt, auch bei Fehlschlägen. Für die Dauerhaftigkeit der großen wissenschaftlichen Gesamtanstrengung ist eine Effizienzsteigerung unserer Universitäten unerläßlich. Auf die Dauer werden der wissenschaftliche Fortschritt und die Entwicklung neuer Leistungen, Produkte und Verfahren uns die wichtigsten Schlüssel zur Überwindung unserer heutigen sozialen und ökonomischen Schieflage verschaffen.

Der Aufholprozeß im Osten muß wieder in Gang kommen

Seit 1996 ist das wirtschaftliche Wachstum im Osten Deutschlands kleiner als im Westen, der Aufholprozeß ist unterbrochen. Die Arbeitslosigkeit in den sechs östlichen Bundesländern (sechs, denn das Land Berlin muß immer einbezogen werden) ist offiziell doppelt so hoch wie im Westen, die darüber hinausgehende verdeckte Arbeitslosigkeit dürfte sogar mehrfach höher liegen (allein eine Viertelmillion Menschen im Osten ist in ABM-Stellen beschäftigt). Die in Ostdeutschland gezahlten Brutto-Verdienste liegen im Schnitt um 25 Prozent unter denen im Westen, dabei arbeitet man im Osten pro Jahr ungefähr 150 Stunden länger als im Westen. Die durchschnittliche Produktivität pro Arbeitsstunde ist in der ostdeutschen Industrie immer noch sehr viel niedriger als im Westen. Produktivität ergibt sich entscheidend aus den beiden Faktoren Maschinenausrüstung und persönliche Arbeitsleistung der Arbeitnehmer. Über die letztere ist in Ostdeutschland nur Gutes zu berichten; die Ausrüstungsinvestitionen dagegen hängen immer noch zurück.

Wenngleich es eine Reihe herausragender positiver Ausnahmen gibt, so im Automobilbau, in der Elektronik und in manchen Dienstleistungsbereichen, und wenngleich im Osten die Rentnerinnen und Rentner wegen ihrer in der alten DDR deutlich längeren Lebensarbeitszeit eine etwas höhere Netto-Versichertenrente erhalten als die Kollegen im Westen, so kann doch insgesamt keine Rede von blühenden Landschaften sein. Im Gegenteil: Der für das Zukunftsvertrauen der Bürger in den ostdeutschen Ländern entscheidende Arbeitsmarkt bietet ein ödes Bild, es fehlen im Osten immer noch zwei Millionen Arbeitsplätze. Deshalb kommt es darauf an, im Osten ein schnelleres wirtschaftliches Wachstum als im Westen zu erzielen

Wenn es jedoch dabei bliebe, daß der Osten weiterhin im Wachstum hinterherhinkt, dann könnte sich hier eine gefährliche Kluft öffnen – nicht nur eine dauerhafte Zweiteilung der deutschen Wirtschaftsstruktur, sondern möglicherweise daraus folgend auch eine dauerhafte Zweiteilung der Einstellung gegenüber Wirtschaft, Staat und Politik. Die im Osten eingetretenen Enttäuschungen sind angesichts der zu Beginn der neunziger Jahre vielfältig von der Regierung verbreiteten Versprechungen nur allzu verständlich. Dagegen ist die in Westdeutschland teilweise verbreitete Auffassung, das Zurückbleiben des Ostens sei dem mangelnden Arbeitsfleiß der dortigen Menschen geschuldet, sowohl falsch als auch fahrlässig; eher sind im Management noch Rückständigkeiten gegeben. Wenn darüber hinaus manche westdeutschen Bürger und sogar einige Politiker meinen, es sei an der Zeit, die Überweisungen aus staatlichen Kassen in Richtung Ostdeutschland abzubauen, so ist dies ebenfalls sowohl sachlich falsch als auch moralisch unvertretbar.

Wenn schließlich einige westdeutsche Politiker und zumal Helmut Kohl immer wieder behaupten, die heutige ökonomische Misere im Osten sei allein eine Folge früherer kommunistischer Mißwirtschaft, so handelt es sich um eine grobe Unwahrheit. Zwar ist es zutreffend, daß die Volkswirtschaft der ehemaligen DDR vor der Vereinigung weitaus weniger produktiv gewesen ist als diejenige der alten Bundesrepublik; schwerer wiegen jedoch die zahlreichen bösen Fehler, welche die politische Klasse im Zuge der wirtschaftlichen Vereinigung begangen hat. Keiner dieser Fehler ist reparabel. Wir können sie nur allmählich überwinden – nämlich durch wirtschaftliches Wachstum in den sechs östlichen Ländern.

Den ostdeutschen Aufholprozeß wieder in Gang zu setzen verlangt engagierte, intelligente Einzelentscheidungen der Manager in der Industrie, im Bankgewerbe und in den Dienstleistungsbranchen. Sie sollten ihren Ehrgeiz daransetzen, neue Arbeitsplätze im Osten zu schaffen; zusätzliche Investitionen sind dort dringend nötig. Sie sind auch lohnend. Wenn zum Beispiel ein Opel-Werk im Osten eine höhere Produktivität erzielt als ein Opel-Werk im Westen, so beruht dies zum einen auf den dort erfolgten Ausrüstungsinvestitionen. Zum anderen aber beruht es auf der Tatsache, daß der Intelligenzquotient der Deutschen in West und Ost gleich hoch ist, die Arbeitsmoral im Osten jedoch höher als im Westen. Die Managerklasse sollte sich diese beiden Tatsachen ins Bewußtsein heben.

Der Staat muß dabei auch weiterhin helfen. Die Aufrechterhaltung der finanziellen Transfers in bisheriger Höhe bleibt unerläßlich. Die Senkung der Staatsquote insgesamt, die Senkung von Subventionen, die Abschaffung steuerlicher Ausnahmen wie auch die Herstellung einer klaren Finanzverantwortung für Bund und Länder dürfen nicht den Aufbau Ost gefährden, vielmehr gehört dieser noch auf Jahre hinaus zu den obersten Prioritäten staatlichen Handelns. Das bedeutet nicht, daß jedwede der bisherigen Finanzhilfen für den Osten unverändert beibehalten werden muß; einige sind unzweckmäßig, andere sind allzu stark konsum- und nicht investitionsorientiert. Intelligenter Umbau ist gefragt. Aber die Gesamthöhe der Transfers von alljährlich 170 bis 185 Milliarden D-Mark brutto oder 130 bis 140 Milliarden D-Mark netto muß erhalten bleiben. Es ist dies ein sehr großes finanzielles Opfer der westdeutschen Bürger; die ostdeutschen Bürger sollten es anerkennen.

In der ehemaligen DDR und in Berlin leben mehr als anderthalbmal so viele Menschen wie in Tschechien, ebenso viele wie in Holland oder in Nordrhein-Westfalen. Diese Bürger im Rahmen der Umgestaltung unserer Wirtschafts- und Sozialstruktur voll in unsere Gesellschaft zu integrieren, ist eine ungeheure Aufgabe.

IV

Mut zur Moral

Ein kanadischer Unternehmer, der mit einigen seiner U.S.-amerikanischen Kollegen und ihren hochkapitalistischen Verhaltensweisen nicht ganz einverstanden war, hat mir einmal erklärt, die Rücksichtslosigkeit vieler amerikanischer Geschäftsleute hinge mit den drei Grundwerten der Jeffersonschen Unabhängigkeitserklärung des Jahres 1776 zusammen: *life, liberty and the pursuit of happyness* – Leben, Freiheit und die Suche nach dem eigenen Glück. Dabei würde *pursuit of happyness* heute einseitig als Suche nach dem finanziellen Erfolg verstanden.

Auf meine Frage, ob es für Kanada einen vergleichbaren Dreiklang gäbe, antwortete er nach einigem Nachdenken: *peace, order and good government* – Friede, Ordnung und eine gute Regierung. Auf seine Gegenfrage nach drei deutschen Leitworten habe ich geantwortet: Freiheit, Gerechtigkeit und Solidarität.

Erst nachträglich wurde mir bewußt, daß ich instinktiv nicht die Parole der Französischen Revolution benutzt hatte: Freiheit, Gleichheit, Brüderlichkeit. Diese Trias hat das ehrwürdige Alter von zweihundert Jahren, aber das Wort Gleichheit ist mir – für unsere Zeit – immer ein wenig suspekt vorgekommen. Wenn darunter Gleichheit der Chancen oder Gleichheit vor dem Gesetz für jedermann verstanden würde, hätte ich keinen Vorbehalt. Gleichheit klingt jedoch auch ein wenig nach Aufforderung zur Gleichmacherei; außerdem scheint Gleichheit nicht die Tugend der Gerechtigkeit einzuschließen. Statt dessen habe ich mir Ende der fünfziger Jahre die drei Grundwerte des Godesberger Programms der Sozialdemokratie zu eigen gemacht: Freiheit, Gerechtigkeit, Solidarität. Die Antwort an meinen kanadischen Gesprächspartner war deshalb gleichsam selbstverständlich.

Die drei Godesberger Grundrechte stellen zugleich Gebote *und* Tugenden dar, Rechte *und* Pflichten. Freiheit ist in erster Linie ein Grund*recht*. Gerechtigkeit gilt seit über zweitausend Jahren als eine Tugend, zugleich ist darin aber auch ein Anspruch an andere enthalten. Solidarität – christlich gesprochen: Nächstenliebe – bezeichnet ebenfalls Gebot und Tugend zugleich.

Nicht jeder Deutsche wird diese drei Grundwerte als ausschließlichen Katalog gelten lassen, sondern ihn ergänzen oder präzisieren wollen. Mir fehlt jedenfalls das Prinzip der Verantwortung. Es erscheint mir notwendig für das Zusammenleben von Menschen, daß jeder sich für sein Tun und Lassen verantwortlich weiß – verantwortlich gegenüber dem Nächsten, gegenüber der Gemeinschaft, gegenüber dem eigenen Gewissen oder, religiös gesprochen, vor Gott. Wir haben das Recht auf Freiheit. Aber unser Gebrauch der Freiheit darf die Rechte anderer nicht verletzen, vielmehr sind wir den anderen gegenüber zur Gerechtigkeit und zur Solidarität verpflichtet. Und wir haben uns zu verantworten für alles, was wir anderen Gutes oder Schlechtes antun. Wir haben Rechte, aber wir haben auch Pflichten.

Das Recht auf Freiheit

Das Grundgesetz definiert nur einen einzigen Grundwert, und zwar im allerersten Satz in Artikel 1: »Die Würde des Menschen ist unantastbar.« Unmittelbar anschließend führt das Grundgesetz in den Artikeln 2 bis 19 die Grundrechte des einzelnen auf (sogenannter Grundrechtskatalog) und garantiert diese Grundrechte. Auch die Aufgabe der Regierenden ist durch die bürgerlichen Grundrechte definiert, ihnen haben die Politiker zu gehorchen, das Verfassungsgericht hat über ihre Einhaltung zu wachen. Im Unterschied zu allen vorausgegangenen deutschen Verfassungen ist unser Grundgesetz dadurch charakterisiert, daß sein Schwergewicht auf der Freiheit des einzelnen und der Garantie seiner Grundrechte liegt. Dies war nach dem Wilhelminismus, ganz besonders aber nach der Nazi-Diktatur, die den einzelnen entmündigt hatte, eine klare Notwendigkeit und ist heute allgemein anerkannt.

Es war plausibel, sich zum Grundgesetz als zum »kollektiven Gewissen« zu bekennen oder, wie Dolf Sternberger es zur Zeit der Zweiteilung Deutschlands getan hat, den »Verfassungspatriotismus« zu proklamieren. Man mußte allerdings nicht so weit gehen, das Grundgesetz zur »Zivilreligion« zu erklären.

Grundpflichten sind im Grundgesetz nicht normiert. Sie können jedoch auf dem Wege der Auslegung aus Artikel 1 abgeleitet werden, der die Menschenwürde garantiert, sowie aus Artikel 2, der sagt: »Jeder hat das Recht auf freie Entfaltung seiner Persönlichkeit, soweit er nicht die Rechte anderer verletzt und nicht gegen die verfassungsmäßige Ordnung oder das Sittengesetz verstößt.« Den Inhalt des Sittengesetzes und die sich daraus ergebenden Pflichten für jedermann haben die Väter des Grundgesetzes als bekannt vorausgesetzt. Tatsächlich ist das Sittengesetz nirgendwo verbindlich beschrieben; Teile finden sich verstreut in vielerlei Gesetzen, anderes findet sich in der Bibel oder in religiösen und philosophischen Schriften. Vieles nehmen wir einfach dadurch auf – bewußt oder unbewußt –, daß wir als Kinder, als Heranwachsende, aber auch später im täglichen Leben hören und erfahren, »was man *nicht* tut«. Daß man nicht lügen soll, wissen wir, auch wenn es dafür kein allgemeines Gesetz gibt; daß wir als Zeuge vor Gericht nicht lügen *dürfen*, wissen wir, auch ohne die Gesetze zu kennen.

Allerdings wissen wir auch, daß es Notlügen gibt; aber wann ist eine Notlüge moralisch erlaubt – oder sogar moralisch geboten? Wir wissen, daß »unsittliches« Verhalten in der Öffentlichkeit verpönt ist; aber wo fängt die Unsittlichkeit oder die Obszönität an? Zur Zeit meiner Großeltern war man in diesem Punkt weitaus prüder als heute, wo zum Beispiel Nacktheit am öffentlichen Strand als chic angesehen wird. Die Sitten ändern sich. Für meinen Großvater kam Schwarzarbeit überhaupt nicht in Betracht, heute dagegen gibt es millionenfache Schwarzarbeit. Andererseits hat mein Großvater sich nicht darüber aufgeregt, wenn irgendwo in einem fernen Erdteil Hunger und Seuchen, blutige Kriege und Bürgerkriege herrschten; heute dagegen nehmen wir Anteil, leisten Entwicklungshilfe und verlangen ein Eingreifen von außen, um weitere Opfer zu verhindern.

Im Laufe des 20. Jahrhunderts haben sich unsere Vorstellungen von unseren Pflichten gegenüber dem Staat stark gewandelt. Bis zum Ersten Weltkrieg war der Staat für die meisten Deutschen nahezu sakrosankt; mit großer Selbstverständlichkeit wurden staatliche Anordnungen befolgt – auch als Millionen deutscher Männer zum Kriegsdienst eingezogen wurden. Nach dem verlorenen Kriege fing man an, massive Forderungen an den Staat zu richten; aber immer noch – wenngleich mit Ausnahmen – wurden seine Anordnungen befolgt. In der Nazizeit und im Zweiten Weltkrieg sind sehr viele Deutsche in einen weitgehend erzwungenen »Kadavergehorsam« zurückgefallen; zwar gab es viel Gemurre und Kritik, aber Widerstand blieb die Ausnahme. Nach dem Ende der Naziherrschaft haben wir uns bedingungslos den Anordnungen der Militärregierungen unterworfen.

Im Westen war der Wiederaufbau unseres Staates und die Errichtung der Demokratie in den ersten zwanzig Jahren eine Wohltat für fast alle, die Nazizeit und Krieg bewußt miterlebt hatten. Man nahm die Mängel des Staates in Kauf, denn man vertraute auf die im Wiederaufbau sichtbar werdenden vitalen Kräfte und war glücklich über die Wiederherstellung normaler Lebensumstände. Deshalb blieben Steuerhinterziehung, Schwarzarbeit und andere Vergehen gegen den Staat und gegen das öffentliche Wohl die Ausnahme.

Erst in der Generation derer, die Nazizeit und Krieg nicht miterlebt hatten (bestenfalls als kleine Kinder), begann Ende der sechziger Jahre so etwas wie eine Revolte gegen Staat und Gesellschaft, die sich gleichermaßen gegen weite Teile des »Sittengesetzes« richtete und die Rechte und Freiheiten anderer bedrohte. Die Nachwirkungen dieses Aufstandes sind heute im Westen Deutschlands noch deutlich zu spüren. Der Achtundsechziger-Aufstand ist zwar sang- und klanglos verebbt, aber manche aus dieser Generation, die inzwischen längst erwachsen geworden sind, hängen zum Teil noch immer an ihren verschrobenen Ideen und geben sie weiter – von der »antiautoritären Erziehung« bis zum »zivilen Ungehorsam«. Begriffe wie Verantwortung und Pflicht sind diesen Menschen ziemlich fremd.

Unser Grundgesetz, das seit einem halben Jahrhundert die geistige und moralische Grundlage der Erziehung bildet, schützt in seinem Grundrechtskatalog den Bürger vor der Macht des Staates, ohne dem Bürger zu sagen, was er der Gemeinschaft schuldet. Daß Pflichten im Text des Grundgesetzes nicht ausdrücklich aufgeführt werden, hat einige dazu verleitet, die Existenz von Grundpflichten schlechthin zu leugnen; andere haben bemerkt, daß Grundpflichten nicht einklagbar seien und eine Aufnahme in die Verfassung deshalb keinen Sinn gehabt hätte. Hinter solchen Auffassungen stehen sehr individualistische Grundhaltungen.

Zwar werden nur wenige Menschen das Grundgesetz wirklich lesen, aber an Schulen und Universitäten werden sie darüber unterrichtet, und im Laufe ihres Lebens erfahren sie die für sie wichtigen Bestimmungen. Es wird ihnen aber schwerfallen und vielfach unmöglich sein, aus den Artikeln des Grundgesetzes Pflichten für den einzelnen herauszulesen. Weil besonders der Grundrechtskatalog Gegenstand des allgemeinen Unterrichts ist (oder sein sollte), kann der Eindruck entstehen, von Pflichten sei im Grundgesetz nicht die Rede.

Im Gegensatz dazu hatte die Weimarer Reichsverfassung einen ganzen Hauptteil enthalten (Urheber war Friedrich Naumann), der unter der Überschrift »Grundrechte und Grundpflichten der Deutschen« ausdrücklich auch die Grundpflichten normierte. In Artikel 163 war sogar von einer »sittlichen Pflicht« zur Arbeit die Rede – während heute manche Unternehmensmanager nicht einmal mehr die sittliche Pflicht zur Schaffung von Arbeitsplätzen zu kennen scheinen. Als das Grundgesetz zur Beratung anstand, hat man auf eine ausdrückliche Verankerung der Grundpflichten verzichtet. Aus heutiger Erfahrung muß man das bedauern.

Einige Landesverfassungen sind damals einen anderen Weg gegangen. So zum Beispiel die bayerische Verfassung, in deren Artikel 117 von der Treuepflicht gegenüber Volk, Verfassung und Staat die Rede ist und verlangt wird, »alle haben ... ihre körperlichen und geistigen Kräfte so zu betätigen, wie es das Wohl der Gesamtheit erfordert«. Die hamburgische Verfassung sagt in ihrer Präambel: »Jedermann hat die sittliche Pflicht, für das Wohl des Ganzen zu wirken.« Gewiß sind derartige Grundpflichten nicht einklagbar und nicht justitiabel. Sie sind keine rechtlichen, sondern vielmehr moralische Pflichten. Und sie bilden ein dringend wünschenswertes Gegengewicht zu den Grundrechten.

Deshalb ist es schade, daß die Väter des Grundgesetzes auf die ausdrückliche Darlegung der Pflichten, besonders gegenüber dem öffentlichen Wohl, verzichtet haben. Der Satz »Salus publica suprema lex« fehlt im Grundgesetz; dessen Väter haben diese alte römische Maxime entweder für selbstverständlich gehalten, oder sie wollten jeden Anklang an das von den Nazis mißbrauchte Wort vom Gemeinnutz vermeiden. Abgesehen von der später eingefügten Wehrpflicht kommen Pflichten und öffentliches Wohl nur im Artikel 14 vor, wo es heißt: »Eigentum verpflichtet. Sein Gebrauch soll zugleich dem Wohle der Allgemeinheit dienen.«

Die einseitige Betonung von Rechten – und Ansprüchen – und der gleichzeitige Rückzug der Erziehungsverantwortlichen vor der Übermacht des Fernsehens haben das Gleichgewicht von Rechten und Pflichten beseitigt – übrigens am wenigsten bei lohnabhängigen Facharbeitern in der Fabrik. Besonders in den Schichten der Gut- und der Hochverdienenden und unter den Angehörigen der Funktionseliten ist das Pflichtbewußtsein gegenüber dem Gemeinwohl schwächer entwickelt als das Bewußtsein von den eigenen Rechten und Freiheiten. Amitai Etzioni hat diese Haltung prägnant in einem einzigen Satz zusammengefaßt: »Jeder für sich selbst, der Staat für die anderen.« Etzioni hat als »neue goldene Regel« das Gebot geprägt: »Respektiere die soziale Ordnung der Gesellschaft genau so, wie du möchtest, daß die Gesellschaft deine persönliche Freiheit respektiert.« Ein notwendiges Wort; denn tatsächlich führt vielfach übersteigerter Individualismus und Egoismus zum gesellschaftlichen Verfall.

Gegen die moderne Forderung nach Selbstverwirklichung ist nichts einzuwenden, die Sache war immer schon das – zumeist unausgesprochene – Verlangen vieler Frauen und Männer. Wenn Selbstverwirklichung aber zu Lasten anderer geht – zum Beispiel bei Ehescheidung zu Lasten der Kinder –, dann kann eine Grenze überschritten werden.

Auch gegen das Prinzip der Gewinnmaximierung ist grundsätzlich nichts einzuwenden, jedermann hat immer schon nach höherem Einkommen gestrebt, sofern er – und das waren niemals die meisten – die Chancen dazu hatte. Wenn aber das Streben nach maximalen Gewinnen mit Rücksichtslosigkeit gegen andere vorgeht, gegen die eigenen Arbeitnehmer zumal, dann ist es von Übel.

Gegen die Freiheit des Kapitalverkehrs über alle Grenzen ist ebenfalls nichts zu sagen, sie ist ökonomisch sinnvoll; wer diese Freiheit aber zur Steuerhinterziehung mißbraucht, handelt kriminell gegen das Gemeinwohl.

Andererseits verführt auch das ehrwürdige Schlagwort von der sozialen Gerechtigkeit manch einen zum Mißbrauch. Von der Sozialdemokratie und den Gewerkschaften bis zu beiden Kirchen sind seit dem 19. Jahrhundert Millionen Menschen für soziale Gerechtigkeit eingetreten. Wenn die sozialen Sicherungssysteme aber von einzelnen als soziale Hängematte mißbraucht werden, dann ist dies eine Bereicherung zu Lasten der Kolleginnen und Kollegen.

Überall erleben wir eine *Inflation der persönlichen Ansprüche*. In ihrer Gesamtheit richten sie sich nicht gegen den Nächsten, wohl aber gegen den Staat, gegen die Allgemeinheit, gegen das öffentliche Wohl. Die tatsächlich gezahlte veranlagte Einkommensteuer tendiert gegen Null. Der Anteil des Sozialaufwands am Sozialprodukt hat sich aber binnen vier Jahrzehnten verdoppelt, er wird heute von den Lohnsteuerzahlern und von den kleinen Leuten finanziert, nicht von den Beziehern hoher Einkommen. Ist das noch sozial gerecht?

Neulich ist bei Glatteis eine Mitarbeiterin des ZEIT-

Verlages schwer verunglückt. Sie lag auf der Straße und rief um Hilfe, aber viele Passanten gingen achtlos vorbei; schließlich hat dann doch eine Frau der Verletzten zur Fahrt ins chirurgische Krankenhaus verholfen. In der Redaktion wurde zu dieser Zeit über allgemeine Menschenpflichten diskutiert, einige wandten sich vehement dagegen, sie zu postulieren. Es käme nicht auf Pflichten an, sondern auf Rechte, es könne in einem freiheitlichen Staat kein Gleichgewicht zwischen beiden geben. In meinen Augen waren sie Anarcho-Liberale.

Hilfsbereitschaft ist eine wichtige Tugend – aber in der Anonymität der Großstadt ist sie offenbar seltener geworden. In den Dörfern, in überschaubaren Verhältnissen, in denen man sich persönlich kennt, ist Hilfsbereitschaft dagegen immer noch selbstverständlich. Wenn jedoch einer meint, eine Pflicht zur Hilfsbereitschaft sei nicht geboten, so irrt er sich – übrigens kann er kaum ein Christ sein.

Es gab natürlich immer schon einen Unterschied zwischen der verkündeten und der gelebten Moral, aber der Unterschied scheint zu wachsen: Im täglichen Verhalten der Menschen scheinen Individualismus und Egoismus zuzunehmen. Die Beispiele, die oben gegeben werden, wirken sich in der Mitte und unten aus. Wenn Manager laut den angeblichen Werteverlust beklagen, aber zugleich erkennen lassen, daß sie selber den Wert der sozialen Gerechtigkeit gering achten, wenn sie glauben machen, der Mensch sei für die Wirtschaft da – und nicht die Wirtschaft für den Menschen, wie mein Freund Kardinal Hengsbach immer wieder gesagt hat –, dann muß man sich über wachsende Ängste der Menschen nicht wundern.

Zwar haben deutsche Staatsrechtslehrer sich vor Jahr und Tag mit der Frage nach der verfassungsrechtlichen Dimension von Grundpflichten im Rahmen des Grundgesetzes befaßt, aber ihre Verhandlungen sind bis jetzt ohne erkennbare Wirkung geblieben. Dagegen hatte die UN schon 1948 in Artikel 29 der Menschenrechtserklärung festgestellt, daß »jeder Mensch Pflichten gegenüber der Gemeinschaft (hat), in der allein die freie und volle Entwicklung seiner Persönlichkeit möglich ist«. 1962 hat John F. Kennedy in seiner Rede zum Amtsantritt mitreißend formuliert: »Fragt nicht, was euer Land für euch tun kann, sondern fragt, was ihr für euer Land tun könnt.« Eine solche Gesinnung ist in Deutschland heute nur noch selten anzutreffen, der schleichende Verfall der Moral in unserer Gesellschaft hat sich beschleunigt. Aber keine offene Gesellschaft, keine Demokratie kann auf die Dauer Bestand haben ohne das doppelte Prinzip von Rechten und Pflichten jedes einzelnen.

Pflichten und Verantwortung

Was meine Rechte sind, das weiß ich und erkenne es relativ leicht – aber was meine Pflichten sind, das ist bisweilen schwerer zu erkennen. Es gibt Pflichten, die man leicht versteht; das reicht von der Pflicht, bei Rot an der Kreuzung anzuhalten oder als Kraftfahrer keinen Alkohol zu sich zu nehmen, bis zur Steuerpflicht, zur Wehrpflicht oder zur Pflicht, die Kinder zur Schule zu schicken. Wenn ich solche gleichsam äußeren Pflichten verletze, werde ich gemahnt oder sogar bestraft. Ganz anders steht es mit den

Pflichten, die aus dem eigenen Gewissen kommen, den inneren Pflichten sozusagen. Sie sind nicht immer leicht zu erkennen, weder im privaten Bereich, in der Ehe und der Familie, noch im öffentlichen. Außerdem wird die Befolgung innerer Pflichten von niemand kontrolliert außer von mir selbst, ich kann sie ungestraft verletzen.

Die mir selbst ebenso wie die von außen oder von oben mir auferlegten Pflichten erzeugen Pflichtbewußtsein. Das Pflichtbewußtsein ist in Deutschland über viele Generationen als hohe Tugend angesehen worden, insbesondere in Preußen, wo Friedrich II. ein besonderes Beispiel hohen Pflichtbewußtseins gegeben hat. In unserem Jahrhundert haben Hitler und seine führenden Parteigenossen das Pflichtbewußtsein von Abermillionen Deutschen auf verbrecherische Weise ausgebeutet; von Ulbricht bis Mielke haben die kommunistischen Genossen deutsches Pflichtbewußtsein zu Zwecken ausgenutzt, die der moralischen Beurteilung gleichfalls nicht standhalten. Beide Male haben die meisten Deutschen zu spät oder gar erst nachträglich erkennen können, daß ihre Pflichttreue und ihre Bereitschaft zu dienen mißbraucht worden sind.

Auch wenn die Bibel im Römerbrief des Paulus uns etwas anderes sagt: Es darf keinen unbegrenzten Gehorsam gegen jedwede Art von Obrigkeit geben. In der alten Bundesrepublik hat diese Erkenntnis allerdings dazu geführt, daß einige von Pflichten überhaupt nichts mehr hören wollten. Statt dessen haben sie ihr Recht auf Freiheit verabsolutiert und den Freiheitsbegriff sogar über die Grenzen des Strafgesetzbuches hinaus ausgedehnt – bis hin zu Gewalttat, ja bis zum Mord. Andere haben ihre egoistische und egozentrische Haltung bis hart an die Grenzen des Zulässigen getrieben, zum Teil darüber hinaus. Auch in den USA und in England haben wir unter Reagan und Thatcher ähnliche Tendenzen miterlebt; dort wurden im Namen der Freiheit viele jener Regeln beseitigt, die bis dahin die Eigensucht in Grenzen gehalten hatten. Das Motiv der sozialen Gerechtigkeit wurde beiseite geschoben und durch die Ermunterung ersetzt, sich gefälligst zu bereichern – was dann auch geschehen ist und heutzutage von machen Deutschen sogar zum Vorbild erklärt wird.

Nicht nur Pflichten und Pflichterfüllung stehen dem Mißbrauch offen, sondern auch die Freiheit des einzelnen. Prinzipiell sind Freiheit und Ordnung nur dann im Gleichgewicht zu halten, wenn wir dieses Gleichgewicht bewußt anstreben und es durch unsere Gesetze stützen.

Rechtlich verbürgte Freiheit kann auch Freiheit zur Untugend, zur Intoleranz, zum krassen Egoismus bedeuten. Die Lösung des Dilemmas kann jeder nur für sich selbst finden, und dazu braucht er Maßstäbe. Diese Maßstäbe haben wir nicht von Geburt auf, denn unsere Gene sind vor allem auf das eigene Überleben und auf unsere Fortpflanzung gerichtet. Fast alles andere, die meisten Verhaltensweisen gegenüber unseren Mitmenschen, Zivilisation und Moral nehmen wir im Laufe unserer Kindheit und Jugend von anderen an, zum Teil unbewußt, zum Teil in einem mitunter schmerzlichen Lernprozeß. So lernen wir auch, für uns selbst und für andere Verantwortung zu tragen – für jüngere Geschwister, für die kranke Mutter, den alten Vater, für die Verkehrssicherheit unseres Autos oder auch nur dafür, daß unser Hund oder die Katze regelmäßig ihr Futter bekommen.

Verantwortung kann eine schwere Last sein, sie lastet auf dem Gewissen. Um so weiter der Einfluß eines Menschen reicht, um so größer seine Verantwortung. Als man im Jahre 1555 zu Augsburg den Beschluß faßte, daß jeder Fürst seinen Untertanen den Glauben vorschreiben dürfe, nahmen die Kirchen und die Fürsten damit eine ungeheure Verantwortung auf sich. Als Bismarck in der Mitte des vorigen Jahrhunderts seine Kriege gegen Österreich und Frankreich auslöste, nahm er damit eine schwere Verantwortung auf sich. Als Heinrich Brüning in der guten Absicht, die Nichterfüllbarkeit der Versailler Reparationsverpflichtungen zu demonstrieren, Deutschland in tiefe Deflation und Depression führte, nahm er gleichfalls eine schwere Verantwortung auf sich. Diese drei Beispiele – wie umstritten ihre Bewertung durch die Historiker heute auch sein mag – zeigen uns zweierlei. Zum einen darf eine schwerwiegende Entscheidung nur dann getroffen werden, wenn sämtliche Folgen des Vorhabens zuvor durchdacht und gegeneinander abgewogen und sowohl Vernunft als auch Gewissen befragt wurden. Zum anderen: sowohl abwägende Vernunft als auch das Gewissen können irren. Deswegen ist die Verantwortung eines Politikers eine besonders schwere Last. Dies sollen im folgenden einige Beispiele belegen, die ich miterlebt habe.

Im Oktober 1977 begann ich, eine schwerwiegende Meinungsverschiedenheit mit der Carter-Administration öffentlich zu machen; sie konnte erst im Januar 1979 in einem gemeinsamen Beschluß beigelegt werden. Die Sowjetunion installierte in rascher Folge viele neuartige Raketen, jede mit drei nuklearen Sprengköpfen, die in ihrer Mehrzahl auf deutsche Ziele gerichtet waren. Ihrer begrenzten Reichweite wegen konnten diese Raketen Amerika nicht erreichen, und deswegen wollten die Amerikaner sie in ihre Rüstungsbegrenzungsverhandlungen mit Moskau nicht einbeziehen. Meine Verantwortung gebot mir, zwei Risiken gegeneinander abzuwägen: eine potentiell tödliche Bedrohung der Deutschen durch Moskau gegen einen ernsthaften Konflikt mit unserer Bündnisvormacht USA, der gleichfalls ein hohes Risiko für Deutschland darstellte. Der schließlich gemeinsam mit den USA, Frankreich und England gefaßte »NATO-Doppelbeschluß«, der vorsah, im Falle des Scheiterns der Verhandlungen nach einer Vierjahresfrist mit der westlichen Nachrüstung zu beginnen, barg das Risiko einer weiteren Steigerung des Wettrüstens.

Der deutsche Bundeskanzler setzte sich mit dem Doppelbeschluß auch einem schwerwiegenden innenpolitischen Risiko aus, denn viele Deutsche – Teile der SPD und die gesamte Friedensbewegung – bekämpften den Doppelbeschluß vehement; er bringe »Tod und Vernichtung«. Dieser innenpolitische Kampf hat 1982 zu meiner Abwahl im Bundestag beigetragen. Aber mein Amtsnachfolger hat meine Politik fortgesetzt, und am Ende hat der NATO-Doppelbeschluß den ersten bahnbrechenden Abrüstungsvertrag der Geschichte herbeigeführt. Beide Kanzler waren danach gerechtfertigt, sie hatten gemäß ihrer Verantwortung für das öffentliche Wohl gehandelt und damit Erfolg gehabt.

Wer zwischen zwei Risiken entscheiden muß, die das Wohl des Landes bedrohen, der muß in peinlicher, manchmal geradezu peinigender Weise immer wieder abwägen, um zum Entschluß zu gelangen. Wer solcher Anstrengung ausweicht, wird seiner Verantwortung nicht gerecht. Auch Kanzler Kohl mußte ein erhebliches Risiko in Kauf nehmen, als er 1989/90 die Vereinigung der beiden deutschen Nachkriegsstaaten gegen den Widerstand des französischen Präsidenten Mitterrand und der englischen Regierungschefin Thatcher betrieb. Er ist moralisch gerechtfertigt.

Die Abwägung von Risiken, von nötigem Aufwand und zu erwartendem Erfolg – einschließlich der Risiken des innenpolitischen oder parlamentarischen Fehlschlags – ist keineswegs nur in spektakulären, dramatischen Situationen geboten, sie ist fast tägliches Brot der Politiker. Ob es um Gesetzgebung geht oder um Programme, um Steuern, Renten oder Arbeitsbeschaffung, von den Politikern wird fast jede Woche verlangt, daß sie Entscheidungen treffen. Es sind nicht ihre großen dramatischen Entscheidungen, sondern es ist ihre Alltagsarbeit, in der sich Opportunismus ausgebreitet hat; im Alltag weichen sie der Verantwortung aus, indem sie der eigenen Klientel oder den aus Meinungsumfragen abgelesenen Stimmungen im Lande nach dem Munde reden und so handeln, daß es »gut ankommt«.

Auch die Verantwortung von Managern, die an der Spitze eines Unternehmens stehen, kann eine schwere Last sein. Sie müssen nicht nur Chancen und Risiken gegeneinander abwägen, sie müssen auch die Interessen ihrer Eigentümer oder der Aktionäre, ihrer Kunden und Lieferanten oder ihrer Belegschaft gegeneinander abwägen. Auch ein Manager braucht Ratgeber und Kollegen – ähnlich wie ein Politiker. Anders als bei dem Politiker steht zwar nicht das öffentliche Wohl des Landes auf dem Spiel. Gleichwohl kann auch die Entscheidung des Managers weitreichende Konsequenzen haben. So ist der über Jahrzehnte sich erstreckende Niedergang des einstmals bedeutenden Elektrokonzerns AEG das Ergebnis von aufeinander folgenden unzureichenden Vorständen. Umgekehrt ist der im Vergleich zu anderen bedeutenden Finanzinstituten herausragende Aufstieg der Deutschen Bank oder der Allianz-Versicherung einem über Jahrzehnte guten und soliden Management zu verdanken.

Je größer ein Unternehmen, desto größer die Verantwortung seiner Vorstände gegenüber dem Gemeinwohl. Sie steht nicht im Gesetzbuch, sie gehört zu den Pflichten des Gewissens. Eine größere Zahl von Eigentümer-Unternehmern hat dabei Vorbildliches geleistet, zum Beispiel durch Abführung eines Teils ihrer angesammelten Gewinne zur Errichtung gemeinnütziger Stiftungen. Die meisten Manager dagegen tun sich schwer mit Stiftungen und Spenden, sie verstecken sich hinter ihren Aufsichtsräten, und diese verstecken sich hinter Aktionärsinteressen. Der Lebensstil der Manager sollte unauffällig sein, allzu großer persönlicher Aufwand verstößt gegen die guten Sitten – auch dies gehört zu ihrer öffentlichen Verantwortung.

Unter den tragenden Elementen unserer Wirtschaftsgesellschaft ist der vielfältige gewerbliche Mittelstand wichtiger als die Großunternehmen, auch wenn über viele Maschinenbauer in den Zeitungen kaum und über die allermeisten Handwerksmeister und Einzelhändler niemals berichtet wird. Vielen der gewerbetreibenden Mittelständler machen der anhaltende Konzentrationsprozeß und der davon ausgehende Konkurrenzdruck wie auch die unbegrenzt zunehmende Überregulierung das Leben schwer. Deshalb wäre es von den meisten zuviel verlangt, sich über den eigenen Betrieb hinaus für das öffentliche Wohl stärker zu engagieren. Sie werden ihrer Verantwortung schon gerecht, wenn sie ihre Kunden zuverlässig bedienen, mit ihren Mitarbeitern anständig und gerecht umgehen, Schwarzarbeit meiden und pünktlich ihre Steuern zahlen – wenn jedermann im Ort weiß: Der Vater war in Ordnung, und der Sohn ist es auch.

Alle Bürger tragen Verantwortung für das Ganze, besonders aber diejenigen, die für andere zu sorgen haben: die Ärztin, die Lehrerin, der Anwalt, der Pfarrer. Das gilt zuallererst für die Eltern. Im Grunde aber gilt es für jeden einzelnen von uns, denn wir alle tragen Verantwortung zumindest für uns selbst, für das, was wir tun – und für das, was wir unterlassen.

Häufiger, als uns dies gemeinhin bewußt wird, nehmen wir Verantwortung auf uns für eine Unterlassung. Aus Bequemlichkeit, aus Feigheit oder aus Scheu (»Ich halte mich da raus«) kümmern wir uns oft nicht: um einen Mißstand in der Schule unserer Kinder, um die hilfsbedürftige Kranke zwei Stockwerke über uns, um den verletzten Radfahrer auf der Straßenkreuzung oder um den zunehmenden Unrat im Feuerlöschteich. Wenn wir uns um die Politik oder die Wirtschaft nicht kümmern (»Wieso, was geht mich das an, ich habe doch mein gutes Auskommen«), so ist das bequem für uns. Wenn sich aber jeder so verhielte, könnte unser Land ins gesellschaftliche Chaos absinken; könnten wir der Stabilität von Demokratie und Frieden nicht mehr sicher sein; könnten wir eines Tages unsere natürliche Umwelt in irreparabler Weise zerstören.

Es ist nicht nur Bequemlichkeit, die uns dazu verführt, uns nicht zu kümmern. Es ist oft auch Scheu vor Auseinandersetzungen, Scheu vor jedem Risiko und oft auch Scheu davor, Verantwortung zu übernehmen. Viele möchten »lieber auf Nummer sicher gehen«. Deshalb ist Erziehung zur eigenen Entscheidung, zur Zivilcourage und zur Verantwortung genauso wichtig wie die Erziehung zum Respekt vor den Rechten anderer und zur Beachtung der äußeren und inneren Pflichten.

Eine erfreuliche Entwicklung in dieser Hinsicht sind die in den letzten Jahrzehnten vielfach aus dem Boden geschossenen Bürgerinitiativen. Das Wort Bürgerinitiative ist neu, die Sache selbst hat jedoch Tradition: Zumal auf den Feldern der Fürsorge für Kranke und Alte, der Pflege der Musik und der schönen Künste hat es auch in früheren Zeiten vielfältige Vereinigungen von Bürgern gegeben, die freiwillig und aus eigenem Antrieb Zeit und Geld für die Wohlfahrt des Ganzen geopfert haben. In den freien Reichs- oder den Hansestädten waren solche Zusammenschlüsse häufiger zu finden als in jenen Landesteilen, die von einem absolutistischen Regiment geprägt waren; in Bayern sorgte in erster Linie der König für die Künste, in Hamburg oder Bremen taten es wohlhabende Bürger. Unter den Nazis und den Kommunisten gab es fast gar keine freien Zusammenschlüsse von Bürgern mehr, die sich dem öffentlichen Wohl widmeten. Heutzutage gibt es sie – Gott sei Dank – in fast allen Landesteilen.

Man kann allerdings zwei Kategorien von Bürgerinitiativen unterscheiden. Die einen verfolgen das Ziel, den

Bau einer Autobahn, eines Kraftwerks, einer Fabrik, einer Flughafenerweiterung zu verhindern. Dabei mischen sich bisweilen durchaus private und persönliche Interessen mit dem öffentlichen Interesse; auch missionarischer Eifer kann eine wichtige Rolle spielen, auch eine antistaatliche Grundhaltung. Gleichwohl verdienen auch eindeutige Verhinderungsinitiativen, solange sie Gesetz und Anstand nicht verletzen, den Respekt der Betroffenen und sollten zumindest diskutiert werden. Auch Verhinderungsinitiativen setzen, zumindest bei den Wortführern, Zivilcourage voraus.

Die andere Kategorie von Bürgerinitiativen ist dadurch gekennzeichnet, daß sie nicht gegen, sondern für ein neues Projekt eintreten. Auch dabei können private Interessen eine Rolle spielen; aber beherrschend sind hier meist die am Gemeinwohl orientierten Motive. Besonderes Lob verdienen Mitbürger, die aus einem idealistisch-pädagogischen Impuls große Teile ihrer Freizeit der Jugendarbeit widmen, vom Sport bis zu den Kirchen, von freiwilliger Nachmittagsarbeit in den Schulen bis zum Natur- und Umweltschutz. Wer Jugendliche fordert, kann sie zu begeisterten Anstrengungen, zum Stolz auf die eigene Leistung und ganz unmerklich auch zur selbstverständlichen Einordnung in die Gruppe führen. Wenn die Gruppe obendrein, etwa während der Ferien, international zusammengesetzt ist, um so besser!

Natürlich wird für Jugendarbeit immer Geld gebraucht; wer dafür privat Geld gibt, muß ebenfalls gelobt werden. Lobenswert sind auch Privatpersonen, die als echte Philanthropen und Mäzene im Laufe ihres Lebens oder durch Testament große Teile ihres Vermögens in der Gestalt gemeinnütziger Stiftungen dem Gemeinwohl widmen. Wo es keine Kaiser oder Könige, Fürstbischöfe oder Großherzöge gibt, die Kultur und Fürsorge aus ihren Schatullen fördern, hat man private Stifter nötig. Ich habe im Laufe des Lebens eine Reihe bedeutender Stifter kennengelernt. Einige von ihnen blieben versteckt und anonym, was ich bedaure. Ehrgeiz und Eitelkeit sind weit verbreitete menschliche Eigenschaften – man denke nur an die Verdienstorden, die fast alle Staaten verleihen. Warum soll man dem Stifter jenes Maß an öffentlicher Anerkennung vorenthalten, das Fernsehschauspielern, Sportlern oder auch Politikern zuteil wird? Öffentliches Lob für einen Stifter und öffentliche Würdigung seines freiwilligen Beitrags zum öffentlichen Wohl würden zudem andere anregen, dem guten Beispiel zu folgen und die Forderung des Artikels 14 GG mit Leben zu erfüllen, daß der Gebrauch des Eigentums »zugleich dem Wohle der Allgemeinheit« dienen solle.

In Amerika ist eine hohe öffentliche Anerkennung privater Stifter immer schon selbstverständlich gewesen, private Stiftungen spielen dort von jeher eine ungleich größere Rolle als bei uns. Aber nicht nur der Stifter wird hoch anerkannt. Vielmehr wird jeder Bürger, der im öffentlichen Leben steht, von seinen Mitbürgern und Kollegen nicht zuletzt danach beurteilt, wie stark er sich sozial oder kulturell für das Gemeinwohl engagiert oder wieweit er zur Übernahme eines mit Arbeit und Anstrengung verbundenen Ehrenamtes bereit ist.

Für die Annahme eines Ehrenamtes ist in vielen Fällen gewiß auch Ehrgeiz ein Motiv. Dagegen ist nichts einzuwenden – schließlich sind wir alle mehr oder minder ehrgeizig. Sobald aber mit dem Amt oder der Aufgabe ein Risiko verbunden und folglich Verantwortung verknüpft ist, sinkt die Bereitschaft zur Übernahme in Deutschland merklich. Freiwillig Verantwortung zu übernehmen verlangt Mut.

Der aus Österreich stammende englische Philosoph Karl Popper hat 1993 den Satz geprägt: »Jedermann hat eine entscheidend große Verantwortung dafür, daß sein Leben auch Einfluß hat auf das Leben aller anderen.« Der aus Deutschland stammende amerikanische Gelehrte Hans Jonas hat 1997 in seinem Buch »Das Prinzip Verantwortung« ausgeführt, daß jeder von uns Mitverantwortung dafür trägt, daß wir die Erde so hinterlassen, wie wir die Erde selbst gern vorfinden möchten; er hatte dabei besonders die natürliche Umwelt vor Augen. Beide gehen auf Immanuel Kant zurück, der vor über zweihundert Jahren den Kategorischen Imperativ formuliert hat. In der alten sprichwörtlichen Fassung »Was du nicht willst, das man dir tu, das füg auch keinem andern zu«, ist das gleiche Gebot als sogenannte »goldene Regel« in allen bedeutenden Religionen der Welt enthalten. Man muß ein exzessiver deutscher Liberaler oder ein Anarchist sein, um die Pflicht zur Verantwortung für das Gemeinwohl zu negieren oder als Nebensache abzutun.

Der aus Deutschland stammende Amerikaner Amitai Etzioni hat uns in seinem Buch über Individualismus und Moral in der Demokratie (»Die Verantwortungsgesellschaft«) zum willentlichen Engagement aufgerufen. Jedermann soll moralische Verantwortung übernehmen. Übergeordnete gesellschaftliche Einheiten oder der Staat sollen nur dort eingreifen, wo örtliche Gemeinschaften überfordert wären. Dies ist eine Anlehnung an das von der katholischen Soziallehre seit über hundert Jahren vorgetragene Prinzip der Subsidiarität: Nur hilfsweise, nur subsidiär soll die höhere Ebene dann eingreifen, wenn die niedrigere Ebene nicht ausreichend handeln kann. Man muß Etzioni nicht in allen Einzelheiten folgen, aber gewiß hat sein Appell an das Verantwortungsbewußtsein des einzelnen seine volle Berechtigung, gerade auch bei uns in Deutschland.

Wir müssen in unserem Bewußtsein dem Grundrecht auf Freiheit die moralische Grundpflicht zur Verantwortung an die Seite stellen. Als er in der Paulskirche den Friedenspreis des Deutschen Buchhandels erhielt, hat Hans Jonas dem ein entscheidendes Kriterium hinzugefügt: »Letztlich setzt bei alledem meine Hoffnung doch auf die menschliche Vernunft ... An ihr zu verzweifeln wäre unverantwortlich und ein Verrat an uns selbst.«

Tugenden sind unverzichtbar

»Eine entfesselte Freiheit führt zu Brutalität und Kriminalität. Jede Gesellschaft braucht Bindungen. Ohne Regeln, ohne Tradition, ohne Konsens über Verhaltensnormen kann kein Gemeinwesen bestehen« – so Marion Gräfin Dönhoff. Ich füge einen Satz hinzu: Ohne Tugenden werden wir nicht im Frieden miteinander leben.

Solange es verbindliche oder uns verbindlich erscheinende Traditionen, Lehrgebäude und Ideologien gab, solange haben viele Menschen sich daran orientiert. Von den Traditionen des Bürgertums in der Zeit vor 1914 ist relativ wenig geblieben. Die Traditionen und Verhaltensweisen des Adels sind für unsere Gesellschaft längst belanglos. Die akademischen Traditionen der deutschen Universität scheinen im Massenbetrieb untergegangen zu sein. Die Ideologien des Marxismus und des Kommunismus sind zusammengebrochen und diskreditiert; ein halbes Jahrhundert zuvor waren bereits Ideologie und Tradition des übersteigerten Nationalismus an ein Ende gelangt. Die Ideologie des Liberalismus hat sich in einzelne Elemente aufgelöst; man findet sie in verschiedenen Bereichen unserer Gesellschaft wieder, aber der politisch propagierte Restbestand des Liberalismus ist weitgehend zum bloßen Wirtschaftsliberalismus degeneriert. Die Godesberger Werte der Sozialdemokratie scheinen von den heutigen Spitzenleuten nicht mehr als zentral aufgefaßt und vertreten zu werden. Die Ideologien der Achtundsechziger sind nur noch bruchstückhaft zu entdecken; die meisten ihrer bewußt provokativen Verhaltensweisen sind der Anpassung gewichen oder haben dem Streben nach Karriere und Wohlleben Platz gemacht. Auch die Ideologien der Friedensbewegung haben sich verflüchtigt, nachdem unser äußerer Friede nicht mehr als bedroht empfunden wird. Der philosophische und literarische Existentialismus ist schon lange vergessen, der »Postmoderne« wird es ähnlich ergehen. Die christlichen Politiker haben inzwischen gelernt, daß es eine für alle verbindliche »christliche Politik« nicht geben kann – der Christ Edmund Stoiber und der Christ Heiner Geißler würden sie sehr verschieden formulieren, erst recht der Christ Erhard Eppler. Die Kirchen verlieren zusehends an Anhang und Einfluß; die Zahl der distanzierten Mitglieder ist inzwi-

schen viele Male größer als die Zahl der wahrhaft Gläubigen. Trotz der Bedrohung des Lebensstandards ihrer Mitglieder schwindet die Bindungskraft der Gewerkschaften; auch sie verlieren Mitglieder.
 Insgesamt sind Traditionen und ideologische Bindungen in unserer Gesellschaft heute schwächer geworden, als sie es noch vor dreißig oder vierzig Jahren waren. Die Politiker und die Manager, die Ärzte, Juristen und Professoren oder auch die Medienleute sind offenbar nicht durch einen »Konsens über Verhaltensnormen« (Dönhoff) miteinander verbunden. Man kann deshalb nicht ausschließen, daß der immerhin noch beträchtliche Restbestand an Regeln und Konventionen weiter abnimmt. Die Frage ist: Wie finden wir Wege, den inneren Zusammenhalt der Gesellschaft zu stärken und möglichst viele ihrer Glieder an gemeinsame Verhaltensregeln zu binden?
 Der auf dem Boden der Godesberger Grundwerte stehende, im Christentum verwurzelte Hans-Jochen Vogel hat dazu 1997 geschrieben: »Ich wünsche mir einen Aufbruch der vielen ... bei dem der einzelne sich selbst wieder auf die Werte und Tugenden besinnt – auch auf die Sekundärtugenden! –, denen unser Volk den Wiederaufstieg nach der Katastrophe ... verdankt.« Recht hat er! Diese Tugenden haben wir nach 1945 ja keineswegs neu erfunden; sie waren unter dem Schutt verborgen gewesen, wir haben sie lediglich wieder ausgegraben.
 Die Lehre von den Tugenden ist über zweitausend Jahre alt, sie geht auf Plato und Aristoteles zurück, sie galt im klassischen Rom und wurde später im europäischen Mittelalter vor allem durch Thomas von Aquin entfaltet. Seither haben viele bedeutende Philosophen und Gelehrte zu

diesem Kanon beigetragen, und ohne daß wir die verschiedenden Lehrgebäude der Moralphilosophie oder der Ethik im einzelnen kennen, sind uns doch die Tugenden insgesamt vertraut. Durch das Verhalten und die Beispiele unserer Eltern werden sie früh in unserem Bewußtsein verankert, und wenn wir sie später im täglichen Leben selber praktizieren, so geschieht dies oft sogar unbewußt. Heutzutage versagt bei einigen immer häufiger diese Steuerung, teils weil ihnen die Tugenden nicht mehr als selbstverständlich weitergegeben wurden, teils weil die Tugenden öffentlich lächerlich gemacht oder als wertlos herabgesetzt werden. Aber praktisch geübte, durch Vorbild wirksame Tugenden sind der beste Nährboden, auf dem für alle verbindliche Traditionen des Verhaltens wieder wachsen können.

Über vieles, was Menschen für grundsätzlich halten, kann man lange streiten. So zum Beispiel über das Kruzifix in der Schule; über natürliche oder künstliche Methoden zur Schwangerschaftsverhütung; darüber, ob die Hostie der Leib Christi ist oder ob sie ihn bedeutet; über die Rechtfertigung des Menschen allein durch die Gnade Gottes; darüber, ob der Wert der Strafe in der Sühne oder in der Abschreckung liegt, oder darüber, ob das geheime Abhören eines fremden Telefongesprächs in jedem Fall den Grundwert der Würde der Person verletzt oder ob das Abhören unter bestimmten Voraussetzungen einem höheren Zweck dient und deshalb zulässig sein soll.

Anders im Falle der Tugenden. Daß Solidarität oder Hilfsbereitschaft allgemein wünschenswert ist, daß Wahrheitsliebe und Selbstdisziplin, Zuverlässigkeit und Zivilcourage wünschenswerte Tugenden sind, desgleichen Toleranz und Gelassenheit – darüber gibt es wenig zu streiten. Man kann in konkreten Konfliktfällen höchstens darüber zu verschiedenen Urteilen gelangen, ob der einen oder der anderen Tugend der Vorrang gebührt.

Damit die Tugenden in Zukunft wieder allgemein und selbstverständlich werden, müssen wir sie uns zunächst wieder bewußt machen. Neben den drei »theologischen Tugenden« Glaube, Liebe und Hoffnung stützen wir uns auf die vier »Kardinaltugenden«, nämlich Klugheit, Gerechtigkeit, Tapferkeit und Maß. Sodann gibt es drittens die »bürgerlichen Tugenden«, bisweilen auch Sekundärtugenden genannt.

Es bedarf keines großen Nachdenkens, um zu erkennen: Auch heute sind die Kardinaltugenden von großer Bedeutung für alle Bürger. Alle, besonders aber die Politiker, bedürfen der Klugheit, das heißt der Anstrengung ihrer Vernunft und Urteilskraft. Alle brauchen die Tapferkeit und den Mut – modern gesprochen: die Zivilcourage –, die Ergebnisse ihres Nachdenkens zu vertreten und in die Tat umzusetzen. Sie bedürfen des Maßes, das heißt der Besonnenheit, um divergierende oder sich widersprechende Ansprüche oder Interessen gegeneinander abwägen zu können. Und schließlich soll die Abwägung nach den Prinzipien der Gerechtigkeit erfolgen, der Wille zur Gerechtigkeit soll ihrem Handeln innewohnen und es leiten.

Für das auf engem Raum geballte Zusammenleben in einem demokratischen und sozialen Rechtsstaat kann ein solcher Katalog natürlich nicht ausreichen. Wo zum Beispiel bleiben Wahrhaftigkeit und Ehrlichkeit – Tugenden, die ohne Zweifel besonders von den Politikern verlangt werden müssen? Wo bleibt der Wille zum Frieden? Wer als Politiker für den Staat Verantwortung trägt, der *muß* den Frieden wollen.

Dies sagt sich freilich leichter, als es in Wirklichkeit ist. Der englische Premierminister Chamberlain ist 1938, geleitet vom Willen, den Frieden aufrechtzuerhalten, Hitler allzu weit entgegengekommen. Als Hitler sich ein halbes Jahr später mit Gewalt über das Münchener Abkommen hinwegsetzte und sein Kriegswille auch für Chamberlain klar erkennbar wurde, gab dieser seine Politik des Appeasement auf; er führte die Wehrpflicht ein, betrieb die Aufrüstung Englands und garantierte die Grenzen Polens, konnte damit aber den Ausbruch des Zweiten Weltkrieges nicht mehr verhindern. Vier Jahrzehnte später waren große Teile der westdeutschen Friedensbewegung in ähnlicher Weise bereit, der gewalttätigen Sowjetunion allzu weitgehende Zugeständnisse zu machen und die eigene Verteidigungsfähigkeit wie auch unser Verteidigungsbündnis zu vernachlässigen. Weder Willy Brandt, der die Ostpolitik eingeleitet hat, noch ich als sein Amtsnachfolger haben dem nachgegeben. Nicht im Traum hätten wir auch nur die geringste Schwächung der westlichen Verteidigungsbereitschaft zugelassen. Das Beispiel Chamberlains ebenso wie das Beispiel der Friedensbewegung zeigen: Der Wille zum Frieden allein reicht nicht aus, die Tugend der Klugheit, der Urteilskraft ist gleicherweise nötig, um den Frieden zu bewahren.

Den Frieden aufrechtzuerhalten oder, wenn er verletzt ist, ihn wiederherzustellen, verlangt Klugheit, aber ebenso die Bereitschaft zum Kompromiß. Auch der *innere* Friede eines Staates benötigt die Bereitschaft und die

Fähigkeit zum gerechten Kompromiß zwischen gegenläufigen Interessen und Zielen. Manche Deutsche müssen immer noch lernen, bei dem Wort Kompromiß nicht zuerst an einen »faulen« Kompromiß zu denken, sondern den Willen zum Kompromiß als ein unerläßliches Korrelat zur Klugheit und Gerechtigkeit zu begreifen.

Jeder Tarifvertrag ist notwendigerweise ein Kompromiß zwischen der Forderung der Gewerkschaft und dem Angebot des Arbeitgeberverbandes. Jede Gesetzgebung beruht auf Kompromissen zwischen verschiedenen Auffassungen innerhalb der Mehrheit, in stärkstem Maße dort, wo das Grundgesetz eine Zweidrittelmehrheit vorschreibt. Jeder gute Buchverlag muß Kompromisse schließen zwischen seinem literarischen Ehrgeiz und der wirtschaftlichen Notwendigkeit, am Jahresende ohne Verlust zu bleiben. Innerhalb jeder Firma, jeder Familie und jeder Ehe sind immer wieder Kompromisse zwischen verschiedenen Auffassungen, Interessen und Wünschen nötig. Fähigkeit und Wille, einander entgegenzukommen, sind Kennzeichen von Zivilisation.

Kompromißfähigkeit und Toleranz sind für den inneren Frieden unserer Gesellschaft unverzichtbare Tugenden. Wo sie fehlen, droht Bürgerkrieg. Religiöse Intoleranz hat den Antisemitismus genährt, den Dreißigjährigen Krieg, den generationenlangen Bürgerkrieg in Nordirland. Wohin politische Intoleranz führen kann, haben wir bei den Nazis in Deutschland wie auch bei den Kommunisten auf der ganzen Welt gesehen – und sehen es heute in fast allen Diktaturen.

Es wäre ein Irrtum zu meinen, nur Religionsgemeinschaften und Politiker hätten sich der Toleranz zu befleißigen. Wir alle, die Bürger insgesamt, haben Toleranz nötig – gegenüber dem Kollegen am Arbeitsplatz, der Kollegin im Büro, dem Gartennachbarn oder dem Untermieter. Wo Menschen miteinander auskommen müssen, da wird es immer auch Streitigkeiten geben; aber viel Streit könnte vermieden werden, wenn wir lernten, tolerant und kompromißbereit zu sein. Nur wichtiger Streit gehört vor das Gericht. Allein der Intoleranz gegenüber ist Toleranz von Übel.

Eine der wichtigsten unter den bürgerlichen Tugenden ist die Solidarität; sie stellt für viele in unserer Gesellschaft einen wesentlichen Grundwert dar. Es gibt dafür auch andere Namen, zum Beispiel Caritas, Fürsorglichkeit, tätiges Mitleid, Nächstenliebe, Kameradschaft, Brüderlichkeit, aber im Grunde meinen sie alle dasselbe, nämlich mitmenschliche Hilfsbereitschaft. Bei außergewöhnlichen Notlagen zeigt sich, daß in unserem Volk ein hohes Maß an opferbereiter Fürsorglichkeit lebendig ist. Ob 1962 bei der norddeutschen Flutkatastrophe oder bei der Flutkatastrophe 1997 an der Oder, in beiden Fällen haben ungezählte Mitbürger den vom Wasser tödlich bedrohten Anwohnern auf vielerlei Weise geholfen, viele junge Soldaten und Zivilisten haben dabei tage- und nächtelang enorme Anstrengungen auf sich genommen. Seit wir durch die Medien das Elend in manchen Entwicklungsländern miterleben, haben viele Deutsche sich in der Entwicklungshilfe engagiert, einige unter Aufopferung eines ganzen Lebensabschnitts.

Das Wort Solidarität ist in Deutschland gegen Ende des 19. Jahrhunderts durch die von Bismarck bekämpfte Arbeiterbewegung ins öffentliche Bewußtsein getragen worden. Das ihr zugrunde liegende Prinzip ist freilich so alt wie die Menschheit selbst. Durch die Erfahrung des Elends auf den Schlachtfeldern der beiden Weltkriege, in den Trümmern der zerstörten Städte, in den Luftschutzkellern und auf den Flüchtlingstrecks erlangte die Caritas in unserem Jahrhundert allerdings eine neue Dimension. Es ist auch für die Zukunft notwendig, daß wir uns und unsere Nachfahren zur Tugend der Solidarität erziehen – denn Not wird es immer wieder geben. Unsere Hilfsbereitschaft wird aber nicht erst dann gefordert, wenn uns das Fernsehen eine große Notlage vieler Menschen zeigt, sondern auch und gerade dann, wenn vor unserer Haustür ein Mensch verunglückt ist.

Im täglichen Leben begegnen wir manchen Verstößen gegen den Anstand. Ohne Rücksichtnahme, Sauberkeit, Höflichkeit, Pünktlichkeit und Selbstdisziplin, ohne diese anscheinend kleinen, in Wahrheit nützlichen bürgerlichen Tugenden könnte uns der Alltag schnell zur Qual werden. Warum sollen wir zum Beispiel dulden, daß die Wände unserer Häuser, Brücken und S-Bahnen mit Farbsprühdosen beschmiert werden, und warum dürfen Schulleiter und Universitätspräsidenten nicht anordnen, daß Schüler und Studenten die von ihnen versauten Korridore und Toiletten selbst säubern?

Pünktlichkeit lernen wir in der Schule, spätestens im Berufsleben. Höflichkeit dagegen wird uns nicht mit der gleichen Selbstverständlichkeit beigebracht, sie bedarf des Beispiels durch Ältere. Menschliche und berufliche Zuverlässigkeit ist noch wichtiger; sie kann ebenfalls nur schwer unterrichtet werden, sie bedarf der Praxis, der Anerkennung und des Tadels und notfalls der Ablehnung –

mit einem unzuverlässigen Menschen mag ich nichts zu tun haben.

Gegen einige der bürgerlichen Tugenden gibt es heutzutage Einwände, nämlich gegen Fleiß, Disziplin, Pflichterfüllung und Treue. Diese Tugenden sind von beiden deutschen Diktaturen in schlimmer Weise mißbraucht worden. Millionen, die zu diesen Tugenden erzogen oder gedrillt oder zu ihrer täglichen Befolgung gezwungen wurden, haben den Mißbrauch ihrer Person erst nachträglich begriffen. Aus dieser Erfahrung haben wir gelernt: *Fast alle Tugenden können mißbraucht werden,* von einer vorgesetzten Person oder einer übergeordneten Behörde oder auch vom Staat selbst. Tugenden können geradezu ausgebeutet werden; so haben die Nazis den Mut unzähliger Menschen ausgebeutet. Aber weder sie noch die Kommunisten haben durch ihren Mißbrauch die Tugenden für unsere Gegenwart und Zukunft entwertet. Vielmehr werden wir auch weiterhin die bürgerlichen ebenso wie die Kardinaltugenden nötig haben – vom Pflichtbewußtsein bis zur Klugheit. Letztere kann uns helfen, einen Mißbrauch frühzeitig zu erkennen; und die Tugend der Tapferkeit kann uns helfen, den Mißbrauch zu überwinden.

Tapferkeit meint nicht nur körperlichen Mut, sondern jede Art von Mut angesichts drohender Gefahr. Als während der Schleyer-Entführung 1977 der Industrielle Eberhard von Brauchitsch mit einem Koffer voller Geld (und mit meiner vorherigen Billigung) sich auf den Weg machte zu einem vermeintlichen Mittelsmann der R.A.F. in einem fremden Land, hat viel Mut dazu gehört; das Unternehmen erschien als lebensgefährlich. Als kurz darauf

Hans-Jürgen Wischnewski und der Grenzschutz-Oberst Wegener mit einer Gruppe von Grenzschutzbeamten sich an die Verfolgung eines von Terroristen entführten Verkehrsflugzeuges machten und dieses schließlich in Mogadischu mit Gewalt befreiten, hat gleichfalls viel Mut dazu gehört, denn das Risiko war hoch. Als 1950 Gustav Heinemann aus Protest gegen Adenauers Außenpolitik sein Amt als erster Bundesinnenminister niederlegte, zeugte das ebenfalls von hohem Mut, denn Heinemanns Rücktritt (wie auch danach sein Austritt aus der CDU) hätten das Ende seiner politischen Wirkungsmöglichkeiten bedeuten können.

Diese Beispiele belegen, daß, wenn von Tapferkeit die Rede ist, nicht Tollkühnheit oder blinder Wagemut gefordert sind, sondern zunächst Abwägung und eigenes Urteil und danach die Festigkeit, dem eigenen Urteil auch im Falle der Gefahr zu folgen. Dabei kann es dann durchaus zu ernsten Zweifeln kommen. Letztlich wird entscheidend sein, ob der einzelne sich unabhängig vom Grad seiner Tapferkeit und über sie hinaus an einem ihm vorgegebenen oder von ihm erkannten Grundwert orientieren kann. Hans-Jochen Vogel hat in dem zitierten Satz deshalb gewünscht, sich nicht allein auf die Tugenden, sondern auf die Tugenden *und Werte* zu besinnen.

Den dramatischsten Konflikt solcher Art hatten die Leute des Widerstands gegen Hitler vor dem 20. Juli 1944 auszuhalten. Die Beteiligten waren damals bereit, im Hinblick auf das hohe moralische Ziel die militärischen Tugenden des Gehorsams und der Treue hintanzustellen und ihren Eid zu brechen. Unter den Widerständlern gab es aber eine Meinungsverschiedenheit über die Frage, ob man zur Beseitigung der Diktatur auch gegen das fünfte Gebot – Du sollst nicht töten – verstoßen und Hitler umbringen dürfe. Hier standen zwei moralische Grundwerte im Konflikt. Nur das Gewissen jedes einzelnen konnte den Konflikt entscheiden.

Im Laufe eines normalen Lebens kommen ähnlich schwerwiegende moralische Konflikte kaum jemals vor. Aber Gewissensentscheidungen können bisweilen unvermeidlich sein. Im Laufe eines Politikerlebens sind derartige Konflikte relativ häufig und schwerwiegend. Der Politiker muß ja nicht nur vor seinem Gewissen verantworten, was er tut und läßt, sondern ebenso nach außen, gegenüber dem Parlament, seiner Partei, seinen Wählern und gegenüber der Öffentlichkeit. Politik ohne Gewissen tendiert zum Verbrechen.

Es heißt, daß der Politiker uneingeschränkt der Wahrheit verpflichtet ist. Darf er eine Wahrheit also niemals verschweigen, darf er niemals lügen? Ich will noch einmal ein Beispiel aus der Zeit der Schleyer-Entführung geben. Natürlich haben wir die Entführer zu täuschen gesucht. Trotz größter Aufmerksamkeit der Medien haben wir der Öffentlichkeit tagelang mit Erfolg verschwiegen, daß wir insgeheim ein Flugzeug voller Grenzschutzbeamten nach Mogadischu geschickt hatten; und wir haben die Entführer des Lufthansa-Flugzeugs belogen, indem wir ihnen unsere Bereitschaft zur Freilassung der R.A.F.-Verbrecher vorgetäuscht haben. Wegen dieses Umgangs mit der Wahrheit hat uns niemand nachträglich getadelt, unser Verhalten wurde für erlaubt angesehen.

Tatsächlich lag das unser Gewissen täglich bis zum Äußersten belastende moralische Problem ganz woanders:

Ähnlich wie schon bei der Botschaftsbesetzung in Stockholm und bei der Entführung Hanns-Martin Schleyers standen wir vor der Alternative, entweder neunzig akut bedrohte Menschenleben zu retten und zu diesem Zweck einsitzende Mörder freizulassen, die abermals gemordert hätten, oder aber auf Gesetz und Recht zu beharren und die Terroristen von weiteren Entführungen abzuschrekken. So oder so, in jedem Falle wußten wir, daß wir uns mit Schuld beladen würden.

Es kann also vorkommen, daß ein Politiker lügen darf und lügen muß. Entscheidend ist, daß er seine Politik vor seinem Gewissen verantworten kann; dazu muß er zunächst die Folgen abschätzen. Vor jeder Entscheidung bedarf es daher der Klugheit – und auch die Klugheit ist eine Kardinaltugend.

Dies alles gilt für den normalen Bürger nicht anders, auch wenn dieser sich nur selten vor Entscheidungen gestellt sieht, die in schwerwiegender Weise andere Menschen betreffen. Auch er kann zur Notlüge gezwungen sein. Auch er muß sich verantworten.

Wir alle, Bürger und Regierte, haben große Freiheiten. Dank Lebensstandard und Technik haben wir größere Möglichkeiten zu individueller Gestaltung unseres Lebens als alle früheren Generationen. Der Katalog unserer Rechte ist lang. Aber wir müssen wissen, daß unsere Möglichkeiten und Chancen verschwinden würden, wenn unsere Gesellschaft in Unordnung geriete. Deshalb sind wir darauf angewiesen, daß jeder seinen Teil zum Gemeinwohl beiträgt, daß jeder seine Pflichten gegen die anderen und gegen das Ganze erfüllt, daß jeder seine Verantwortung wahrnimmt.

Einübung im täglichen Leben

Von der Natur sind wir auf Selbstbehauptung, auf Fortpflanzung und auf Verteidigung unseres Reviers programmiert; unsere Gene machen uns ungeeignet zum friedlichen Leben. Wir haben Instinkte, aber keine Tugenden mitbekommen. Fast alle Fähigkeiten, die wir als *zoon politicon*, als Lebewesen in der Gemeinschaft benötigen, müssen wir lernen. Ohne Erziehung würden wir uns gegenseitig die Nahrung abjagen, uns gegenseitig vertreiben und notfalls sogar töten. Deshalb brauchen wir Regeln – von den Zehn Geboten bis zum Grundgesetz und zum Strafgesetz. Deshalb brauchen wir Menschen um uns herum, die uns direkt oder indirekt das Leben in Gemeinschaft und Gesellschaft beibringen.

Jeder Mensch, der uns begegnet, gibt Beispiele – und nicht immer sind es nur gute Beispiele. Wir lernen mit Löffel, Messer und Gabel zu essen und uns zu waschen. Wir lernen, nicht zu lügen und nicht zu stehlen. Hundert notwendige Verhaltensweisen lernen wir zu Hause, in der Schule, beim Spiel oder im Sportverein; allerspätestens im Beruf lernen wir, uns einzuordnen und auf andere Rücksicht zu nehmen, wir lernen sogar Pünktlichkeit und Zuverlässigkeit. Überall, wo wir gegen die geschriebenen oder die ungeschriebenen Regeln verstoßen, treffen wir auf Kritik, auf Geringschätzung oder Ablehnung, und bisweilen – zumal im Kindesalter – werden wir sogar bestraft. So weit, so gut – und so zweckmäßig.

Wenn aber die Eltern keine Zeit für ihre Kinder haben, wenn die Schule nicht taugt, wenn Fernsehen, Video, Computer und Internet durch stundenlange Berieselung den erzieherischen Einfluß von Eltern und Schule überspielen, wenn Kinder und Jugendliche in schlechte Gesellschaft geraten, wenn sie ungerecht behandelt oder gar kujoniert werden, dann nehmen die schlechten Beispiele leicht überhand, dann kann soziales Verhalten nicht eingeübt werden. Wer als Heranwachsender in eine Jugendbande gerät, die Einbruch- und Autodiebstähle zu ihrem Lieblingszeitvertreib gemacht hat, oder wer in die Drogenszene abrutscht und dort zum Dealer wird oder der Beschaffungskriminalität verfällt, wer unter die Hooligans oder die Skinheads gerät, der ist auf das Höchste gefährdet, und er gefährdet andere. Mit Unterricht über Moral und Tugend ist ihm nicht mehr zu helfen, dafür ist es schon zu spät. Was er braucht, ist persönliche Zuwendung. Aber wer ist dazu bereit? Vielfach bleibt nur noch die Repression durch Polizei, Strafrichter und Gefängnis.

In manchen großstädtischen Quartieren haben es Eltern und Schule heute schwer, ausreichende positive Einflüsse auszuüben. Viele Lehrerinnen und Lehrer haben bereits resigniert, sie beschränken sich auf Wissensvermittlung nach Lehrplan, so gut es eben geht. Andere Lehrer haben das Kampfwort von der antiautoritären Erziehung einseitig und wörtlich aufgefaßt; sie verzichten bewußt darauf, ihren Schülern natürliche, auf Bildung, Moral und Recht gegründete Autorität erlebbar zu machen. Auf diese Weise erfahren Kinder und Heranwachsende weder Grenzen noch Regeln. Das moderne Schlagwort für solchen Zustand der Erziehung heißt Permissivität. Eine permissive Erziehung, die auf jede Autorität verzichtet, ist keine.

Deshalb ist es ein Fehler, wenn Klassenverbände zu früh in Kurssysteme aufgelöst werden oder wenn Schüler in größerem Umfang Fächer abwählen können, die ihnen unbequem sind oder uninteressant scheinen. Denn in der Regel kann ein Kurslehrer niemals den Klassenlehrer ersetzen. Meist ist der Klassenlehrer derjenige, der die Schüler am besten kennt und der am ehesten persönlich auf den einzelnen eingehen kann; ein guter Klassenlehrer, der jede Woche viele Stunden mit seiner Klasse arbeitet, hat die besseren Möglichkeiten, Neugier, Initiative, Eigenständigkeit, Phantasie und Kreativität seiner Schüler anzuregen und zu fördern – aber ebenso gegenseitige Rücksichtnahme, Hilfe und Kritik. Junge Menschen müssen beides lernen: die Fähigkeit zur Kritik und zum Ertragen von Kritik.

Die Praxis ist zur Vermittlung von Tugenden viel wirksamer als jeder theoretische Unterricht; dieser kann höchstens eine ergänzende Rolle spielen. Allerdings will mir scheinen, daß heutzutage die Ausbildung der Lehrer ein zu großes Gewicht auf Wissenschaft und Theorie und zu wenig Gewicht auf ihre zukünftige Berufspraxis legt. Wie man Kinder zum Mitmachen und Selbsttun bewegt, ihre eigene Initiative weckt, Gemeinsamkeiten herstellt, auch wie man ihnen wirksam Grenzen zieht und diese später schrittweise erweitert – all dies können angehende Lehrer in der Theorie nur bedingt lernen. Es mangelt an praktischer Vorbereitung auf die spätere Praxis im Lehrerberuf. Gewiß soll ein Lehrer seinen Schülern Wissen vermitteln, und dazu muß er selber Wissen erwerben. Aber genauso wichtig ist seine Fähigkeit, Kinder und Heranwachsende erzieherisch zu beeinflussen.

Werte, Haltungen und Tugenden müssen praktisch erlebt werden, auch durch Beispiel und Vorbild, um verinnerlicht werden zu können. Das gilt für Hauptschule, Gymnasium und Berufsschule; es gilt auch für die Universität und auch für die Kirchen. Die Gebote und die Tugenden auswendig hersagen zu können, mag für später bisweilen nützlich sein, zunächst sind es für den Jugendlichen bloße Worte. Die heutige Jugendarbeit in den verschiedenen Organisationen ist in der Vermittlung von Tugenden sehr viel wirksamer als abstrakter Ethikunterricht. Die praktische Erfahrung in einer nach pädagogischen Prinzipien arbeitenden Jugendgruppe, die von ihren Mitgliedern Engagement und auch Opferbereitschaft verlangt, ist von hohem Wert.

Aufgrund dieser Erfahrungen sollte ernsthaft erwogen werden, ein allgemeines soziales Pflichtjahr einzuführen. Weil es aus außen- und innenpolitischen Gründen dringend erwünscht ist, die allgemeine Wehrpflicht für Männer aufrechtzuerhalten, muß die alternative Zivildienstpflicht für Wehrdienstverweigerer ebenfalls aufrechterhalten werden. Sie ist sozial nützlich und zugleich pädagogisch wertvoll. Die positiven Auswirkungen, welche die Zivildienstpflicht an den meisten Orten hat, sprechen dafür, sie auch auf junge Frauen auszudehnen. Der Gleichberechtigung und Gleichbehandlung beider Geschlechter wegen scheint dies ohnehin geboten. Die Wehrpflicht für junge Männer wäre dann eine von mehreren Alternativen innerhalb des allgemeinen sozialen Pflichtjahres.

Ein soziales Dienstjahr würde vielen das Erlebnis menschlicher Not vermitteln, aber auch die Erfahrung der

Mitmenschlichkeit und der Freude, anderen helfen zu können. Es würde das Pflichtbewußtsein stärken, ohne daß dies sonderlich gepredigt werden müßte. Es würde zur praktischen Erfahrung des Grundwerts Arbeit führen und zugleich das Gefühl der Verantwortung wecken. Eine Aufhebung der allgemeinen Wehr- oder Zivildienstpflicht dagegen, wie sie heute von einigen opportunistischen Liberalen gefordert wird, wäre ein böser Schlag gegen die Kräfte der inneren Bindung der Gesellschaft, ganz abgesehen von den politischen Risiken, die von einer reinen Berufs- oder Söldnerarmee ausgehen können.

Gewiß wird der Vorschlag eines allgemeinen sozialen Pflichtjahres auf vielfältige Kritik stoßen, böswillige Vergleiche mit dem Reichsarbeitsdienst der Nazis sind zu erwarten. Deshalb wird von einem Politiker, der für diesen Vorschlag eintritt, ein gewisses Maß an Mut verlangt. Das Pflichtjahr ist nicht nur erwünscht wegen der pädagogischen Zielsetzung, sondern auch deshalb, weil es die Jugendarbeitslosigkeit erheblich mindern würde und wahrscheinlich auch die Jugendkriminalität, die doch zu einem Teil auf Jugendarbeitslosigkeit beruht. Natürlich sind nicht etwa volle zwölf Monate nötig, sie sind auch für die militärische Ausbildung der Wehrpflichtigen keineswegs nötig. Natürlich wären auch keineswegs eine einheitliche Kleidung oder gar Uniformen notwendig. Es braucht auch keinen für alle gemeinsamen Unterricht. Übrigens zeigt die Praxis der Zivildienstleistenden in Krankenhäusern und Pflegeheimen, daß wir für ein soziales Pflichtjahr keine große zusätzliche Organisation und Bürokratie benötigen würden. An vielen Orten würde man gern zusätzliche »Zivis« als Helfer haben, das soziale Pflichtjahr könnte viele Lücken schließen, einschließlich der Lücken im Umwelt- und Naturschutz.

Die jungen Leute von heute sind tatsächlich in großer Zahl zum idealistischen Engagement bereit. Das zeigen uns viele Zivildienstleistende, das zeigt die Jugendarbeit in Vereinen und Kirchen, das zeigt das Engagement für Ausländer, für Gedenkstätten, für Entwicklungshilfe, für Natur- und Umweltschutz, für Greenpeace oder Amnesty International. Auch die Opferbereitschaft ist hoch. Überall, wo eine konkrete Aufgabe gestellt wird und eine verantwortungsbewußte, zupackende Person die Sache in die Hand nimmt, stehen viele Jugendliche bereit. Diese Bereitschaft wäre die Grundlage des sozialen Pflichtjahrs.

Erfahrungen, Werte, Tugenden werden tradiert durch Miterleben, durch Vorbilder und Beispiele und durch Selbsttun. Dieser Vermittlung dient die Jugendarbeit in ihrer ganzen Breite – häufig mehr unbewußt als bewußt. Dabei übernehmen Erwachsene an vielen Stellen nicht nur die Rolle des Leiters oder des Lehrers, sondern auch die Rolle des Vorbilds, auch wenn dies nach außen oft gar nicht sichtbar wird.

Es werden aber auch Vorbilder gebraucht, die auf der öffentlichen Bühne stehen. Mein Freund Kurt Körber hat dazu einmal drastisch formuliert: »Was wir in unserer Gesellschaft brauchen, sind Vorbilder, an denen sich andere orientieren können und nicht irgendwelche kodifizierten Verhaltensnormen.« Ich glaube, wir sollten die Normen nicht vernachlässigen, aber voll und ganz unterstreiche ich Körbers Forderung nach Vorbildern. Denn der Anspruch der politischen Klasse und der Managerklasse,

Staat und Wirtschaft in hohem Maße nach ihren Vorstellungen zu führen, ist auf die Dauer nur dann akzeptabel, wenn ihre Angehörigen glaubhaft machen können, daß sie sich für das Gemeinwohl unseres Landes und seiner Menschen verantwortlich wissen. Wenn sie Prinzipientreue und Opferbereitschaft beweisen, wird man ihr Beispiel anerkennen. Sofern sie nur Sonntagsreden über Werteverfall oder Wertewandel halten, ohne sich selbst erkennbar an Werte zu halten, dann sind sie als Vorbilder ungeeignet. Das Volk wird solche Politiker zwar hinnehmen und sie auch wählen, solange sie ihre Funktionen einigermaßen erfüllen, aber ohne Begeisterung und ohne von ihnen inspiriert zu sein. Wenn aber die Politiker Bereitschaft erkennen ließen, auch ihrer jeweiligen Klientel die nötigen Wahrheiten zu sagen, selbst wenn sie noch so bitter sind, und sich auf diese Weise den Ruf der Wahrheitsliebe erwerben würden, dann könnten sogar Politiker zu Vorbildern für junge Menschen werden.

Dies gilt ähnlich für die Funktionseliten der Ärzte, der Juristen, der Professoren, aber auch der Journalisten und Medienleute. »Ohne Erziehung zu Opferbereitschaft und Dienstgesinnung für das Gemeinwohl wären Eliten am Ende tatsächlich so, wie ihre ideologischen Gegner sie so gerne hinstellen möchten: von unerträglicher Arroganz und Rücksichtslosigkeit geprägt«, so Hubert Markl, der Präsident der Max-Planck-Gesellschaft. Wer wollte ihm widersprechen?

Richard von Weizsäcker ging noch einen Schritt weiter, als er 1997 sagte: »Die Kraft zu den notwendigen Reformen muß letzten Endes aus den Eliten kommen.« Hier wird von den Oberen nicht nur Moral verlangt, nicht nur Beispiel oder Vorbild, sondern darüber hinaus auch Führung: Die Eliten sollen tatsächlich führen. Bei den Römern sagte man: Videant consules! – auf gut Deutsch: Die Regierenden sollen sich gefälligst darum kümmern.

Eine wichtige, bisher vernachlässigte Führungsaufgabe liegt darin, in unserem Schul-, Ausbildungs- und Erziehungswesen dafür zu sorgen, daß junge Menschen nicht nur lernen, ihre Rechte wahrzunehmen und Ansprüche zu stellen, sondern daß sie auch ihre Verantwortung gegenüber anderen Menschen und gegenüber der Gesellschaft insgesamt erfahren.

Die älteren Generationen dürfen sich nicht dazu verleiten lassen, wegen randalierender und krimineller jugendlicher Minderheiten ein negatives Pauschalurteil über die heutige Jugend insgesamt zu fällen. Diese Jugend ist im Kern durchaus vital. Sie hat weniger Angst vor tausend angeblichen Gefahren als die heutigen mittleren Generationen. Die Ängste sitzen vor allem bei den Menschen zwischen 35 und 55 Jahren. Der Lebensmut dagegen findet sich konzentriert bei der Jugend. Deswegen dürfen wir getrost auch Hoffnungen auf sie setzen. Meine Erwartungen – auch politisch – richten sich an jene jungen Leute, die heute 20 oder 25 oder 30 Jahre alt sind.

Weil uns Deutschen ein Verfall von Werten und Tugenden droht, müssen wir in der Öffentlichkeit ein Mindestmaß an moralischer Übereinstimmung herstellen. Wir brauchen eine öffentliche Moral. Das bedeutet: Unser Land als Ganzes muß sich der Notwendigkeit von Veränderungen bewußt werden. Wenn wir die Würde, die Freiheit und die übrigen Grundrechte von achtzig Millionen Bürgern dauerhaft bewahren wollen, dann bedürfen diese achtzig Millionen einer gemeinsamen Ordnung. Eine solche Ordnung kann nicht allein durch Verfassung und Gesetze hergestellt werden, sondern sie bedarf ebenso des verantwortlichen Handelns der einzelnen. Ohne Pflichten können unsere Rechte auf die Dauer nicht gesichert werden. Ohne Tugenden kann auf die Dauer keine Gesellschaft freier Bürger Bestand haben. Ohne Erziehung wird es auf die Dauer keine Tugenden geben.

V

Das ganz andere Jahrhundert

Trotz aller Seuchen, Kriege und Katastrophen ist die Zahl der Menschen auf der Erde ständig gewachsen. Zur Zeit Jesu von Nazareth waren es etwa 200 Millionen, neunzehn Jahrhunderte später 1600 Millionen. Aber im 20. Jahrhundert ist die Weltbevölkerung explodiert, sie hat sich binnen eines einzigen Jahrhunderts fast vervierfacht, auf 6000 Millionen Menschen. Das Wachstum wird sich im kommenden Jahrhundert fortsetzen – und zwar noch immer schneller als jemals vor 1945. Die nutzbare und bewohnbare Fläche pro Person wird mit großer Geschwindigkeit weiter schrumpfen, sie macht schon heute nur noch 3 Prozent der Fläche aus, die vor 2000 Jahren pro Kopf zur Verfügung stand.

Zu Beginn unseres Jahrhunderts haben einige Deutsche Angst verbreitet, wir seien ein »Volk ohne Raum«. Hitler hat sich diesen Wahn zu eigen gemacht und versucht, zusätzlichen »Lebensraum« für uns zu erobern; tatsächlich leben wir Deutschen heute ziemlich problemlos auf viel engerem Raum als jemals zuvor. Dennoch: die Bevölkerungsexplosion der Welt findet nicht in Deutschland und in Europa statt, sondern vielmehr in Asien, in den Inselstaaten des Pazifik, in Afrika und in Ibero-Amerika. In vielen Gegenden der Welt wird der Raum tatsächlich knapp. Jeder Reisende kann es an den Tausenden Hochhäusern und Wolkenkratzern in den Entwicklungsländern beobachten, von Sao Paulo bis Mexico City, von Kairo bis Shanghai und Jakarta. Im Vergleich zu diesen sehr schnell wachsenden Riesenstädten wirken Dresden, Hamburg oder München wie beschauliche Oasen eines ruhigen, unaufgeregten Lebens.

Wer sich auf das vor der Tür stehende 21. Jahrhundert vorbereiten will, muß den Fortgang der Bevölkerungsexplosion in den Blick nehmen. In vielen Regionen wird es Streit und Kriege um nutzbare Flächen geben, auch um Wasser. Millionen werden danach streben, nach Europa und Nordamerika einzuwandern, legal oder illegal, weil hier dank hochtechnisierter und hochproduktiver Wirtschaft und dank sozialer Sicherheitssysteme ein Lebensstandard möglich ist, der zwanzig- und dreißigmal höher liegt als in den meisten anderen Teilen der Welt. In wenigen Jahren schon werden auf der Welt mehr Muslime als Christen leben; islamische Staaten werden eine wachsende Rolle spielen.

Zugleich werden sich neue Machtzentren bilden. Schon heute ist Peking die Hauptstadt einer Weltmacht, Delhi wird vermutlich folgen, sodann vielleicht Brasilia; möglicherweise werden weitere Länder eine herausragende Weltbedeutung erlangen. Das alte, in der zweiten Hälfte des 20. Jahrhunderts übliche Denkschema einer in den demokratischen Westen und den kommunistischen Osten zweigeteilten Welt plus einer großen »Dritten Welt«, die außerhalb des Ost-West-Konfliktes blieb und eine relativ geringe Rolle spielte, dieses machtpolitische Schema ist heute schon obsolet.

Auch die herkömmliche Vorstellung von der »Weltwirtschaft« stimmt schon lange nicht mehr. Noch in den ersten Nachkriegsjahrzehnten verstand man unter diesem Begriff im wesentlichen die Industriestaaten, für welche die ehemaligen Kolonien, damals erstmalig Entwicklungsländer genannt, hauptsächlich als Lieferanten von Rohstoffen betrachtet wurden; die den Preis und die Menge bestimmenden Rohstoffmärkte lagen allerdings in den Industriestaaten. Am Ende des Zweiten Weltkrieges hatte man die Weltbank gegründet und mit Entwicklungshilfen aller Art begonnen. Diese Anstrengungen gingen entscheidend von den westlichen Industriestaaten aus; sie haben ihre Verantwortung zwar erkannt, diese aber mit paternalistischer Attitüde wahrgenommen. Eigentlich hätten bereits die beiden Erdölkrisen der siebziger Jahre uns die bevorstehende Globalisierung signalisieren müssen; denn sie waren von der OPEC, einer Gruppe von Entwicklungsländern, gewollt und stürzten fast die ganze Welt in Versorgungskrisen, in Kosten- und Preisinflation und in Kredit- und Währungskrisen.

Das 21. Jahrhundert stellt uns bereits vor seinem Beginn vor bisher unbekannte Fragen, vor neue Aufgaben, und gleichzeitig werden alte Aufgaben und Fragen prekärer und drängender. Sie alle bedürfen zu ihrer Lösung eines hohen Maßes an vorausschauender Vernunft, eines hohen Maßes an internationaler Zusammenarbeit und deshalb an Kompromißbereitschaft aller Beteiligten. Fast alle bedürfen eines weltweit akzeptierten Minimums an moralischen Grundregeln. Ich will einige dieser neuen Fragen wenigstens aufzählen:
– Wie kann der Fortgang der Bevölkerungsexplosion gedämpft werden? Wer muß handeln? Mit welchen Mitteln?

– Wie kann der mit wachsender Weltbevölkerung und zunehmender Industrialisierung einhergehenden Gefahr der Zerstörung der natürlichen Umwelt begegnet werden, wie kann zum Beispiel ein globales Treibhaus vermieden werden? Was kostet das? Wer muß zahlen?

– Brauchen wir eine weltweit koordinierte Energiepolitik?

– Sollen Kriege und Bürgerkriege notfalls durch militärisches Eingreifen der Vereinten Nationen unterbunden und beendet werden? Und wenn die UN durch Veto gehindert werden, dürfen oder sollen dann regionale Sicherheitsorganisationen eingreifen, zum Beispiel die NATO? Darf man im Falle eines Bürgerkrieges innerhalb eines Staates von außen eingreifen und die Souveränität des Staates verletzen? Darf man es wenigstens im Falle eines Genozids? Wer entscheidet? Wer entsendet Soldaten?

– Wie kann der Handel mit Waffen und Kriegsgerät unterbunden werden? Wenn Restriktionen Erfolg haben, was geschieht dann mit den Millionen Arbeitnehmern der Verteidigungsindustrien in Amerika, Europa, Rußland und anderswo?

– Wie kann man die weitere Ausbreitung atomarer Waffen beenden? Wie kann man die Atomwaffenstaaten dazu bringen, endlich ihre zum Teil immer noch unvorstellbar umfangreichen Arsenale abzurüsten?

– Was ist zur Eindämmung großer Wanderungs- und Flüchtlingsströme geboten? Was ist erlaubt?

– Mit welchen Instrumenten kann und darf sich die Welt schützen gegen neuartige, international organisierte Verbrechen, die sich globaler Technologien bedienen? Wie gegen international operierenden Terrorismus?

– Weil die ökonomische und technologische Globalisierung Chancen und Gefahren ungleich verteilt: Was ist zur Gefahrenabwehr notwendig? Was ist verboten?
– Was sind angesichts dieser Aufgabenfülle die Aufgaben der Europäischen Union? Was bleibt für die Mitgliedsstaaten? Werden wir unsere nationalen Identitäten wahren können?
– Müssen wir einen »Clash of Civilisations« erwarten? Was können wir tun, um zu verhindern, daß weltanschaulich oder religiös oder kulturell bedingte Konflikte sich ausweiten und sogar Kriege auslösen?

Dies sind einige der Fragen, die sich schon vor Beginn des neuen Jahrhunderts stellen; was im weiteren Verlauf der nächsten einhundert Jahre zusätzlich an neuen Problemstellungen hinzutreten wird, ist für niemanden vorauszusehen. Als sicher erscheint mir, daß im kommenden Jahrhundert wissenschaftliche und technologische Durchbrüche erzielt werden, die sich heute nur Leute mit blühender Phantasie ausmalen können. Keineswegs aber bedarf es großer Phantasie, sich eine Menschheit vorzustellen, die sich weitgehend gleicher Standards des Wissens und des technischen Könnens erfreut; weltweite Telekommunikation wird dies für große Teile der Weltbevölkerung möglich werden lassen.

Das Schlagwort Globalisierung meint auch eine weltweite Überwindung von räumlichen und zeitlichen Barrieren. Für die Spitzenmanager in den privaten Finanzinstituten und den wirtschaftlichen Unternehmungen spielen geografische Entfernungen und die Zeit, die es zur Übermittlung selbst hochkomplizierter Informationen braucht, schon heute kaum noch eine Rolle – auch nicht für das Militär. Zugleich verlieren die Regierungen einen Teil ihrer Gestaltungsmacht und ihres Einflusses auf die Wirtschaft; die global agierenden Finanzinstitute und Unternehmungen dagegen gewinnen an Macht.

Neue Machtverhältnisse

Die Regierenden in den übervölkerten Staaten des Südens werden weiterhin danach streben, ihre wachsenden Menschenmassen durch schnelle Anpassung an moderne Produktionsmethoden zu ernähren und ihren Lebensstandard zu erhöhen. Sie werden ihre Ausbildungssysteme verbessern und gleichzeitig ihre landwirtschaftliche Produktion mit Hilfe westlicher Technologien steigern. Vor allem werden sie mit Hilfe westlicher Investitionen und Technologien moderne Industrien aufbauen und ihre industriellen Erzeugnisse auf den Weltmärkten viel billiger anbieten als die alten Industriestaaten; denn die Menschen in den ärmeren Regionen werden noch lange Zeit mit weitaus geringerem Lohn zufrieden sein als die Europäer, Nordamerikaner oder Japaner. Der Beginn des 21. Jahrhunderts wird ökonomisch gekennzeichnet sein durch weltweiten Wettbewerb um den Absatz von Produkten und Dienstleistungen. Dies wird zugleich ein Wettbewerb um Arbeitsplätze sein.

Einige der alten Industriestaaten werden auch in Zukunft immer wieder versuchen, sich gegen billige Importe abzuschotten. Handelsbeschränkungen werden schon heute vielfach angewandt – meist unter Tarnung, denn sie verstoßen gegen die völkerrechtlichen Pflichten unter dem GATT (General Agreement on Tariffs and Trade) und dessen Nachfolger WTO (World Trade Organisation). Auch wenn westliche Regierungen und Parlamente – vor allem in Washington – genug Macht zu solchen Rechtswidrigkeiten haben, so bleiben sie gleichwohl von Übel; sie fordern die davon betroffenen Länder zu Gegenmaßnahmen heraus, und im Gesamtergebnis entsteht ein Schaden für beide Seiten. Ein Embargo gegen Importe mit dem Hinweis auf Lohndumping zu begründen, macht den Rechtsverstoß nicht besser. Den Menschen in einem Entwicklungsland vorzuwerfen, daß sie sich mit zu niedrigen Löhnen begnügen, ist moralisch unhaltbar; ihre Wettbewerbsfähigkeit beruht ja gerade auf ihren niedrigeren Löhnen. Wer ihre Produkte deshalb nicht in seine Märkte hineinläßt, verweigert ihnen aus egoistischen Motiven die wirtschaftliche Entwicklung.

Was Deutschland angesichts der Arbeitsplatzverluste infolge der Globalisierung statt dessen tun muß – und ähnliches gilt für die meisten Mitgliedsstaaten der Europäischen Union –, habe ich in dem Abschnitt »Schwerpunkte der strukturellen Erneuerung« dargelegt. Wenn Vorwürfe wegen der Arbeitsplatzverluste berechtigt sind, dann an unsere eigene Adresse, nicht aber an die Adresse der Entwicklungs- und Schwellenländer. Es ergibt im übrigen weder ökonomisch noch politisch einen Sinn, den Entwicklungsländern mit finanzieller und ideeller Hilfe zur Seite zu stehen und ihnen gleichzeitig den Export ihrer Produkte zu erschweren.

Ob die Industriestaaten der westlichen Welt auch über das ganze 21. Jahrhundert alle ihre bisherigen Entwicklungshilfen fortsetzen sollen, das freilich darf zu Recht gefragt werden. Denn manche der Empfängerländer benötigen die Hilfe eigentlich nicht mehr, die Fortsetzung der Zahlungen verführt in manchen Fällen zu finanzpolitischer Verschwendung und zu Korruption. Jedenfalls aber sollte Entwicklungshilfe künftig an zwei Bedingungen geknüpft werden:

Erstens: Entwicklungshilfe nicht ohne Familienplanung. Die Bevölkerungsexplosion in der zweiten Hälfte des 20. Jahrhunderts hat vor allem in Entwicklungsländern stattgefunden. Dies hat auch mit der modernen Hygiene und der ärztlichen Versorgung zu tun, die von der Entwicklungshilfe mit außerordentlichem Nachdruck betrieben werden und die Seuchen, Säuglings- und Müttersterblichkeit stark verringert haben. In Zukunft muß Familienplanung hinzu kommen – Schule, Ausbildung und Aufklärung auch für Mädchen, Rechte für Frauen, Verfügbarkeit von Kontrazeptiva usw. China und Indien, die beiden volkreichsten Staaten der Welt, haben die Notwendigkeit der Familienplanung als erste erkannt und praktiziert; man kann die dort angewandten Methoden des Zwanges als Europäer zwar nicht billigen, aber im Kern haben die Regierungen in Peking und in Delhi recht. Es ist weltpolitisch vernünftig und moralisch zulässig, wenn nicht sogar geboten, Entwicklungshilfe in Zukunft abhängig zu machen von den Anstrengungen des Empfängerlandes bei der Familienplanung.

Zweitens: Begrenzung der Militärausgaben der Empfängerländer. Im Durchschnitt der letzten Jahre betrugen die Militärhaushalte aller Empfängerstaaten zusammen das

Sechsfache der an sie gezahlten Entwicklungshilfe; in vielen Fällen, zumal in den diktatorisch regierten Staaten, entlastet die Entwicklungshilfe die Staatshaushalte zugunsten unangemessen hoher Militärausgaben. Die meisten bewaffneten Konflikte, verbunden mit einer hohen Zahl an Todesopfern und großem menschlichen Elend, finden innerhalb von Entwicklungsländern statt oder sind Auseinandersetzungen der Entwicklungsländer untereinander, gegenwärtig vor allem in Asien – einschließlich des Nahen Ostens – und in Afrika. Hier haben die Staatsgrenzen häufig keine ethnische oder historische Legitimation, abgesehen von den politischen Grenzziehungen durch die Kolonialmächte. Diese haben traditionsreiche Völker, Stämme und Kulturen zerschnitten, andernorts haben sie heterogene Kulturen und Religionen, Stämme und Völker gezwungen, innerhalb willkürlich gezogener Grenzen miteinander auszukommen. Die daraus resultierenden Aufstände, Kriege und sogenannten Bürgerkriege würden weit weniger Opfer kosten, wenn es in diesen Staaten weniger Waffen gäbe. Die Entwicklungshilfe sollte deshalb künftig an die Bedingung geknüpft werden, daß der Militärhaushalt des jeweiligen Empfängerlandes begrenzt wird; er sollte nicht höher sein dürfen als entweder die Summe der Entwicklungshilfe oder die Summe der staatlichen Ausgaben für Erziehung und Ausbildung.

Im gleichen Zusammenhang müssen die Industriestaaten begreifen, daß ihre Waffenlieferungen an Entwicklungsländer – ja, an andere Staaten schlechthin – ein Weltübel sind. In Tschetschenien, in Bosnien oder im Kosovo, im Irak oder in Somalia, überall stammt die große

Mehrheit aller Waffen und allen militärischen Geräts aus den USA, aus Rußland und aus Europa (Deutschland ist nach der Vereinigung der drittgrößte Waffenlieferant der Welt geworden), neuerdings auch aus China. Alle diese Verkäufe entspringen kurzfristigen politischen oder geschäftlichen Interessen der Lieferstaaten; langfristig beurteilt handelt es sich um schwere Verstöße gegen die weltpolitische Vernunft und gegen die Moral – sie sind in Wahrheit verantwortungslos. Allein in den Jahren von 1990 bis 1998 hat es 25 regionale und lokale Kriege und sogenannte Bürgerkriege gegeben. Deshalb braucht die Welt im kommenden Jahrhundert ein Vertragssystem zur drastischen Beschränkung des internationalen Handels mit Waffen und Kriegsgerät.

Es ist ohne jeden Sinn, zunächst Waffen zu liefern und später, wenn mit diesen Waffen Krieg geführt wird, nach einem Eingreifen durch die UN zu rufen und eigene Soldaten auf den Kriegsschauplatz zu entsenden. Der bisherige Erfolg solcher Missionen ist begrenzt, ob in Afrika, im mittleren Osten oder auf dem Balkan – ganz zu schweigen von Vietnam.

Von großer Bedeutung für den Beginn des 21. Jahrhunderts ist die Tatsache, daß niemand im Westen daran gedacht hat, in die zahlreichen Kriege einzugreifen, die nach dem Ende der Sowjetunion auf deren ehemaligem Territorium am Kaukasus stattgefunden haben. Überall waren russische Truppen beteiligt, zumal in Tschetschenien, das nach wie vor innerhalb der russischen Staatsgrenzen liegt. Die Grausamkeiten in Tschetschenien standen denen in Bosnien in nichts nach, die Zahl der Toten ebensowenig.

Gleichwohl hat der Westen in Tschetschenien nicht interveniert – weshalb nicht? Weil Rußland eine Weltmacht ist. Rußland wird auch in der überschaubaren Zukunft eine Supermacht bleiben, mit weit mehr als zehntausend atomaren Waffen ausgerüstet, gestützt auf das gewaltigste Territorium der Welt – von der Ostsee bis zum Pazifischen Ozean – und auf enorme Bodenschätze. Ob die gegenwärtige politische und wirtschaftliche Schwäche Rußlands ein Vierteljahrhundert dauert oder noch länger, in jedem Falle wäre es ein kapitaler Fehler, wenn der Westen darauf verzichtete, auf allen Feldern der Weltpolitik und der Weltwirtschaft Verständigung und Zusammenarbeit mit Rußland zu suchen.

Ein gleiches gilt für China. In wenigen Jahren wird die öffentliche Meinung Europas begriffen haben, daß China nicht nur politisch, sondern auch wirtschaftlich eine Weltmacht ist. Am Ende des ersten Viertels des neuen Jahrhunderts werden die Ex- und Importe Chinas diejenigen Japans voraussichtlich überholt haben, höchstens zehn Jahre später diejenigen der USA. Die chinesische Währung wird neben Dollar und Euro eine der drei wichtigsten Währungen der Welt sein. Die Politiker in den Staaten Ost- und Südostasiens stellen sich heute schon darauf ein, ihnen ist auch das militärische und atomare Potential Chinas wohlbewußt. Auch wenn einige amerikanische Politiker noch überheblich auf China herabsehen, wir Europäer sollten wissen: China hat schon heute fünfzehnmal so viele Menschen wie Deutschland, zwanzigmal so viele wie Frankreich oder England oder Italien, achtzigmal so viele wie Holland – und der Intelligenzquotient der Chinesen ist nicht geringer als derjenige der Europäer, ihr Fleiß ist eher größer.

In den nächsten Jahrzehnten wird sich folgendes Dreieck an Weltmächten herausstellen: USA, China und Rußland. Etwas später könnten Indien, vielleicht Brasilien und andere große Staaten folgen. Japan wird wahrscheinlich bloß eine Finanzmacht von Weltbedeutung bleiben, gestützt auf eine ungewöhnliche Sparneigung des japanischen Volkes; eine militärische Weltmachtrolle wird Japan aber kaum erlangen. Im Vergleich mit den künftigen Weltmächten werden selbst diejenigen Staaten Europas, die noch im 19. Jahrhundert, ja bis in den Zweiten Weltkrieg hinein Weltmächte gewesen sind, nur noch mittlere Bedeutung haben. Ihr Einfluß wird relativ gering sein – es sei denn, die Völker und Staaten Europas schließen sich nicht nur wirtschaftlich, sondern auch politisch wirksam zusammen.

Es wird auch im nächsten Jahrhundert regionale und lokale Kriege geben. Aber ein großer, gar ein atomarer Krieg zwischen Weltmächten ist einstweilen sehr viel unwahrscheinlicher als zur Zeit des atomaren Rüstungswettlaufs während des Kalten Krieges. Am Ende des 20. Jahrhunderts, des blutigsten von allen, über die uns die Geschichtsschreiber berichten, stehen wir vor einer neuartigen, ganz anderen Welt. Mit dem weltweiten Zusammenbruch des Kommunismus, mit der Öffnung Chinas, mit dem Ende des sowjetischen Großreiches und der Öffnung Rußlands, mit der technologischen und der ökonomischen Globalisierung hat das neue Jahrhundert eigentlich schon begonnen. Allerdings kann von einer neuen »Weltordnung« einstweilen noch keine Rede sein.

Die Europäische Union ist notwendig

Wenn wir Europäer in dieser ganz anderen Welt des 21. Jahrhunderts unsere Interessen wahren wollen, wenn unsere Stimme gehört werden soll, dann ist die weitere Entfaltung der Europäischen Union notwendig. Wenn dieser in der Menschheitsgeschichte einmalige freiwillige Zusammenschluß von Nationen mit eigener Identität, eigener Geschichte und eigener Sprache gelingt, wird er dazu beitragen, daß die Welt im neuen Säkulum eine andere Gestalt haben wird als im alten. Damit der Zusammenschluß gelingt, müssen wir Europäer noch wichtige politische und sozialökonomische Probleme lösen, haben wir noch gewaltige Hürden zu nehmen. Einige der anstehenden Entscheidungen sind für manche Europäer sogar Grundwert-Entscheidungen.

Für uns Deutsche war zu Beginn der fünfziger Jahre der Entschluß zur westeuropäischen Integration mit großen Risiken behaftet; er hätte auch die Teilung Deutschlands verewigen können. Aus heutiger Sicht, ein halbes Jahrhundert später, erweist es sich als Glücksfall, daß politische und ökonomische Zweckmäßigkeit Hand in Hand ging mit der moralischen Notwendigkeit, uns als Nation in einen größeren Rahmen einzubinden.

Seit Jean Monnet und Robert Schuman 1950 den Plan einer Montanunion vorgelegt haben – er wurde 1952 als Europäische Gemeinschaft für Kohle und Stahl verwirklicht –, hat sich die Integration Westeuropas schrittweise vollzogen. Am Anfang waren nur sechs Länder beteiligt, heute sind es fünfzehn Mitgliedsstaaten, demnächst werden Staaten aus dem Osten Mitteleuropas dazukommen.

Eines der beiden am Anfang stehenden Hauptmotive, nämlich eine Barriere gegen ein weiteres Vordringen der Sowjetunion und des Kommunismus zu errichten, ist heute belanglos. Das andere Hauptmotiv, nämlich Deutschland (damals Westdeutschland) einzubinden, um eine Wiederholung deutsch-französischer Kriege auszuschließen, hat immer noch Bedeutung; aber es hat längst seine Brisanz verloren, weil Frankreich und die übrigen beteiligten Staaten sich in gleicher Weise eingebunden haben – lediglich die Engländer haben aus alten geschichtlichen Traditionen noch immer starke Vorbehalte gegen ihre Selbsteinbindung. Mit Beginn der sechziger Jahre wurden die großen sozialökonomischen Vorteile der Beteiligung am gemeinsamen Markt erkennbar, sie wurden zum Hauptmotiv der neu beitretenden Staaten. Inzwischen aber, seit Beginn der Globalisierung in den achtziger Jahren und seit die neuen Machtkonstellationen des nächsten Jahrhunderts erkennbar wurden, spielt das Motiv der *Selbstbehauptung der europäischen Staaten* eine immer größere Rolle.

Als jüngst in Kyoto eine weltweite Klimakonferenz zusammentrat, um zu beraten, was zur Erhaltung der natürlichen Umwelt nötig ist, zumal zur Erhaltung der Reinheit von Atmosphäre und Ozeanen, kam es naturgemäß zu Interessenkonflikten. Ähnlich wie schon bei den wiederholten Anstrengungen, den Fischreichtum der Ozeane zu erhalten und eine Überfischung zu verhindern, waren in Kyoto einige der Teilnehmer bestrebt, ihr Land von notwendigen Verzichten und Opfern möglichst freizuhalten, an der Spitze die beiden Weltmächte USA und China. Weder Frankreich noch Deutschland noch beispielsweise

Spanien oder Finnland hätten sich, als einzelne Staaten operierend, durchsetzen können. Im Weltmaßstab von heute sind alle Staaten Europas – mit Ausnahme Rußlands – nur von mittlerem und kleinerem Gewicht. Gemeinsam jedoch, als Europäische Union, haben sie soviel Gewicht, daß keine Weltmacht sich über die Interessen Europas einfach hinwegsetzen kann.

Dieses gemeinsame Gewicht wird nötig sein, wenn es zum Beispiel in den nächsten Jahrzehnten zu wirksamen Verträgen zur Begrenzung des Ausstoßes von Schadstoffen kommen soll; es bringt nicht viel, wenn zwar einige mittlere und kleinere Staaten ihren Ausstoß an Kohlendioxyd und anderen schädlichen Gasen begrenzen, große und mächtige Staaten jedoch weiterhin riesige Mengen in die Atmosphäre entlassen.

Das gemeinsame Gewicht wird ebenso nötig sein, wenn zum Beispiel die neue Seuche des transnationalen Terrorismus wirksam bekämpft werden soll. Ein großes, erfolgreiches Beispiel für das Gewicht der EU wird in wenigen Jahren die gemeinsame Währung Euro bewirken; er wird nicht nur zu einem weitaus zuverlässigeren, stabileren Wechselkurs gegenüber dem amerikanischen Dollar führen, sondern auch dazu beitragen, die wildwüchsigen, ganze Volkswirtschaften gefährdenden Märkte der kurzfristigen Geld- und Kapitalbewegungen unter internationale Regeln zu stellen und damit Katastrophen zu verhindern, wie wir sie gegenwärtig in Ost- und Südostasien erleben.

Angesichts mancher antieuropäischen nationalistischen Tiraden und Polemiken erscheint es dringend geboten, daß wir Deutschen noch besser verstehen lernen, warum wir die EU nötig haben. Wir müssen wissen: Deutschland hat achtmal so viele Menschen wie Tschechien, fünfmal so viele wie Holland, doppelt so viele wie Polen, wir haben ein Drittel mehr Menschen als Frankreich oder Italien oder England – und schon Größe allein kann bei einem kleineren Nachbarn Unbehagen auslösen. Wir haben sehr viel mehr Nachbarn als alle anderen. Unmittelbar sind uns neun Staaten benachbart, dazu kommen die mittelbaren Nachbarn England, Italien und Rußland oder die Staaten an der Ostsee und auf der Balkanhalbinsel.

Alle Nachbarn erinnern sich an den Krieg, viele an die deutsche Besatzung. Zwar wird diese Erinnerung im Laufe von Generationen verblassen, so wie für uns Deutsche irgendwann die Napoleonischen Kriege vergessen waren. Aber Auschwitz und der Holocaust werden im Gedächtnis der Menschheit ähnlich lange aufbewahrt werden wie die babylonische Gefangenschaft des jüdischen Volkes. Zwar sind die heute lebenden Deutschen in ihrer überwältigenden Mehrheit unschuldig an Hitlers Verbrechen, und niemand wird schuldig geboren. Aber alle Deutschen müssen wissen: Unsere Nachbarn erwarten von uns, daß wir uns unserer Verantwortung für die Zukunft bewußt sind und dafür Sorge tragen, daß es keinen Rückfall in deutschen Größenwahn oder gar in nationalistische Gewalttat geben wird.

Die Franzosen haben uns die Hand zur Versöhnung gereicht, ein moralischer Akt von größter Tragweite. Daß wir die Hand ergriffen und gemeinsam mit den Franzosen schrittweise die Europäische Union errichtet haben, war nicht nur politisch geboten, es war nicht bloß vernünftig, sondern zugleich lag und liegt darin immer noch eine moralische Notwendigkeit. Die weitere Entfaltung der Europäischen Union ist für Deutschland nicht nur ökonomisch geboten, nicht nur zur Selbstbehauptung nach außen, sondern unsere Mitwirkung ist ebenso auch moralisch notwendig.

Wir Deutschen sind nicht die einzigen, die in ihrer Brust das Problem zu bewältigen haben, daß zwischen nationaler Identität und Vaterlandsliebe auf der einen Seite und dem großen transnationalen Projekt der Europäischen Union auf der anderen ein Widerspruch klafft. Unsere Nachbarn stehen vor der gleichen Aufgabe: die eigene nationale Identität zu bewahren, aber sie gleichzeitig zu überwölben mit dem Willen zur europäischen Gemeinsamkeit, zur gemeinsamen europäischen Identität. Die europäische Integration ist eine ganz ungewöhnliche, einmalige Aufgabe, es gibt dafür in der Geschichte kein Vorbild. Soweit wir zurückschauen können, sind Völker zwar oft genug mit kriegerischer Gewalt und durch Eroberung in große Reiche hineingezwungen worden, durch Alexander oder Dareios, durch die Römer oder Karl den Großen, durch Dschingis Khan, durch Hitler oder Stalin. Aber ein freiwilliger Zusammenschluß von über 300 Millionen Menschen, von 15 Staaten mit 13 eigenen, zum Teil sehr verschiedenen Sprachen, mit eigener nationaler Literatur, mit eigenen Traditionen, die im Laufe von Jahrhunderten gewachsen sind, dieses Vorhaben ist absolut einmalig.

Unser wichtigster westlicher Nachbar, die Franzosen, haben es damit schwerer als wir, denn bei ihnen sind patriotischer Stolz und nationale Prestige-Empfindlichkeit stärker ausgeprägt als heutzutage bei uns. Die Polen, unser wichtigster Nachbar im Osten, werden ähnliche Erfahrungen machen wie die Franzosen, sobald sie der EU beigetreten sind. Aber die Franzosen haben schon einen erheblichen Teil des Problems bewältigt. So waren sie im langen Ringen um den Maastrichter Vertrag und um die gemeinsame Euro-Währung um der Einigung willen sehr viel kompromißwilliger als die deutschen Wortführer.

Nicht die Masse des deutschen Volkes, aber einige unserer Politiker haben seit Maastricht eine schlimme Überheblichkeit gegenüber unseren Partnern an den Tag gelegt. Besonders gegenüber Frankreich und Italien hat es in Bonn, in Frankfurt und in München Anmaßung gegeben; man verlangte »strikte Einhaltung« der im Vertrag enthaltenen Maßstäbe (»Kriterien«), obschon der Vertrag gar keine strikte Einhaltung vorgeschrieben hat und obgleich vorauszusehen war, daß Deutschland selbst – wie später auch tatsächlich geschehen – keineswegs alle Kriterien strikt erfüllen würde. Tatsächlich hatten diese Wortführer keine Legitimation für ihre Arroganz, denn ein »deutsches Modell« gibt es längst nicht mehr, und unsere eigene ökonomische Misere und unsere Arbeitslosigkeit zeichnen uns gewiß nicht aus vor anderen. Wir müssen auf unsere Politiker aufpassen. Wer von ihnen aus Besserwisserei und Kompromißunwilligkeit uns bei unseren Nachbarn in Mißkredit bringt, der verstößt gegen das öffentliche Wohl unseres Landes. Er handelt wider die öffentliche Moral.

Die historische Einmaligkeit des europäischen Integrationsprozesses, der jahrhundertelange nationale Entwicklungen überwölben soll, macht es für viele Menschen in fast allen teilnehmenden Völkern schwierig, sich die erstrebte Einigung vorzustellen; viele fürchten auch, ihre nationalen Eigenschaften und Eigenheiten könnten darunter leiden. Deshalb brauchen sie Zeit, um miterleben und nachvollziehen zu können, daß bisher keiner der Schritte im Einigungsprozeß ihre nationale Identität wirklich beschädigt hat, daß andererseits aber vielfältige Vorteile für ihr Land eingetreten sind. Die Menschen brauchen Zeit, sich das Ziel des Prozesses vorzustellen, sich daran zu gewöhnen und es zu akzeptieren. Es mag sein, daß die meisten Deutschen nach zwei verlorenen Weltkriegen ein Quentchen weniger Zeit benötigen als andere.

Weil Einsicht, Gewöhnung und Akzeptanz einen langwierigen Prozeß erforderlich machen, war es klug, den Einigungsprozeß schrittweise und pragmatisch voranzubringen. Viele Schritte sind aufeinander gefolgt, große und kleine. Die führenden Staatsmänner wurden sich immer wieder der im Interesse ihrer Völker liegenden Grundmotive bewußt und haben eine ganze Reihe von Krisen des Integrationsprozesses überwunden. So haben sie zuletzt auch die Euro- oder Post-Maastricht-Krise überwunden. Der Euro ist einer der großen Schritte; er ist aber keineswegs der letzte.

In den nächsten Jahrzehnten steht uns eine Reihe weiterer großer Schritte bevor. So die Herstellung von tatsächlicher Macht des Europäischen Parlaments in Straßburg. Demokratie ist ein Grundwert; die Brüsseler Bürokratie ist bloß ein notwendiges Übel – ihre Macht muß beschnitten werden. Vor allem muß der Sucht, in Fragen einzugreifen, die in den Mitgliedsstaaten durch die nationalen Regierungen und Parlamente geregelt werden können, ein klarer, eindeutiger Riegel vorgeschoben werden.

Das Europäische Parlament wie auch die nationalen Parlamente müssen darüber wachen, daß die EU nur solche Dinge regelt, die wirklich im Interesse der EU gemeinsam für alle geregelt werden *müssen*. Dazu gehören weder eine europaeinheitliche Warnung auf Zigarettenschachteln noch europaeinheitliche Vorschriften für Kondome, um zwei groteske Übertreibungen zu nennen. Wohl aber gehört die Unterbindung und Verhinderung von steuerpolitischem Wettbewerb zwischen den Mitgliedsstaaten zu den notwendigen zukünftigen Aufgaben der EU. Auch eine Reform und eine finanzielle Begrenzung der uferlos wachsenden agrarpolitischen und strukturpolitischen Ausgaben und Aufgaben der EU ist dringend erforderlich.

Zu den wichtigen Schritten wird der Beitritt Polens, Tschechiens und Ungarns gehören. Gegenwärtig werden in den Hauptstädten dieser drei Staaten wie auch in Brüssel und in manchen politischen Reden die bevorstehenden ökonomischen Anpassungsprozesse grob unterschätzt. Denn noch sind nur wenige der Industrien in diesen Staaten dem Wettbewerb auf dem gemeinsamen Markt gewachsen. Deshalb sind Vernunft und Sorgfalt nötig; Beitritts- und Erweiterungseuphorie wäre gefährlich. Für uns Deutsche muß dabei klar sein: Den Beitritt unserer östlichen Nachbarn zu fördern, ist schon moralisch geboten.

Bis es zu einer *gemeinsamen Sicherheits- und Außenpolitik der EU* kommt, wird noch eine längere Zeit vergehen. Es handelt sich hier um ganz große Schritte, wahrscheinlich werden sie nur in mehreren Zwischenstufen vollzogen werden können. Einige Fragen bedürfen jedoch bald der Klärung: Braucht die EU eine Harmonisierung der in den Mitgliedsstaaten geltenden Gesetze für Ein- oder Zuwanderung? Brauchen wir eine Harmonisierung der Gesetze, die den Erwerb der Staatsangehörigkeit regeln? Wahrscheinlich müssen beide Fragen bejaht werden, wenn die Freizügigkeit innerhalb der EU nicht Schaden nehmen soll.

Ob große Schritte oder kleine, es bedarf immer der Kompromißbereitschaft auf allen Seiten. Die meisten Regierungen der Mitgliedsstaaten gehen von den ihnen vertrauten Vorstellungen zu Hause aus, und diese unterscheiden sich von Land zu Land; im Europäischen Parlament gehen die meisten Abgeordneten von den ihnen vertrauten Vorstellungen ihrer jeweiligen Partei aus. Schon deshalb sind Kompromisse geboten; Vernunft und Zivilcourage müssen dafür sorgen, daß keine faulen Kompromisse zustande kommen, etwa zu Lasten Dritter oder zu Lasten der Zukunft, oder auch Kompromisse, die durch vage, auslegungsbedürftige Formulierungen spätere Streitigkeiten unvermeidlich machen. Bei alledem ist es Aufgabe der politischen Klasse, auch der Medienleute und Publizisten, nicht nur die notwendigen Kompromisse zu erklären und durchsichtig zu machen, sondern immer auch das übergeordnete Ziel, dem sie dienen. Niemals sollten sie die Europäische Union schelten, wenn eine unerfreuliche Entwicklung oder eine Fehlentscheidung in Wirklichkeit zu Hause von der eigenen Regierung oder vom Bundestag zu verantworten sind. Wer die EU vor seinen Zuhörern zum Blitzableiter macht, verstößt gegen Anstand und Moral.

Unsere Politiker haben die Pflicht, dazu beizutragen,

daß wir, die Regierten, verstehen und beherzigen: Die Verschwisterung unserer nationalen Identität, unseres Nationalgefühls mit dem historisch gebotenen Prinzip der europäischen Einigung ist eine politisch und ökonomisch dringliche und zugleich eine moralische Aufgabe. Es mag durchaus dahin kommen, daß die Europäische Union im Laufe des 21. Jahrhunderts zu einer neuartigen Weltmacht aufsteigt. Aber niemand müßte sich deshalb beunruhigen.

Religionen und Kulturen müssen sich gegenseitig respektieren

Die technologische und ökonomische Globalisierung bringt die Kontinente und Staaten in engere Berührung als jemals zuvor. Die Bevölkerungsexplosion in Asien, Afrika und Ibero-Amerika bringt zugleich die einzelnen Menschen dort viel enger zusammen, denn der in den einzelnen Staaten verfügbare Raum bleibt gleich groß wie bisher. Solange die Menschen als Nomaden mit einer Herde von Rindern oder Ziegen in einsamen Steppen umhergewandert sind, solange brauchten sie von anderen Menschen selten Böses zu befürchten; in manchen Fällen benötigten sie gar keinen Staat. Seit aber die Menschen zu Millionen immer enger in Städten zusammengeballt leben müssen, zum Teil unter elenden Verhältnissen, ergeben sich Reibungen, Konflikte und Verbrechen in wachsendem Maß. In sozialen, wirtschaftlichen oder auch politischen Notlagen werden Ventile geschaffen, welche die Aggressionen ableiten; diese richten sich dann gegen die Regierung, gegen die Oberklassen, gegen Nachbarn, auch gegen Menschen anderer Religion, anderer Sprache, anderer Hautfarbe und Herkunft. Wem es schlecht geht oder wer unzufrieden ist, der neigt leicht dazu, dafür einen anderen als schuldig anzusehen – mitunter eine ganze Gruppe, eine ganze Klasse oder sogar einen anderen Staat. Auch Regierende neigen nicht selten dazu, anderen Staaten und Regierungen die Schuld dafür zuzuschreiben, daß sie die Probleme im eigenen Land nicht zureichend lösen.

Gleichzeitig hängen aber die einzelnen Menschen immer stärker voneinander ab, sei es am Arbeitsplatz, bei der ärztlichen Versorgung, beim Trinkwasser oder bei der Müllbeseitigung. Auch die Staaten der Welt und ihre Volkswirtschaften hängen heute stärker voneinander ab als jemals zuvor; Importe und Exporte, internationale Marktpreise und Wechselkurse, internationale Kredite und Zinsen spielen heute selbst in entlegenen Entwicklungsländern oft eine entscheidende Rolle für das Wohlergehen des Volkes. Die hohe internationale ökonomische Abhängigkeit vieler Staaten hat ihre Volkswirtschaften verwundbar gemacht. Wenn infolgedessen Fehlschläge oder gar ernste Notlagen eintreten – eine Reihe ost- und südostasiatischer Staaten bietet gegenwärtig anschauliche Beispiele –, dann verlangen die Regierungen Hilfe von anderen Staaten, von der Weltbank, vom Weltwährungsfonds usw. Sofern die Hilfen nicht ausreichen oder die Zinsen als zu hoch und die Kreditbedingungen als zu hart verurteilt werden, wächst die Versuchung, gegenüber der öffentlichen Meinung des eigenen Volkes die Schuld für die Misere dem Ausland zuzuweisen.

Die durch Globalisierung und Bevölkerungsüberdruck

entstehenden Notlagen und Konflikte werden durch religiöse und rassistische Elemente verschärft und angeheizt; sie verstärken die seit Menschengedenken immer wieder auftretenden religiösen Feindschaften. Schon die alten Griechen haben alle anderen als Barbaren angesehen. Die Christenverfolgungen durch die Römer waren nur ein blasses Vorspiel zu den christlichen Kreuzzügen gegen die muslimischen Gläubigen und zu den späteren blutigen Bündnissen zwischen Heidenmission und gewaltsamer Kolonisierung in Afrika, Asien, Amerika (das Vorbild lieferte Jahrhunderte zuvor die Christianisierung im späteren Ostpreußen und im Baltikum). Religionskriege haben ganze Völker dezimiert und ausgelöscht. Im hochzivilisierten Nordirland kommt es wegen des Religionskampfes zwischen Protestanten und Katholiken immer wieder zu terroristischen Morden. Was wir an blutigen Konflikten in Kroatien, Bosnien und im Kosovo miterleben, ist eine Mischung aus Nationalismus und Religionskampf. Nicht anders im Nahen Osten.

Je enger die Menschen beieinander wohnen müssen, um so größer ist die Gefahr von religiösen, ethnischen und rassistischen Konflikten. Solange in Westdeutschland genug Arbeitsplätze zur Verfügung standen, auch für die türkischen Gastarbeiter, solange gab es bei uns keinerlei nennenswerte Feindlichkeit gegen diese Ausländer, zumal wir sie ja willentlich ins Land geholt hatten. Seit aber Millionen Arbeitsplätze fehlen und zugleich Millionen zusätzlicher Ausländer aus ungezählten Staaten ins Land geströmt sind, erleben wir nicht nur Feindschaft gegen Ausländer, sondern auch Verbrechen bis hin zu Mordanschlägen. Soziale oder ökonomische Unsicherheit und politische Unzufriedenheit schaffen den Boden für böse Konflikte zwischen Menschen verschiedener Religion, Hautfarbe oder auch nur verschiedener Nationalität und Sprache.

Diese Erkenntnis beschränkt sich keineswegs auf Deutschland, Spannungen sind auch in Frankreich anzutreffen, auch in anderen europäischen Staaten und in den USA. Schlimmer ist jedoch, daß ganze Völker und Staaten von ihren Regierungen in religiöse oder ideologische Konflikte mit anderen Staaten hineingetrieben werden. Der Hitlersche Wahn und der sowjetische Kommunismus waren in diesem Jahrhundert die extremsten Beispiele. Die Haß auslösende, fundamentalistische Politik Chomeinis im Iran hatte einen vergleichbaren, wenn auch einstweilen regional begrenzten Charakter. Saddam Hussein ist kaum aus anderem Holz. Die Kriege und Unterdrückungen innerhalb Nigerias, des weitaus volkreichsten Staates in Afrika, hatten religiöse und ethnische Ursachen. In mehreren muslimischen Staaten, von Algerien bis Afghanistan, stehen religiös-fundamentalistische Organisationen bereit, gewaltsam die Regierung zu übernehmen. Fast überall geht religiöser oder ideologischer Eifer einer Regierung Hand in Hand mit Diktatur und Unterdrückung.

In dieser Situation ist es nur allzu verständlich, wenn im Westen viele Menschen auf die schrittweise Durchsetzung des Konzepts der Menschenrechte hoffen, so auch ich selbst. Dabei sehe ich jedoch mit Unbehagen, daß einige amerikanische Politiker die Menschenrechtserklärung, welche die UN 1948 verabschiedet haben, zu einem Pressionsinstrument der amerikanischen Außenpolitik machen oder machen möchten, indem sie polemische Vorwürfe wegen Verletzung der Menschenrechte an die Adresse anderer Staaten richten.

Als Indien und Pakistan durch Atomtests der Welt demonstrierten, daß sie über Atomwaffen verfügen, erhoben einige Wortführer in den USA die Forderung nach »Bestrafung« dieser beiden Staaten. Dabei hatten sie weder die Menschenrechte noch Gesetze oder Verträge verletzt, sie hatten nur dasselbe getan, was die fünf offiziellen Atomwaffenmächte vorher auch getan hatten. So sehr man besorgt sein muß sowohl über die Abrüstungsversäumnisse der alten Atomwaffenstaaten als auch über die zunehmende Ausbreitung neuer Atomwaffenstaaten, so wenig kann man die letzteren schelten und bedrohen und zugleich die ersteren von der Kritik ausnehmen.

Die Weltmacht USA hat gegen mehrere Dutzend Staaten ökonomische Sanktionen verhängt – darunter China, Indien, Pakistan, Indonesien und Iran – und diese Eingriffe zum Teil mit Menschenrechtsvorwürfen begründet. Die betroffenen Staaten und ihre Regierungen müssen jedoch den Eindruck gewinnen: Es geht weniger um Menschenrechte als vielmehr um die Aufrechterhaltung einer weltweiten Dominanz der USA. Dieser Eindruck drängt sich um so mehr auf, als die Vorwürfe sehr wählerisch erhoben werden: gegen China und Iran, nicht aber gegen Israel oder Saudi-Arabien. Offensichtlich entscheiden politische Interessen Amerikas darüber, wer angeklagt werden soll und wer nicht.

Diese selektive, zweischneidige Menschenrechtspolitik macht es den Anhängern des Konfuzianismus in Ostasien, den Hindus in Indien, den Muslimen von Indonesien bis

Afrika zusätzlich schwer, den hohen Wert und die Bedeutung der Menschenrechte zu erkennen und anzuerkennen. In all diesen Völkern und ihren Religionen haben bisher die *Rechte* der einzelnen Person keineswegs im Vordergrund gestanden – wie ja auch nicht in der christlichen Religion. Alle Religionen betonen dagegen stark die Pflichten, die jedermann auferlegt sind. Die Menschenrechte sind eine Errungenschaft der europäischen Aufklärung sowie der amerikanischen Unabhängigkeit und der Französischen Revolution gegen Ende des 18. Jahrhunderts. Danach haben die Amerikaner fast einhundert Jahre gebraucht, um die allen Menschenrechten Hohn sprechende Sklaverei abzuschaffen; wir Deutschen haben anderthalb Jahrhunderte gebraucht – und im Osten noch vierzig Jahrer länger –, bis auch bei uns die Menschenrechte endgültig durchgesetzt waren.

Die Menschenrechte sind zurückzuführen auf den moralischen Grundwert der Würde der einzelnen Person. Ihre Ausbreitung über die ganze Welt erscheint dringend wünschenswert. Aber angesichts ihrer kurzen Geschichte – die Menschenrechte sind unendlich viel jünger als sämtliche Weltreligionen – darf niemand sich wundern, wenn viele Asiaten und Afrikaner sie einstweilen für eine westliche Ideologie ansehen, die ihren eigenen Kulturen und Traditionen nicht gemäß ist. Und wenn manche ihrer geistlichen und politischen Führer diese westliche Ideologie auffassen als ein Instrument zur Aufrechterhaltung der Dominanz des Westens.

Es ist deshalb natürlich und verständlich, daß sie sich gegen westliche Vorwürfe zur Wehr setzen und auf ihre eigenen Werte verweisen. Ohne Zweifel spielen die »asiatischen Werte« eine große Rolle für den Zusammenhalt der Gesellschaft beispielsweise in China, Japan und Korea, sie haben eine ehrwürdige Tradition. Das Pflichtprinzip im Konfuzianismus betraf nicht nur die Untertanen, sondern ebenso den Kaiser und seine Beamten, und es verpflichtete die Mitglieder einer Familie ebenso wie den Chef einer Firma zur gegenseitigen Fürsorge. Die Tugenden werden betont, aber auch das Ordnungsprinzip. Man darf davon ausgehen, daß nach dem Scheitern der kommunistisch-maoistischen Ideologie konfuzianische Prinzipien auch in der kommunistischen Partei Chinas wieder eine große Rolle spielen werden.

Die Auseinandersetzungen einiger westlicher Politiker mit den konfuzianischen Wert- und Moraltraditionen zeugen nicht von sonderlich hohem Niveau; bisweilen sind sie geprägt von Superioritätsdenken, besonders gegenüber Japanern. Von diesen Kontroversen geht gegenwärtig noch keine besondere Gefährdung des Friedens aus, weil Japan und die USA verbündet sind, weil es eine stillschweigende Parteinahme der USA für das gleichfalls konfuzianisch geprägte Taiwan gibt und – bei weitem am wichtigsten – weil der latente machtpolitische Konflikt zwischen den USA und China zur Zeit von beiden Seiten bewußt in Grenzen gehalten wird.

Gefährlicher ist der immer wieder aufflackernde, im Grunde ungelöste territoriale Konflikt zwischen Indien und Pakistan, weil in diesem Falle auf beiden Seiten Menschenmassen verschiedener Religionen und Sprachen sehr eng beieinander leben. In Pakistan besteht die überwältigende Mehrheit der Einwohner aus Muslimen, von denen die meisten Sunniten und etwa ein Fünftel Schiiten sind.

Indien dagegen ist weit überwiegend von Hindus bewohnt, ein Zehntel der Einwohner sind jedoch Muslime. In beiden Staaten gibt es daneben mehrere religiöse und ethnische Minderheiten, die regionale Sprachen sprechen; innerhalb beider Staaten kommt es deshalb immer wieder zu Kämpfen und Aufständen. Die bei weitem größte Gefahr geht aber von dem Streit zwischen Delhi und Islamabad aus. Bei diesen Auseinandersetzungen um einige größere Gebiete spielt der religiöse Streit zwischen Hinduismus und Islam eine wesentliche Rolle; er war schon ausschlaggebend gewesen bei der Trennung der ehemaligen britischen Kolonie in die Staaten Indien, Pakistan und Bangladesh. Die hohen Geburtenraten in diesem Teil der Welt lassen befürchten, daß wir im Laufe des 21. Jahrhunderts mehrfach ernste, opferreiche Kriege mit religiöser Akzentuierung zu erwarten haben.

Aus europäischer Sicht ist zweifellos der latente Konflikt zwischen dem Islam und der westlichen Ideologie von größter Bedeutung. Er geht geschichtlich zurück bis auf die Zeit der Kreuzzüge und der Reconquista auf der iberischen Halbinsel. Die Tatsache allerdings, daß Judentum, Christentum und Islam sich allesamt auf Abraham berufen, auf Moses und fast alle Propheten des Alten Testaments, ist der Mehrheit der heute lebenden Juden, Christen und Muslime nicht bewußt; auch die fruchtbare Zusammenarbeit von Gelehrten aller drei Religionen zur Zeit der maurischen Herrschaft in Spanien ist weitestgehend unbekannt.

Entscheidende Faktoren der heutigen Spannungen sind die abweisende Haltung des Vatikans gegenüber dem Islam sowie – seit der Gründung des Staates Israel – die mehrheitlich gespannte und teilweise feindliche Haltung aller arabischen Staaten gegenüber Israel und dem Judentum. Noch zu Goethes Zeit lagen die Türkei (das damalige Osmanische Reich), Arabien, Ägypten oder die afrikanische Mittelmeerküste weit außerhalb des europäischen Blickfelds. Heute haben wir Millionen gläubiger Muslime in Deutschland, in Frankreich und anderen Staaten der Europäischen Union; wir haben Mühe, daraus resultierende feindliche Attitüden im Zaum zu halten. Der Bevölkerungsüberdruck in den vom sunnitischen Islam geprägten Staaten im Osten und im Süden des Mittelmeeres kann im Laufe des kommenden Jahrhunderts für Europa (einschließlich Deutschlands) zu ernsten, gefährlichen Konflikten führen.

Amerika wird vermutlich nur geringfügig von religiösen Kämpfen betroffen werden, um so mehr Asien. Dabei kann sich Zentralasien zu einem Konfliktherd entwickeln. Hier treffen die Interessen Chinas, Rußlands, Irans, Pakistans, Indiens, der Türkei und Afghanistans aufeinander. Dabei geht es nicht nur um Öl und Erdgas, Pipelines und Wasser, sondern es wird auch um religiöse Vorherrschaft gehen; die fünf auf dem Territorium der vormaligen Sowjetunion entstandenen neuen souveränen Staaten sind teils von sunnitischen, teils von schiitischen Muslimen bewohnt. Viele der heutigen Grenzen werden umstritten sein.

Der Amerikaner Samuel Huntington hat mit seinem Buch über den bevorstehenden Zusammenstoß der Kulturen und Religionen (»Clash of Civilisations«) auf die religiösen Gefährdungen des Weltfriedens aufmerksam gemacht. So interessant Huntingtons Arbeit auch ist, seine These, ein Zusammenstoß des Westens mit dem Islam stehe zwangsläufig bevor, muß deutlich zurückgewiesen werden. Der Westen (einschließlich der Europäischen Union) darf einen drohenden Zusammenstoß mit dem Islam keineswegs als unvermeidlich hinnehmen; insbesondere die Europäer müssen im eigenen Interesse große Anstrengungen zur Entschärfung dieses und anderer religiöser Konflikte unternehmen.

Ein bloßer Rückzug auf die vor einem halben Jahrhundert verabschiedete Menschenrechtserklärung kann nicht ausreichen. Vielmehr bedarf die Welt eines hohen Maßes an religiöser Toleranz. Die Weltreligionen enthalten einen großen Schatz an übereinstimmenden moralischen Geboten, allen voran die »goldene Regel«, nach der jeder sich gegenüber anderen so verhalten soll, wie er sich wünscht, daß sie sich ihm gegenüber verhalten. Diesen gemeinsamen Schatz ins Bewußtsein zu heben, wird für den Frieden im 21. Jahrhundert zu einer der wichtigsten Aufgaben werden. Ob es gelingt, die religiösen und politischen Führer von der Notwendigkeit gegenseitiger Toleranz zu überzeugen, und wieweit sie diese Toleranz in ihrer täglichen Praxis selbst üben, kann über Frieden oder Krieg entscheiden.

Auch die Geschichte Europas ist voll von Religionskämpfen; dennoch sollten wir uns immer wieder in Erinnerung rufen, daß Kaiser Friedrich II. schon im 13. Jahrhundert zur Toleranz gegenüber Juden und Muslimen aufgerufen hat und daß es am Ende die europäische Aufklärung war, die dem Toleranzprinzip zum Durchbruch verholfen hat. Hier liegen Anknüpfungsmöglichkeiten. Nirgendwo auf der Welt ist die vergleichende Religionswissenschaft stärker entfaltet als an den Universitäten Europas. Europa hat gute Voraussetzungen für einen interreligiösen Dialog.

Es gibt auf westlicher Seite eine Reihe gewichtiger Autoritäten, die sich für religiöse Toleranz einsetzen, so Kardinal König, Yehudi Menuhin, Hans Küng, Amitai Etzioni oder der kürzlich verstorbene Isaiah Berlin. Das Parlament der Weltreligionen hat eine »Declaration toward Global Ethic« verabschiedet. Es gibt auf muslimischer Seite die von Hosni Mubarak begonnene Initiative der Kairoer Al Azhar-Universität »Islam im Dialog«, die bei Anwar el Sadat oder bei Muhammed Abduh anknüpfen kann, der schon am Ende des vorigen Jahrhunderts Thora, Evangelium und Koran als drei zusammenhängende heilige Schriften ausgelegt hat. In China hat es jüngst eine erste Konferenz über Weltethos und traditionelle chinesische Ethik gegeben, in Indien eine solche über Weltethos und traditionelle indische Ethik. Eine weltweite Diskussion hat begonnen.

Auch Roman Herzog hat sich für Toleranz eingesetzt. »Es geht nicht um Kampf, um Vorrang der Kulturen in der Welt«, hat er 1995 gesagt. »Es geht vielmehr um das weiche Sowohl-als-auch der Kulturen und Gesellschaftsmodelle. Voraussetzung ist eine gemeinsame Zivilisation des friedlichen Miteinanders.« Ein Jahr später hat er ausgeführt: »Ich halte an der Universalität der allgemeinen Menschenrechtserklärung fest. Aber so wie wir in Europa Jahrhunderte gebraucht haben ... können wir nicht verlangen, daß Indien ... oder China in dreißig Jahren die Entwicklung nachvollziehen, für die wir (selbst) dreihundert oder vierhundert Jahre gebraucht haben.« Diesen letzten Satz zitiere ich besonders gern, weil er einige Eiferer in die Schranken weist.

Eiferer trifft man nicht nur in Deutschland. So ist zum Beispiel auch der Inter Action Council mit seinem Entwurf einer »Universal Declaration of Human Responsibilities« auf eifernde journalistische Kritik gestoßen. Dieser Entwurf beruht auf zehnjähriger Vorarbeit durch religiöse und politische Führungspersönlichkeiten in allen fünf Kontinenten. Er wurde 1997 von vierundzwanzig früheren Staats- und Ministerpräsidenten verabschiedet; viele andere, die nicht selbst an der Entwurfsarbeit beteiligt gewesen waren, haben sich inzwischen angeschlossen.

Der Entwurf – er ist im Anhang zu diesem Buch abgedruckt – wendet sich an Politiker und Regierungen, an religiöse Führer, an Medienleute und Manager. Er sagt in Artikel 15: »Die Repräsentanten der Religionen (haben) eine besondere Pflicht, Äußerungen von Vorurteilen und diskriminierende Handlungen gegenüber Andersgläubigen zu vermeiden. Sie sollen Haß, Fanatismus oder Glaubenskriege weder anstiften noch legitimieren, vielmehr sollen sie Toleranz und gegenseitige Achtung unter allen Menschen fördern.« In Artikel 9 heißt es: »Alle Menschen ... haben die Pflicht ... überall auf der Welt eine nachhaltige Entwicklung (zu) fördern, um ... Würde, Freiheit, Sicherheit und Gerechtigkeit zu gewährleisten.« Am Schluß wird in Artikel 19 die Menschenrechtserklärung des Jahres 1948 unterstrichen.

Dieser Entwurf, der nach meiner Überzeugung eine gute Diskussionsgrundlage für einen weltweiten ethischen Minimalkodex bietet, enthält selbstverständlich auch die von allen Religionen der Welt getragene »goldene Regel«. Er ist darüber hinaus durchaus geeignet, auch unserer eigenen Gesellschaft als ethische oder moralische Orientierung zu dienen.

Für Leser, die immer noch nicht gern von Pflichten oder Verantwortlichkeiten hören, sei nochmals Bundespräsident Herzog zitiert, der zu dem chinesischen Präsidenten Jiang Zemin gesagt hat: »Aristoteles differenzierte ebenso wie Konfuzius zwischen Recht und Ethik. In der westlichen Welt gewannen das Recht und mit ihm die bürgerlichen Freiheiten größeres Gewicht, in der konfuzianischen Tradition die Ethik und mit ihr die bürgerlichen Pflichten ... Ich kann un-seren beiden Kulturen nur wünschen, daß sie sich auf die Mitte der Balance zubewegen. Aristoteles und Konfuzius ... diese beiden waren Verfechter der richtigen Mitte.«

In allen Kulturen gibt es freilich intolerante, zum Teil gewalttätige Eiferer, die den Lernprozeß behindern. Wir kennen sie auch bei uns im Westen, von Le Pen über Haider bis Frey. Wenn wir sie in unserem eigenen Land treffen, müssen wir ihnen mit Festigkeit entgegentreten. Gegenüber Intoleranz darf es kein Zurückweichen geben. Wenn sie uns in anderen Staaten begegnen, sollten wir mit Gelassenheit prüfen: Sind die Eiferer symptomatisch, sind sie repräsentativ für ihr Volk, für ihren Staat, für ihre Religion? Es gibt einen islamistischen Fundamentalismus, welcher der Faszination militanter Slogans und Parolen folgt, ohne daß ihm ein echter religiöser Antrieb zugrunde liegt. Dergleichen darf uns nicht in Aufgeregtheiten oder gar in Angst versetzen und uns zu Überreaktionen verleiten. Islamistische Terroristen sind für eine Milliarde muslimischer Gläubiger genausowenig repräsentativ, wie die R.A.F.-Terroristen für sechzig Millionen Deutsche in der Bundesrepublik repräsentativ waren.

Ereignisse, auf die wir keinen Einfluß nehmen können, müssen wir trennen von solchen, die wir in der Tat beeinflussen können; die letzteren bedürfen unseres Engagements. Dabei werden wir – dies weiß ich aus eigener praktischer Erfahrung – in allen Kulturen und Religionen viele Menschen kennenlernen, die gleicherweise Toleranz für geboten ansehen und sich in ihrem Wirkungskreis ernsthaft darum bemühen.

Im Blick auf das 21. Jahrhundert kann uns ein Wort von Immanuel Kant eine Hilfe sein. In seiner Schrift »Vom ewigen Frieden« schrieb er, immerwährender Friede müsse dann keine bloße Idee bleiben, wenn wir es als unsere Pflicht und als berechtigte Hoffnung ansehen, schrittweise und allmählich das internationale Recht zu verwirklichen. Zwar seien die Schritte bisher sehr klein gewesen, aber vielleicht würden »die Abstände zwischen den Stufen des Fortschritts in Zukunft geringer«.

Anhang

Entwurf einer Allgemeinen Erklärung der Menschenpflichten

Allgemeine Erklärung
der Menschenpflichten*

PRÄAMBEL

Da die Anerkennung der allen Mitgliedern der menschlichen Familie innewohnenden Würde und der gleichen und unveräußerlichen Rechte die Grundlage für Freiheit, Gerechtigkeit und Frieden in der Welt ist und Pflichten oder Verantwortlichkeiten ("responsibilities") einschließt,

da das exklusive Bestehen auf Rechten Konflikt, Spaltung und endlosen Streit zur Folge hat und die Vernachlässigung der Menschenpflichten zu Gesetzlosigkeit und Chaos führen kann,

da die Herrschaft des Rechts und die Förderung der Menschenrechte abhängen von der Bereitschaft von Männern wie Frauen, gerecht zu handeln,

---
* Die Erklärung wurde am 1. September 1997 dem Generalsekretär der Vereinten Nationen, Kofi Annan, zugestellt. Sie trägt im englischen Original den Titel: *Universal Declaration of Human Responsibilities*. In der deutschen Übersetzung habe ich das Wort »Pflichten« gewählt. Möglicherweise würden die deutschen Worte »Verantwortungen« oder »Verantwortlichkeiten« dem Original eher gerecht; es zeigt sich hier der enge innere Zusammenhang von Verantwortung und Pflicht.

da globale Probleme globale Lösungen verlangen, was nur erreicht werden kann durch von allen Kulturen und Gesellschaften beachtete Ideen, Werte und Normen,

da alle Menschen nach bestem Wissen und Vermögen eine Verantwortung haben, sowohl vor Ort als auch global eine bessere Gesellschaftsordnung zu fördern - ein Ziel, das mit Gesetzen, Vorschriften und Konventionen allein nicht erreicht werden kann,

da menschliche Bestrebungen für Fortschritt und Verbesserung nur verwirklicht werden können durch übereinstimmende Werte und Maßstäbe, die jederzeit für alle Menschen und Institutionen gelten,

deshalb verkündet
die Generalversammlung der Vereinten Nationen

diese Allgemeine Erklärung der Menschenpflichten. Sie soll ein gemeinsamer Maßstab sein für alle Völker und Nationen, mit dem Ziel, daß jedes Individuum und jede gesellschaftliche Einrichtung, dieser Erklärung stets eingedenk, zum Fortschritt der Gemeinschaften und zur Aufklärung all ihrer Mitglieder beitragen mögen. Wir, die Völker der Erde, erneuern und verstärken hiermit die schon durch die Allgemeine Erklärung der Menschenrechte proklamierten Verpflichtungen: die volle Akzeptanz der Würde aller Menschen, ihrer unveräußerlichen Freiheit und Gleichheit und ihrer Solidarität untereinander. Bewußtsein und Akzeptanz dieser Pflichten sollen in der ganzen Welt gelehrt und gefördert werden.

Fundamentale Prinzipien für Humanität

ARTIKEL 1

Jede Person, gleich welchen Geschlechts, welcher ethnischen Herkunft, welchen sozialen Status, welcher politischen Überzeugung, welcher Sprache, welchen Alters, welcher Nationalität oder Religion, hat die Pflicht, alle Menschen menschlich zu behandeln.

ARTIKEL 2

Keine Person soll unmenschliches Verhalten, welcher Art auch immer, unterstützen, vielmehr haben alle Menschen die Pflicht, sich für die Würde und die Selbstachtung aller anderen Menschen einzusetzen.

ARTIKEL 3

Keine Person, keine Gruppe oder Organisation, kein Staat, keine Armee oder Polizei steht jenseits von Gut und Böse; sie alle unterstehen moralischen Maßstäben. Jeder Mensch hat die Pflicht, unter allen Umständen Gutes zu fördern und Böses zu meiden.

ARTIKEL 4

Alle Menschen, begabt mit Vernunft und Gewissen, müssen im Geist der Solidarität Verantwortung übernehmen gegenüber jedem und allen, Familien und Gemeinschaften, Rassen, Nationen und Religonen: *Was du nicht willst, das man dir tu, das füg auch keinem andern zu.*

Gewaltlosigkeit und Ehrfurcht vor dem Leben

ARTIKEL 5

Jede Person hat die Pflicht, Leben zu achten. Niemand hat das Recht, eine andere menschliche Person zu verletzen, zu foltern oder zu töten. Dies schließt das Recht auf gerechtfertigte Selbstverteidigung von Individuen und Gemeinschaften nicht aus.

ARTIKEL 6

Streitigkeiten zwischen Staaten, Gruppen oder Individuen sollen ohne Gewalt ausgetragen werden. Keine Regierung darf Akte des Völkermords oder des Terrorismus tolerieren oder sich daran beteiligen, noch darf sie Frauen, Kinder oder irgendwelche andere zivile Personen als Mittel zur Kriegführung mißbrauchen. Jeder Bürger und öffentliche Verantwortungsträger hat die Pflicht, auf friedliche, gewaltfreie Weise zu handeln.

ARTIKEL 7

Jede Person ist unendlich kostbar und muß unbedingt geschützt werden. Schutz verlangen auch die Tiere und die natürliche Umwelt. Alle Menschen haben die Pflicht, Luft, Wasser und Boden um der gegenwärtigen Bewohner und der zukünftigen Generationen willen zu schützen.

Gerechtigkeit und Solidarität

ARTIKEL 8

Jede Person hat die Pflicht, sich integer, ehrlich und fair zu verhalten. Keine Person oder Gruppe soll irgendeine andere Person oder Gruppe ihres Besitzes berauben oder ihn willkürlich wegnehmen.

ARTIKEL 9

Alle Menschen, denen die notwendigen Mittel gegeben sind, haben die Pflicht, ernsthafte Anstrengungen zu unternehmen, um Armut, Unterernährung, Unwissenheit und Ungleichheit zu überwinden. Sie sollen überall auf der Welt eine nachhaltige Entwicklung fördern, um für alle Menschen Würde, Freiheit, Sicherheit und Gerechtigkeit zu gewährleisten.

ARTIKEL 10

Alle Menschen haben die Pflicht, ihre Fähigkeiten durch Fleiß und Anstrengung zu entwickeln; sie sollen gleichen Zugang zu Ausbildung und sinnvoller Arbeit haben. Jeder soll den Bedürftigen, Benachteiligten, Behinderten und den Opfern von Diskriminierung Unterstützung zukommen lassen.

ARTIKEL 11

Alles Eigentum und aller Reichtum müssen in Übereinstimmung mit der Gerechtigkeit und zum Fortschritt der

Menschheit verantwortungsvoll verwendet werden. Wirtschaftliche und politische Macht darf nicht als Mittel zur Herrschaft eingesetzt werden, sondern im Dienst wirtschaftlicher Gerechtigkeit und sozialer Ordnung.

Wahrhaftigkeit und Toleranz

ARTIKEL 12

Jeder Mensch hat die Pflicht, wahrhaftig zu reden und zu handeln. Niemand, wie hoch oder mächtig auch immer, darf lügen. Das Recht auf Privatsphäre und auf persönliche oder berufliche Vertraulichkeit muß respektiert werden. Niemand ist verpflichtet, die volle Wahrheit jedem zu jeder Zeit zu sagen.

ARTIKEL 13

Keine Politiker, Beamte, Wirtschaftsführer, Wissenschaftler, Schriftsteller oder Künstler sind von allgemeinen ethischen Maßstäben entbunden, noch sind es Ärzte, Juristen und andere Berufe, die Klienten gegenüber besondere Pflichten haben. Berufsspezifische oder andersartige Ethikkodizes sollen den Vorrang allgemeiner Maßstäbe wie etwa Wahrhaftigkeit und Fairness widerspiegeln.

ARTIKEL 14

Die Freiheit der Medien, die Öffentlichkeit zu informieren und gesellschaftliche Einrichtungen wie Regierungsmaßnahmen zu kritisieren - was für eine gerechte Gesellschaft wesentlich ist -, muß mit Verantwortung und Umsicht gebraucht werden. Die Freiheit der Medien bringt eine besondere Verantwortung für genaue und wahrheitsgemäße Berichterstattung mit sich. Sensationsberichte, welche die menschliche Person oder die Würde erniedrigen, müssen stets vermieden werden.

ARTIKEL 15

Während Religionsfreiheit garantiert sein muß, haben die Repräsentanten der Religionen eine besondere Pflicht, Äußerungen von Vorurteilen und diskriminierende Handlungen gegenüber Andersgläubigen zu vermeiden. Sie sollen Haß, Fanatismus oder Glaubenskriege weder anstiften noch legitimieren, vielmehr sollen sie Toleranz und gegenseitige Achtung unter allen Menschen fördern.

Gegenseitige Achtung und Partnerschaft

ARTIKEL 16

Alle Männer und alle Frauen haben die Pflicht, einander Achtung und Verständnis in ihrer Partnerschaft zu zeigen. Niemand soll eine andere Person sexueller Ausbeutung oder Abhängigkeit unterwerfen. Vielmehr sollen Geschlechtspartner die Verantwortung für die Sorge um das Wohlergehen des anderen wahrnehmen.

ARTIKEL 17

Die Ehe erfordert - bei allen kulturellen und religiösen Verschiedenheiten - Liebe, Treue und Vergebung, und sie soll zum Ziel haben, Sicherheit und gegenseitige Unterstützung zu garantieren.

ARTIKEL 18

Vernünftige Familienplanung ist die Verantwortung eines jeden Paares. Die Beziehung zwischen Eltern und Kindern soll gegenseitige Liebe, Achtung, Wertschätzung und Sorge widerspiegeln. Weder Eltern noch andere Erwachsene sollen Kinder ausbeuten, mißbrauchen oder mißhandeln.

Schluß

ARTIKEL 19

Keine Bestimmung dieser Erklärung darf so ausgelegt werden, daß sich daraus für den Staat, eine Gruppe oder eine Person irgendein Recht ergibt, eine Tätigkeit auszuüben oder eine Handlung vorzunehmen, welche auf die Vernichtung der in dieser Erklärung und der Allgemeinen Erklärung der Menschenrechte von 1948 angeführten Pflichten, Rechte und Freiheiten abzielen.

UNTERZEICHNER

Die Mitglieder des Inter Action Council

Helmut Schmidt (Ehrenvorsitzender),
Bundeskanzler der Bundesrepublik Deutschland a.D.
Malcolm Fraser (Vorsitzender),
Premierminister von Australien a.D.
Andries A. M. van Agt,
Premierminister der Niederlande a.D.
Anand Panyarachun,
Premierminister von Thailand a.D.
Oscar Arias Sánchez,
Präsident von Costa Rica a.D.
Lord Callaghan of Cardiff,
Premierminister von Großbritannien a.D.
Jimmy Carter,
Präsident der USA a.D.
Miguel de la Madrid Hurtado,
Präsident von Mexiko a.D.
Kurt Furgler,
Bundespräsident der Schweiz a.D.
Valéry Giscard d'Estaing,
Staatspräsident von Frankreich a.D.
Felipe González Márquez,
Premierminister von Spanien a.D.
Michail Gorbatschow,
Staatspräsident der UdSSR a.D.
Salim al-Hoss,
Premierminister des Libanon a.D.

Kenneth Kaunda,
Präsident von Zambia a.D.
Lee Kuan Yew,
Premierminister von Singapur a.D.
Kiichi Miyazawa,
Premierminister von Japan a.D.
Misael Pastrana Borrero,
Präsident von Kolumbien a.D.
(im August 1997 verstorben)
Shimon Peres,
Premierminister von Israel a.D.
Maria de Lourdes Pintasilgo,
Premierministerin von Portugal a.D.
José Sarney,
Präsident von Brasilien a.D.
Shin Hyon Hwak,
Premierminister von Korea a.D.
Kalevi Sorsa,
Premierminister von Finnland a.D.
Pierre Elliott Trudeau,
Premierminister von Kanada a.D.
Ola Ullsten,
Premierminister von Schweden a.D.
George Vassiliou,
Präsident von Zypern a.D.
Franz Vranitzky,
Bundeskanzler von Österreich a.D.

Helmut Schmidt
im Gespräch
mit Eberhard Jäckel
und Edzard Reuter

Was wird aus Deutschland?

192 Seiten

Seit der Vereinigung beider deutscher Staaten ist Deutschland mit rund 80 Millionen Einwohnern größer als alle seine Nachbarn. Führt das eines Tages zu Spannungen? Besteht die Gefahr, daß Deutschland sich von Europa abwendet? Oder ist der europäische Integrationsprozeß bereits so weit fortgeschritten, daß er praktisch unumkehrbar ist?

Was wird aus Deutschland?

In ihren Antworten auf diese besorgten Fragen des Historikers Eberhard Jäckel entwickeln der Politiker Helmut Schmidt und der Unternehmer Edzard Reuter ein Bild vom Zustand und von der Zukunft Deutschlands, das jenseits der gängigen Klischeevorstellungen liegt.

DVA

Helmut Schmidt
Globalisierung
Politische, ökonomische
und kulturelle
Herausforderungen
144 Seiten

Globalisierung ist zum »Peitschenwort« unserer Zeit geworden. Der frühere Bundeskanzler Helmut Schmidt legt knapp und doch umfassend dar, was Globalisierung an der Wende zum 21. Jahrhundert bedeutet. Zum erstenmal sieht er die wirtschaftliche, die politische und die geistig-kulturelle Dimension im Zusammenhang und zeigt Möglichkeiten und Notwendigkeiten des Handelns auf.

DVA